JOHN LENNON

SEINE SONGS KOMPLETT VON 1969–1980

EDITION OLMS AG
Willikonerstr. 10
CH-8618 Oetwil am See/Zürich
Schweiz

Mail: info@edition-olms.com
Web: www.edition-olms.com

ISBN 978-3-283-01296-0

Deutsche Ausgabe

Übersetzung: Michael Auwers
Lektorat: Gerhard Seidl
Korrektorat: Christina Kerem Waltersdorf
Satz: Weiß-Freiburg GmbH, Grafik und Buchgestaltung

Bibliografische Information der Deutschen Bibliothek
Die Deutsche Bibliothek verzeichnet diese Publikation in der Deutschen Nationalbibliografie; detaillierte bibliografische Daten sind im Internet über http://dnb.ddb.de abrufbar

Printed and bound in Dubai

JOHN LENNON

SEINE SONGS KOMPLETT VON 1969–1980

ALLE SONGS. ALLE STORIES. ALLE LYRICS.

PAUL DU NOYER

EDITION OLMS ZÜRICH

INHALT

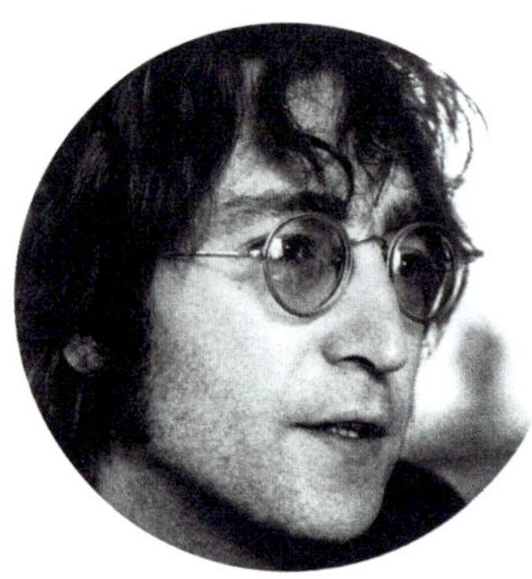

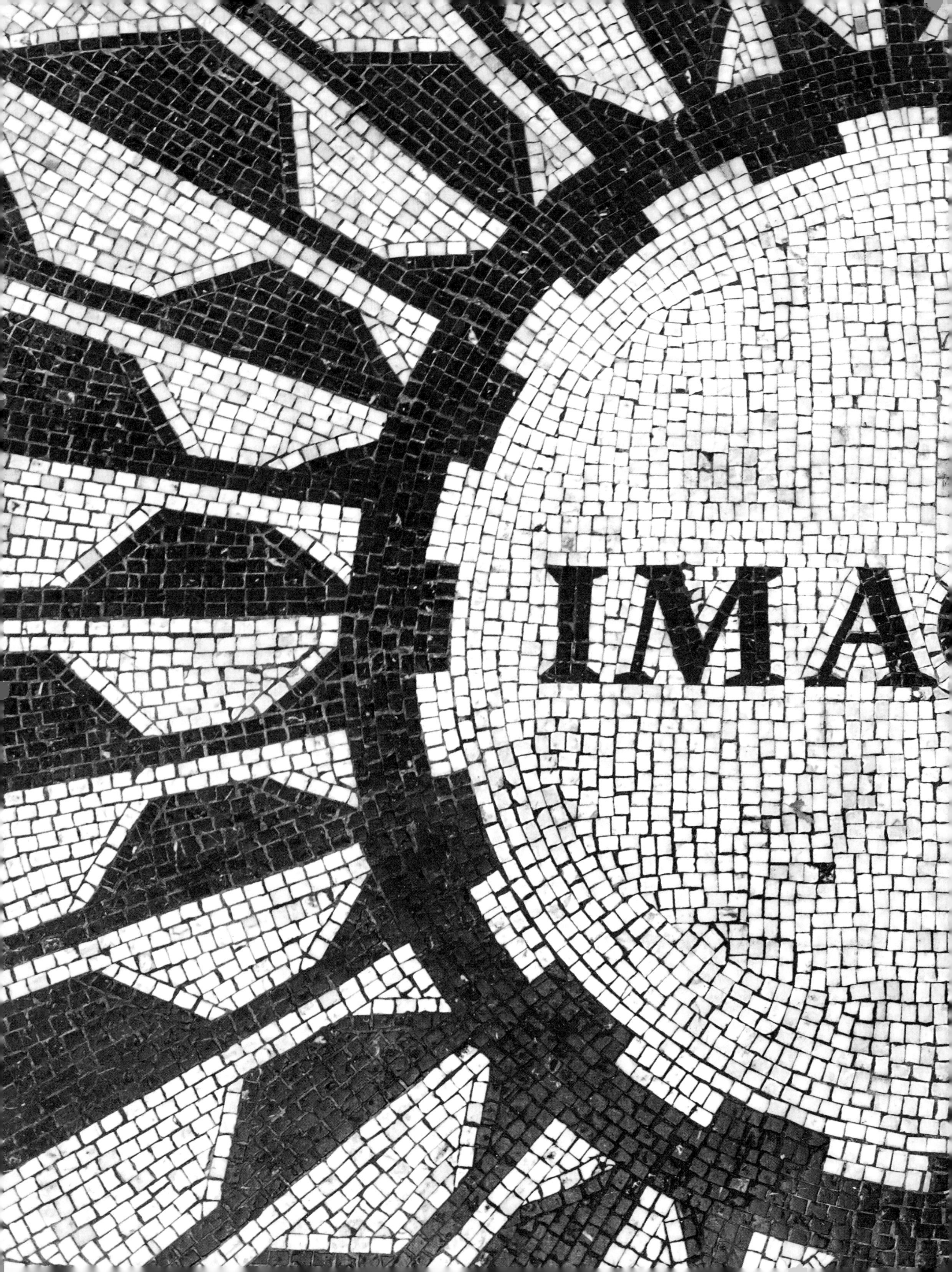
IMA

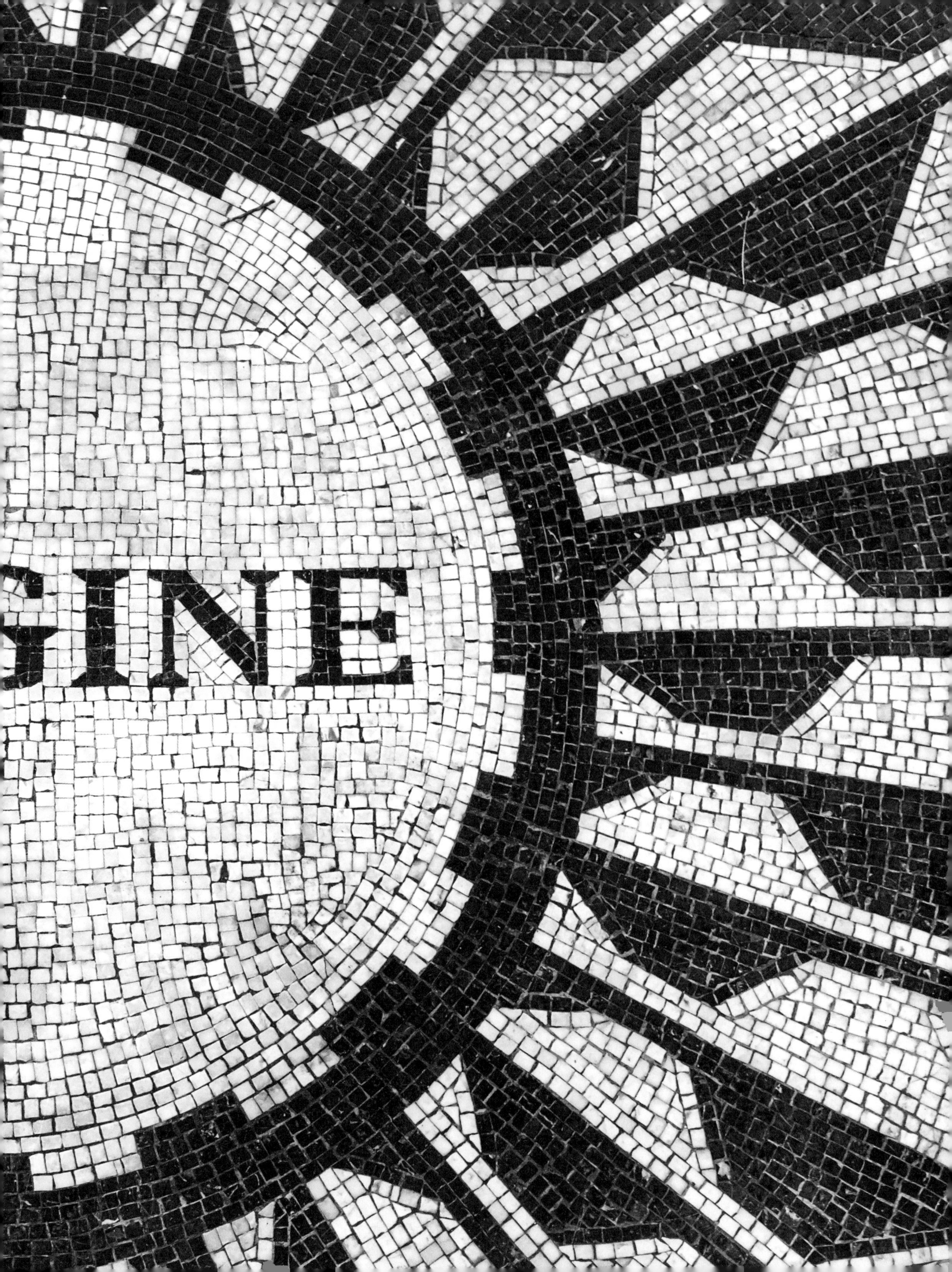
GINE

VORWORT

Hinter den Songs von John Lennon steht nur eine einzige Geschichte – die Geschichte seines Lebens. Als Mensch war er nicht immer ehrlich, aber als Songschreiber konnte er nicht lügen. Lennon ging seine Lieder an, als seien es Episoden einer Autobiografie. Jedes Lied ermöglicht einen Blick in das Innerste des Menschen Lennon.

Es gibt viele Bücher über das Leben von John Lennon und die Musik der Beatles. Was jedoch oft übersehen wird, ist das außerordentliche Solowerk, das er im letzten Jahrzehnt seines Lebens schuf. Auch die besseren Biografien enthalten nicht viele Details über diese Musik, eine Lücke, die mit dem vorliegenden Buch geschlossen werden soll. In der Zeit zwischen der Trennung der Beatles im Jahr 1970 und seiner Ermordung 1980 spann John Lennon weiter Träume. Er brachte die Wirkung seiner ungeheuren Bekanntheit und die Kraft seiner Aufrichtigkeit in die damals tobenden Debatten ein. Jetzt, da er in der Nachwelt zu den beliebtesten Popstars gehört, erinnert man sich an ihn als Guru, als Führer, als Prediger. Aber John war komplexer als solche ehrfürchtigen Verallgemeinerungen es zulassen. In seinen Songs machte er aus seinem turbulenten Leben schiere Poesie.

Nach der Trennung von den Beatles wurde Lennons Arbeit zu einer unverhohlenen Beichte, und der angenehmste Zugang zu seiner Lebensgeschichte gelingt durch seine Musik. Mit etwas Glück trägt dieses Buch dazu bei, die Musik noch mehr genießen zu können.

Meine wichtigste Quelle war die Musik selbst. Man erfährt aber auch viel in den großen Interviews, die John in seinen letzten Lebenstagen gab, um für sein Album *Double Fantasy* zu werben: die Unterhaltungen mit Andy Peebles in dessen Radiosendung bei BBC und mit Dave Sholin bei RKO, sowie die Interviews mit David Sheff für den *Playboy* und Barbara Graustark für *Newsweek*. Lennon selbst schrieb eine bittere Skizze ‚The Ballad of John and Yoko', die in seinen Essayband ‚Skywriting bei Word of Mouth' aufgenommen wurde.

Unter den bekanntesten Biografien steht Albert Goldmans *The Lives of John Lennon* als Versuch, eine Legende zu demontieren. Bisher am besten ist jedoch aufgrund seiner Tiefe, des brillanten Stils und seiner Einsichten *John Lennon: The Life* von Philip Norman. Nützlich waren mir auch die Interviews von Jann Wenner im *Rolling Stone*, die als *Lennon Remembers* in Buchform erschienen sind; Peter Doggetts *The Art and Music of John Lennon*; Keith Badmans *The Beatles after the Break-Up*; May Pangs *John Lennon: The Lost Weekend* und *Come Together: John Lennon in His Time* von Jon Wiener.

Ich habe auch auf Interviews zurückgegriffen, die ich mit Menschen geführt habe, die John Lennon persönlich kannten. Mein Dank gilt besonders Yoko Ono, die so viele von ihren Erinnerungen mit mir geteilt hat; Paul McCartney, immer bereit, über seinen ehemaligen Partner zu sprechen; Sean Lennon, Cynthia Lennon, Ringo Starr, Klaus Voormann, Alan White, Bob Gruen, Neil Aspinall, Kieron „Spud" Murphy, Tony Bramwell, Bill Harry, Billy Preston, Derek Taylor, George Martin, Denis O'Dell, Andrew Loog Oldham, Pete Best, David Bowie, Tony Barrow, Mike McCartney und Larry Parnes.

Seitdem die erste Auflage dieses Buches 1997 erschien, haben mir viele Freunde und Kollegen geholfen. Ich danke Steve Turner (dessen Beatles-Buch *A Hard Day's Write* als Vorlage für mein eigenes diente), Murray Chalmers, Barry Miles, Mark Ellen, Colin Hall bei Mendips, Ronnie Hughes, Robert Sandall, Spencer Leigh, Colin Shearman, Geoff Baker, Mark Lewisohn, Ian MacDonald, Mat Snow, Jon Savage, Charles Shaar Murray, Ian Cranna, David Buckley, Guy Hayden bei EMI, Roland Hall bei Welbeck, meinem Agenten Ros Edwards und meiner Ehefrau Una. Um einen Vers aus John Lennons Meisterwerk des demokratischen Mystizismus abzuwandeln: May you all shine on.

Paul Du Noyer

Gegenüber: Lennon, laut und deutlich. Von der kollektiven Identität der Beatles befreit, gab er sein Innerstes preis und wurde auch unüberhörbar sozialkritisch.

Folgende Seite: John 1970 im englischen Fernsehen.

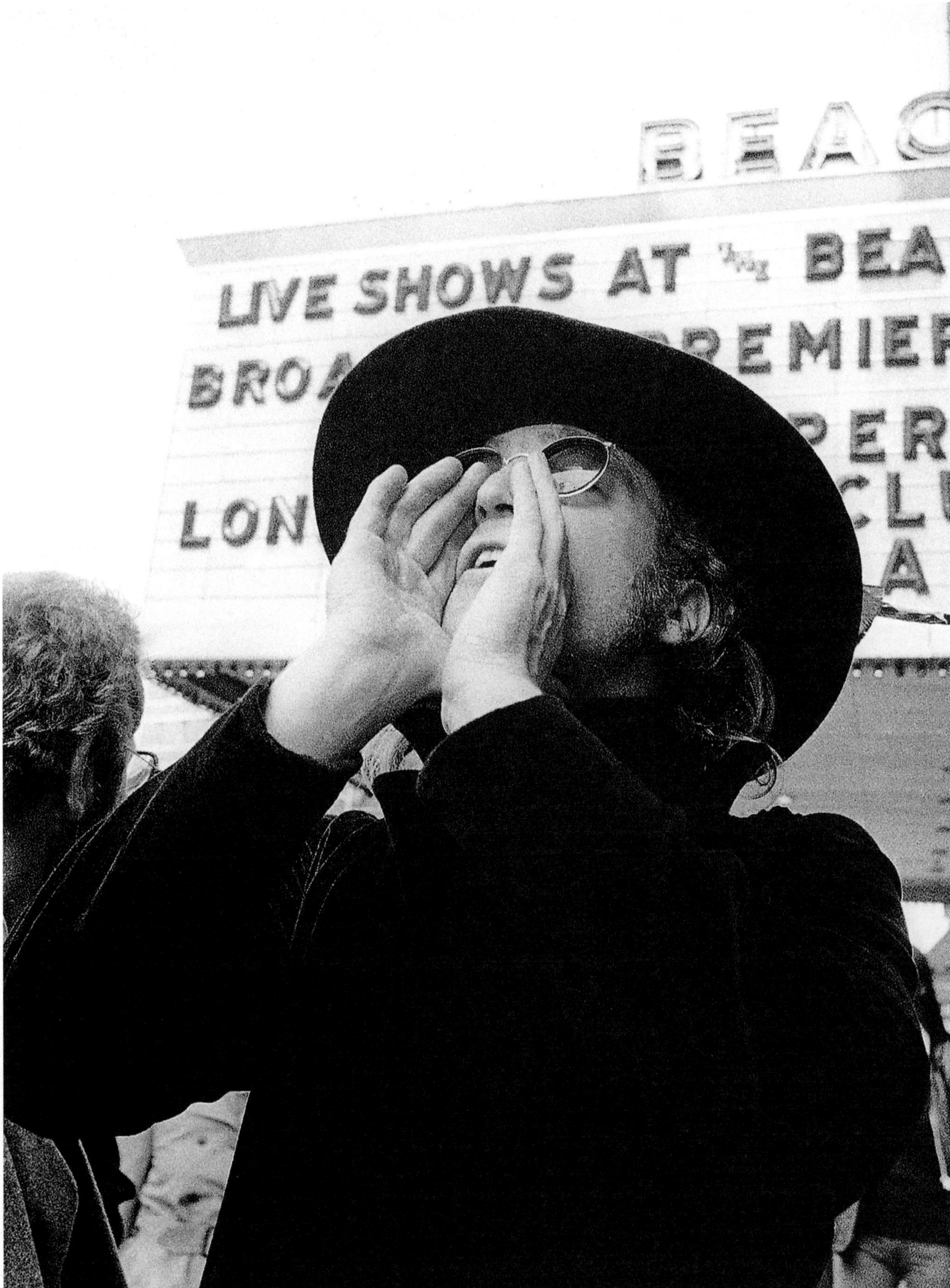
LIVE SHOWS AT
PREMIER

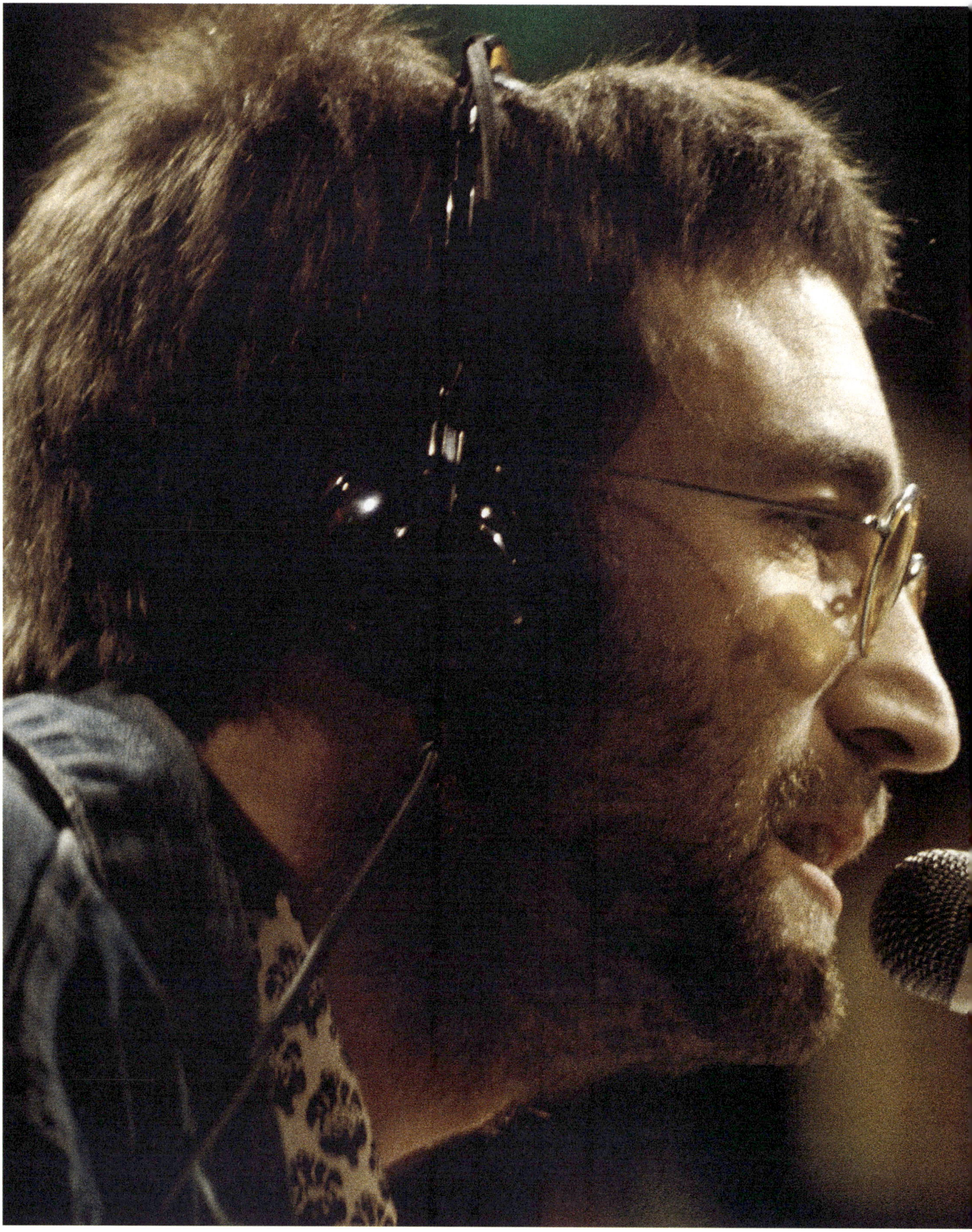

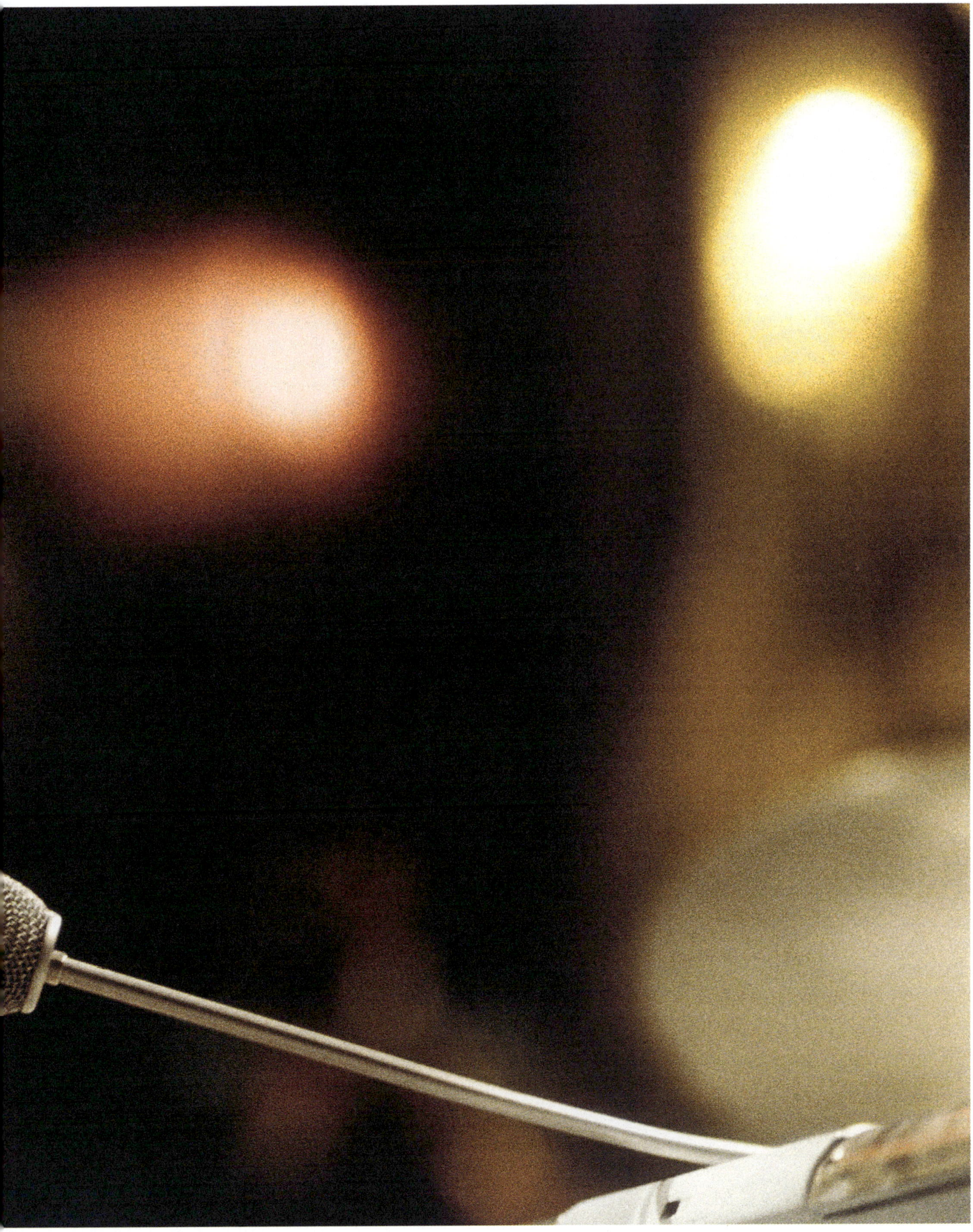

Kapitel Eins

SHINING ON

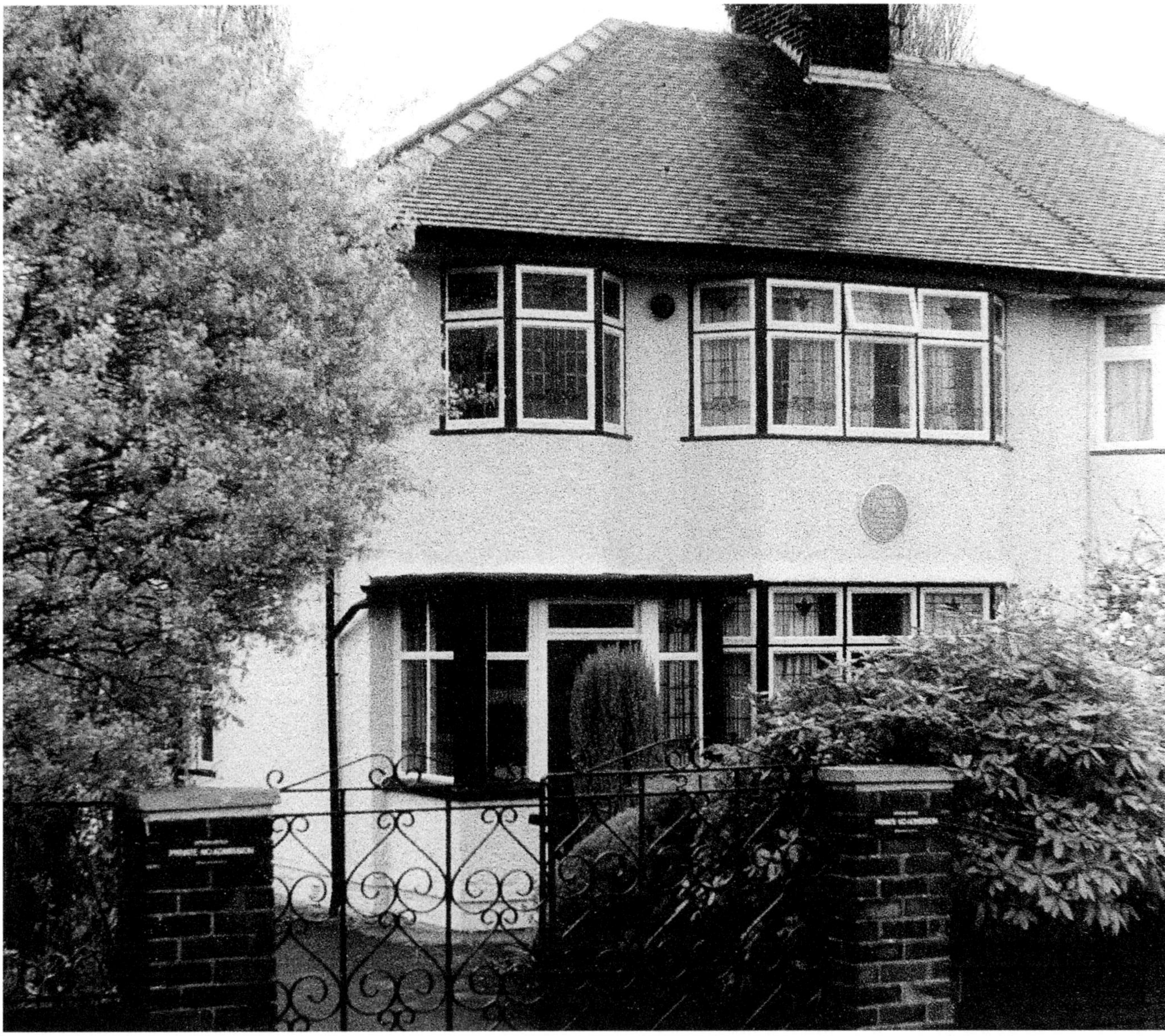

Sein Name wurde zu einem Symbol für die Sehnsucht nach Frieden, aber John Lennon kam inmitten von Gewalt auf die Welt und verließ sie als Opfer von Gewalt. Er wurde am 9. Oktober 1940 geboren, während der deutschen Bombenangriffe, die Liverpool in Schutt und Asche legten. Die Entbindungsklinik Oxford Street Maternity Hospital stand auf einem Hügel über der Stadtmitte, zu ihren Füßen die Hafenanlagen, denen Liverpool seine Größe verdankte, die der Stadt jetzt aber eine furchtbare Strafe bescherten. In jenen Kriegsjahren glich der Fluss Mersey Nacht für Nacht Pearl Harbor, und in den Slums oder in provisorischen Unterkünften starben Tausende Einwohner. Aber Julia Lennons Kriegskind überlebte, und sie nahm es unversehrt mit nach Hause. Umgeben waren sie vom Lärm der Sirenen und Explosionen.

Das Haus der Lennons war klein und stand in einem Arbeiterviertel nahe Penny Lane. Johns Vater Freddie war als Seemann immer auf Großer Fahrt. Liverpool war der Ausgangshafen für Generationen von Neuamerikanern, die sich hier von Europa verabschiedeten, und die Verbindung nach New York war immer noch stark. Freddie Lennon kannte, wie viele Männer in Liverpool, die Bars von Brooklyn besser als die Paläste von London. Die Seeleute und die GIs brachten amerikanische Schallplatten nach Liverpool, die sie zu einer Rock'n'Roll-Stadt machten. Die schwarze amerikanische Musik fand einen guten Absatzmarkt in der Hafenstadt, die einst durch den Verkauf afrikanischer Sklaven an die Herren der Neuen Welt reich geworden war. In einem Park nahe John Lennons Haus stand eine Statue von Christopher Columbus mit der Inschrift: „Der Entdecker Amerikas war der Schöpfer Liverpools."

Oben: John wuchs im Liverpooler Vorstadthaus Mendips auf. Mit Paul McCartney probte er am liebsten im Zimmer im Erdgeschoss links.

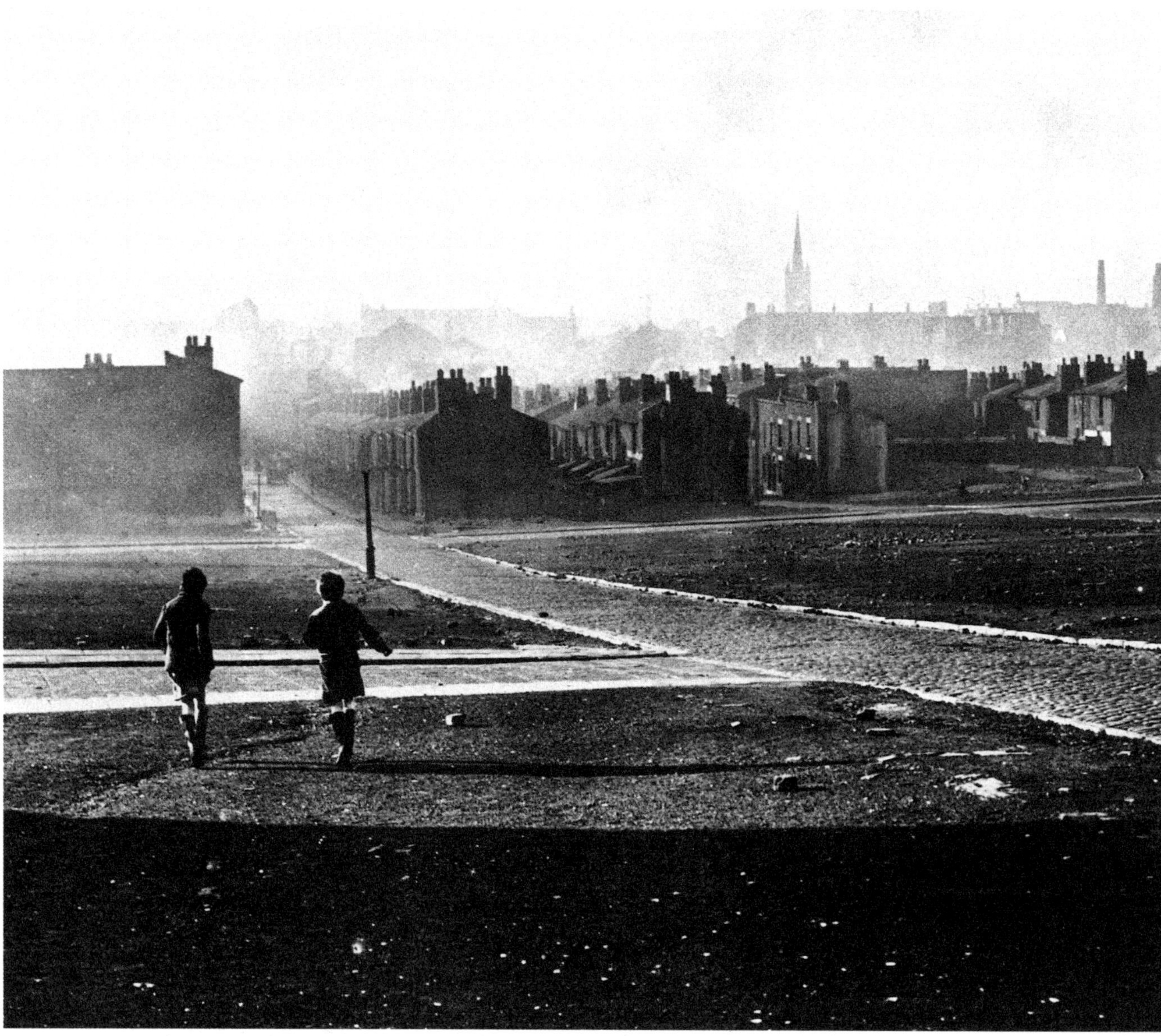

Es waren aber vor allem die Iren, die seit der Masseneinwanderung der Hungerjahre im vorhergehenden Jahrhundert Liverpool geprägt hatten. Der Akzent der Liverpooler ist deutlich vom Irischen und Walisischen beeinflusst. Auch John Lennon sprach ihn zeit seines Lebens. Die Charaktereigenschaften, die man den Kelten zuschreibt, wurden bald auch der Bevölkerung Liverpools zugedacht – leidenschaftlich und gefühlsbetont, Liebhaber der Musik und des Wortes, geistreich und subversiv. Lennon setzte sich von diesem Stereotyp keinesfalls ab; er war seine leibhaftige Verkörperung.

Seine Jugend jedoch verlief konventionell britisch. Ab seinem fünften Lebensjahr wuchs er bei seiner hochanständigen Tante Mimi auf. Sie lebte mit ihrem Mann George Smith und dem Neffen in einer ordentlichen Doppelhaushälfte in der Menlove Avenue am Stadtrand Liverpools. Großbritannien litt in der Nachkriegszeit noch unter Mangel und Lebensmittelrationierungen (in Johns

Oben: Liverpool war in Lennons Kindheit durch die Bombenschäden des Kriegs gezeichnet, aber auch durch die sozialen Benachteiligungen, die zum großflächigen Abriss von Slums führte.

Gegenüber: Tante Mimi im Wohnzimmer des Hauses in der Menlove Avenur, neben dem Porträt ihres seit Kurzem berühmten Neffen.

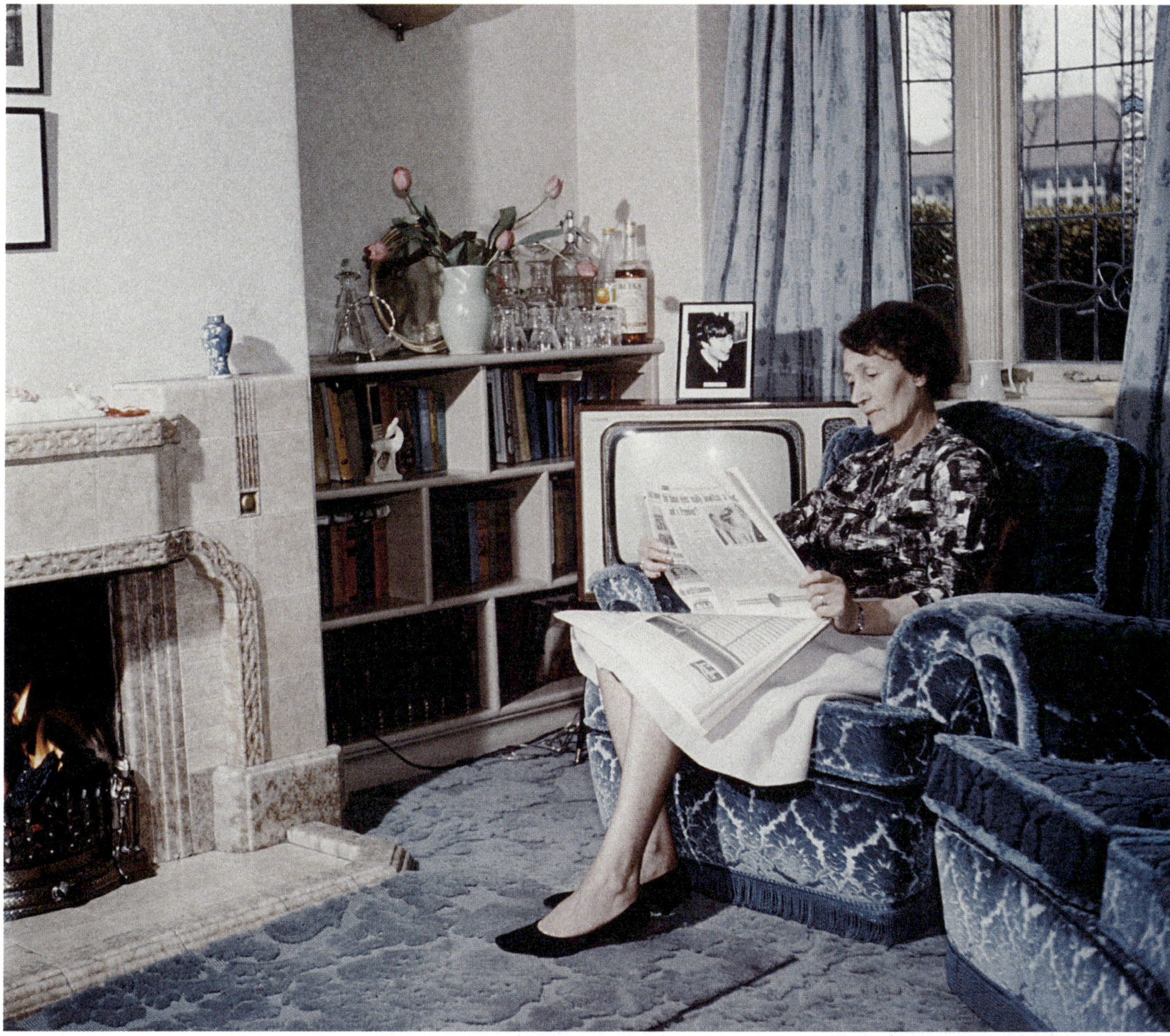

Gedicht *Alphabet* lesen wir: „G steht für Orange, die wir so gerne essen, wenn wir sie bekommen können"), aber John ging es nicht schlecht.

Er lebte in einer liebevollen Umgebung und ging in eine der besten Schulen der Stadt, Quarry Bank. Seine Jugend war nicht so benachteiligt, wie er es manchmal andeutete.

Aber er konnte nie vergessen, dass seine leiblichen Eltern ihn verlassen hatten. Freddie hatte Julia im Stich gelassen, und Julia wollte den kleinen John nicht. Erst als Teenager traf John seine Mutter regelmäßig, aber sie starb bald bei einem Verkehrsunfall. Diese Tragödie wird Johns Gefühl der Isolation verstärkt haben.

Als Kind sei er in tiefe, tranceartige Zustände gefallen, berichtete er später. Er malte und zeichnete gerne und war begeistert vom surrealistischen „Nonsens" von Autoren wie Lewis Carroll, Edward Lear und Spike Milligan. Seine schnelle Auffassungsgabe machte ihn allerdings weniger zu einem erfolgreichen Schüler als zu einem Rebellen. Die Bewohner von Liverpools Vorstädten in Mimis Generation hielten den eigentümlichen städtischen Akzent für ein Zeichen mangelnder Bildung; zottelige Haare und abgetragenen Kleidung galten nicht als bohemehaft, sondern erinnerten eher an die Weltwirtschaftskrise vor dem Krieg. John legte Wert darauf, seine Begeisterung für all diese Dinge offen zu zeigen.

Seine Rettung war der Rock'n'Roll, der Mitte der Fünfzigerjahre, als Lennon 15 war, wie eine kulturelle Wasserstoffbombe in Großbritannien einschlug. Seine musikalische Erziehung begann jedoch schon früher. Yoko listet im Covertext für *Menlove Ave.* einige von Johns Lieblingen aus den Fünfzigern auf: „Johns Wurzeln in der amerikanischen Rockmusik, bei Elvis, Fats Domino und Phil Spector, sind in diesen Stücken deutlich zu erkennen. Was ich aber in Johns Stimme höre, sind die anderen Wurzeln des Jungen, der in Liverpool aufwuchs und ‚Greensleeves', BBC und Tessie O'Shea hörte." Neben den leichten Klassikern und den

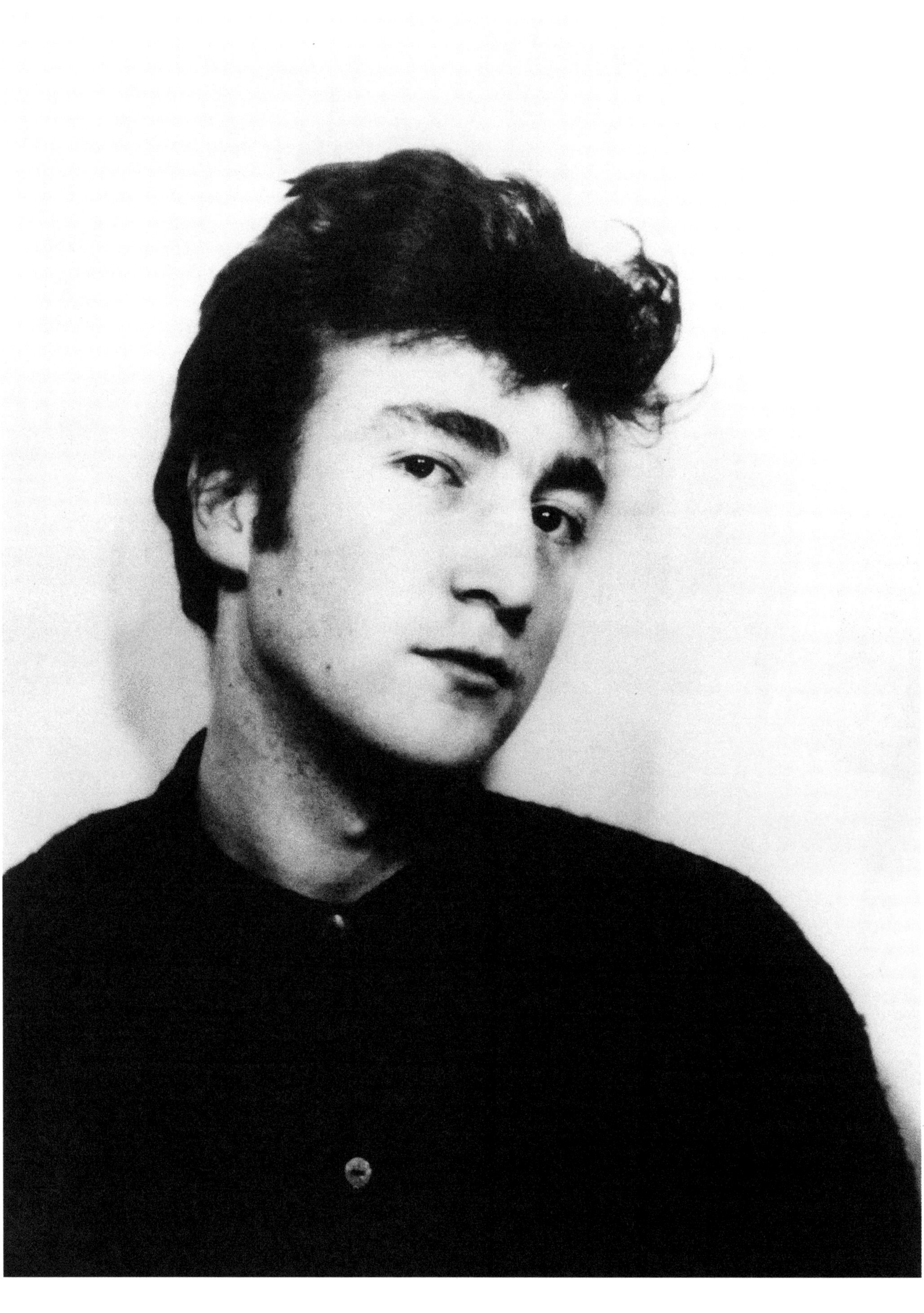

„YOKO ERMUNTERTE DEN FREAK IN MIR. SHE CAME IN THROUGH THE BATHROOM WINDOW.“

– John Lennon

Schlagern jener Zeit vor dem Fernseher lernte John auch viele der Volkslieder kennen, die heute noch in Liverpool gesungen werden (unter anderem auch ‚Maggie May‘), und sang in der Sonntagsschule Kirchenlieder.

Wie der ganz in der Nähe lebende Paul McCartney entwickelte auch Lennon ganz unbewusst ein Verständnis für Melodie und Harmonie (nicht unbedingt von Rhythmus) schon lange vor dem Bekehrungserlebnis, als er das erste Mal Bill Haleys ‚Rock Around The Clock‘ und Elvis Presleys ‚Heartbreak Hotel‘ hörte.

Als sich Anfang der 1960er-Jahre Johns alte Skiffleband The Quarry Men zur bekanntesten Beatgruppe Liverpools The Beatles entwickelt hatte, war der Rock'n'Roll in Johns System übergegangen. Die Kenner in der Stadt rissen sich zu dieser Zeit um Stücke aus dem amerikanischen Genre des ‚Brill Building Pop‘ oder die seltenen Importe mit Motown Soul. Als Lennon und McCartney die ersten zaghaften Versuche unternahmen, eigene Stücke zu schreiben, anstatt amerikanische Originale zu kopieren, wurden sie von einer gärenden Maische aus Einflüssen angeregt. Die beliebteste Live-Musik der Stadt war Country and Western, weshalb George Harrison als Gitarrist der Beatles auch eher zu diesem Stil neigte als der aus Surrey stammende Eric Clapton, dessen Musik im Blues wurzelte. Darüber hinaus wurde alles von Broadway Shows über Fußballgesänge bis hin zu Erinnerungen an längst abgerissene Music Halls verwertet.

Wichtiger als all das war jedoch das angeborene kreative Talent von Lennon und McCartney. Sie inspirierten sich gegenseitig, zuerst als Freunde, dann als Rivalen. Ihre Gruppe, die Beatles, wurde durch zahllose Auftritte in Hamburg und im Cavern Club sowohl abgehärtet als auch sensibilisiert. Und in London trafen sie George Martin, zweifellos der intuitivste Produzent, mit dem sie jemals arbeiten konnten. Einmal auf dem richtigen Weg, eroberten die Beatles unaufhaltsam die ganze Welt.

Das reichte Lennon aber alles nicht. Millionen begeisterten sich für ‚Please Me‘, ‚She Loves You‘ und ‚I Want To Hold Your Hand‘, aber John wurde bald jedes Schemas überdrüssig, auch wenn es wie eine Zauberformel wirkte. Als er die Songs von Bob Dylan hörte, stachelte ihn das an, sich als Dichter mit ihm zu messen. Er wandte sich dem Aufruhr zu, der in seinem Inneren tobte, sehnte sich danach, seine eigenen Fähigkeiten zur Selbstentfaltung auszuprobieren. Er begann, düster gestimmte Songs wie ‚I'm A Loser‘ und ‚You've Got To Hide Your Love Away‘ in das Repertoire der Beatles aufzunehmen. Vollkommen unverhüllt versuchte er, das in einem Stück zum Ausdruck zu bringen, das er einfach ‚Help!‘ nannte – aber die Konventionen der Hitparadenmusik sorgten dafür, dass niemand ahnte, wie ernst er es meinte.

Als die Beatles allmählich hinter Bärten und einem süßlichen Rauchschleier abtauchten, begann eine komplexere und originellere Bildersprache Lennons Texte zu prägen. Paradoxerweise war sie jedoch mit noch weitgehenderer Selbstenthüllung gekoppelt. ‚Norwegian Wood‘, ‚Strawberry Fields Forever‘, ‚Tomorrow Never Knows‘ sind zwar Songs, die mit geheimnisvollen Sentenzen aufwarten, aber die emotionale Anwesenheit ihres Schöpfers bleibt dennoch unverkennbar. John hielt nichts von den Alltagsanekdoten, die zum Kennzeichen der Texte von Paul geworden waren. „Ich schreibe lieber über mich selbst, weil ich mich kenne. Ich weiß nichts über Sekretärinnen, über Briefträger und Politessen“, sagte er dem *Playboy* 1980. Seine unreflektierte Ehrlichkeit brachte ihn 1966 fast um. Eine unbedachte Äußerung gegenüber einer Londoner Zeitung – die Beatles seien beliebter als Jesus – wurde in Großbritannien kaum zur Kenntnis genommen, ließ aber eine Flut von Morddrohungen aus Amerika aufbranden. Paul McCartney erinnert sich: „Das versetzte ihn in Furcht und Schrecken. Junge, wenn es jemals eine Zeit gab, in der John nervös war, dann damals. Stell dir vor, du hast den gesamten Bible Belt gegen dich aufgebracht: Das ist nicht sehr lustig.“ Nachdem er das überstanden hatte und die Beatles entschieden hatten, nicht mehr auf Tournee zu gehen, war John sehr empfänglich für etwas Neues in seinem Leben.

Dieses Neue trat in Gestalt einer Frau namens Yoko Ono ein. Die japanische Künstlerin tauchte wie aus dem Nichts auf und stellte John Lennons Leben auf den Kopf. „Sie kam durchs Badezimmerfenster“, stellte er 1969 einen witzelnden Bezug zu einem Beatles-Stück her. „Sie ermunterte den Freak in mir.“ John ließ sich von seiner Frau Cynthia scheiden, mit der er seit der gemeinsamen Zeit als Kunststudenten in Liverpool zusammen gewesen war, und heiratete die Partnerin, die er als „mein anderes, transvestitisches Ich“ beschrieb. Yoko war selbst zweimal verheiratet gewesen und entstammte einer wohlhabenden Familie aus Tokio. Sie war eine anerkannte, unabhängige und selbstbewusste Künstlerin. Johns Kunst beschäftigte sich mit Texten und mit Musik, aber der Schlüssel zu Yokos Kunst war das „Konzept“. In ihrer Welt war die

Gegenüber: Lennon gab sich anfangs gern als rebellischer Rocker. 1961 wich dieser Look dem „Pilzkopf“, der zum Signet der Beatles wurde.

„JOHN WOLLTE IMMER GLEICH VON DER KLIPPE SPRINGEN. DAS WAR DER UNTERSCHIED UNSERER PERSÖNLICHKEITEN."

– Paul McCartney

Idee wichtiger als das Produkt. Dieses konnte alles Mögliche sein – von einem Film über ein Lächeln bis hin zu einem Abend, den sie in einem Sack verhüllt auf der Bühne verbrachte.

1968 nahm das Paar ein Album mit dem Titel *Two Virgins* auf, eher wegen ihres Nacktfotos auf dem Cover als wegen des Inhalts bekannt, der aus einem Mosaik von Soundeffekten, Gesprächsschnipseln und Zufallsgeräuschen bestand. In der gleichen Zeit verwendete Lennon eine ähnliche Technik für das Stück ‚Revolution 9' auf dem Album *The Beatles* (das „White Album"). „John war davon begeistert", sagt McCartney, der seinen Partner an die Arbeit von Avantgarde-Komponisten herangeführt und ihm einige Toneffekte vorgespielt hatte. „Da er schließlich John war, machte er natürlich ein Stück daraus. Er geriet dann immer ganz außer sich. ‚Ich muss es machen!' Da ich schließlich ich war, experimentierte ich zwar damit, aber nur, um es in unsere Mainstream-Aufnahmen einzubringen."

„John wollte immer gleich von der Klippe springen", sinniert Paul. „Vielleicht hat er das auch mal zu mir gesagt: ‚Wenn du auf einer Klippe stehst, hast du jemals daran gedacht, hinunterzuspringen?' Ich sagte, ‚Leck mich. Spring du doch, und sag mir, wie es ist.' Das war im Grunde der Unterschied unserer Persönlichkeiten. Nachdem er Yoko kennengelernt hatte, kam: ‚Ah, jetzt können wir es machen.' Yoko gab ihm die Freiheit, es zu machen. Sie wollte sogar noch mehr. ‚Mach es doppelt, sei mutiger, zieh dich ganz nackt aus.' Sie forderte ihn immer. Das gefiel ihm – vorher hatte ihn nie jemand gefordert."

Yoko und John heirateten im März 1969, nur eine Woche nach Paul und Linda McCartney. Das Timing kann man auch symbolisch deuten: Die beiden Männer hatten die Partnerschaft ihrer Jugend beendet und nahmen die Beziehungen auf, die für sie als Erwachsene wichtig sein würden. Keine der beiden Ehefrauen wurde danach von der Presse und der Öffentlichkeit geschont, aber Yoko hatte mehr auszustehen. Es gab nicht nur rassistische, anti-japanische Beschimpfungen, sondern auch Skepsis in Bezug auf ihr Talent und Missbilligung ihres Einflusses auf John. Aber entgegen der Volksmeinung war sie nicht die Ursache für die Trennung der Beatles – die Gruppe löste sich aus eigener Dynamik auf.

Man muss John zugutehalten, dass er Yoko immer verteidigte. Trotz des Spotts und der Gehässigkeit produzierten sie sogar noch weitere Platten zusammen. Im Mai 1969 gab es *Unfinished Music No. 2: Life With The Lions* mit verzerrten Gitarrenklängen und überirdischen Stimmen. Auf der zweiten Seite war ein stockender Herzschlag zu hören, der an das Kind erinnern sollte, das sie bei einer Fehlgeburt verloren hatten. Ihr *Wedding Album* kam im November heraus – auch dies eine verwirrende Klangmontage. Sie ließen keine Gelegenheit aus, ihre Liebe füreinander zu verkünden, obwohl es, wie John im gleichen Jahr gestand, „auch bei zwei Menschen, die das Glück haben, auf allen Ebenen so vertraut miteinander zu sein wie wir, immer noch Abgründe des Elends gibt. Das ist das Los des Menschen, und dafür gibt es keine Lösung."

In Großbritannien hieß es, Yoko habe John wegen seines Geldes und Ruhms „gestohlen". In den folgenden Jahren schien sich jedoch eine Beobachtung des letzten Beatles-Managers Allen Klein zu bestätigen, nämlich dass es John war, der Yoko mehr brauchte als sie ihn. Als Außenstehende können wir darüber aber eigentlich nur Vermutungen anstellen. Sein sprühender Witz und seine Zugänglichkeit standen immer in einem merkwürdigen Kontrast zu ihrem steifen, esoterischen Image. Aber er hatte sie gewählt, konnte nicht lange ohne sie sein, und produzierte genauso viele große Songs in der Zeit, nachdem er sie kennengelernt hatte, wie vorher.

Die experimentellen Aufnahmen, die er mit Yoko schuf, waren enthüllend – wie alles, was John schuf –, aber man kann den Beginn seiner Karriere außerhalb der Beatles auf 1969 datieren, als ‚Give Peace A Chance' unter dem Gruppennamen Plastic Ono Band erschien. Es gab die Gruppe nur als theoretisches Konstrukt, dessen Namen auf ein Projekt von Yoko zurückging, bei dem Plastikmodelle von Musikern drahtgesteuert auf der Bühne auftraten. Letztendlich stellten die Lennons nur Miniaturen der Modelle her, aber die Plastic Ono Band nahm doch als wechselnde Gruppe von Musikern Gestalt an, deren Kern John und Yoko bildeten, die aber manchmal sogar George und Ringo einschloss. Johns erste Soloschallplatten überschnitten sich mit den letzten Veröffentlichungen der Beatles, aber ab 1970 war er auf sich selbst gestellt.

Es gab vereinzelte öffentliche Auftritte im Rahmen von Bed-Ins, Bag-Ins oder normalen Konzerten. Das wichtigste dieser Konzerte fand im Rahmen einer Rock'n'Roll-Revivalshow in Kanada statt, das zu dem Album *Live Peace In Toronto 1969* führte, auf dem Yoko und John zusammen mit Eric Clapton, Klaus Voormann – dem alten Beatlesfreund aus der Hamburger Zeit – und dem Schlagzeuger Alan White zu hören sind. Unter dem Einfluss von Heroin probte John mit seiner Instant-Band während

Gegenüber: John und Yoko zur Zeit ihrer Hochzeit auf Gibraltar, März 1969.

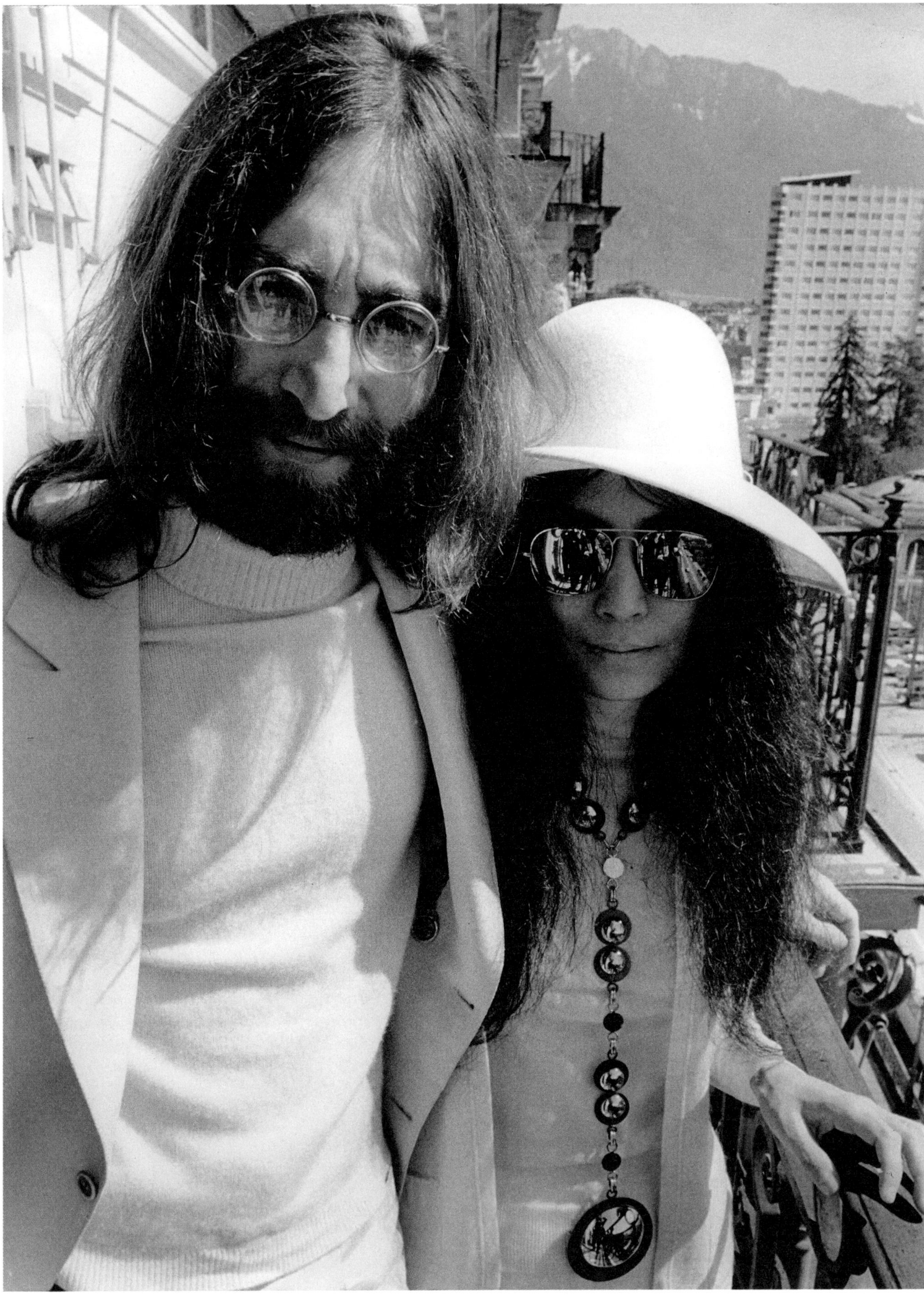

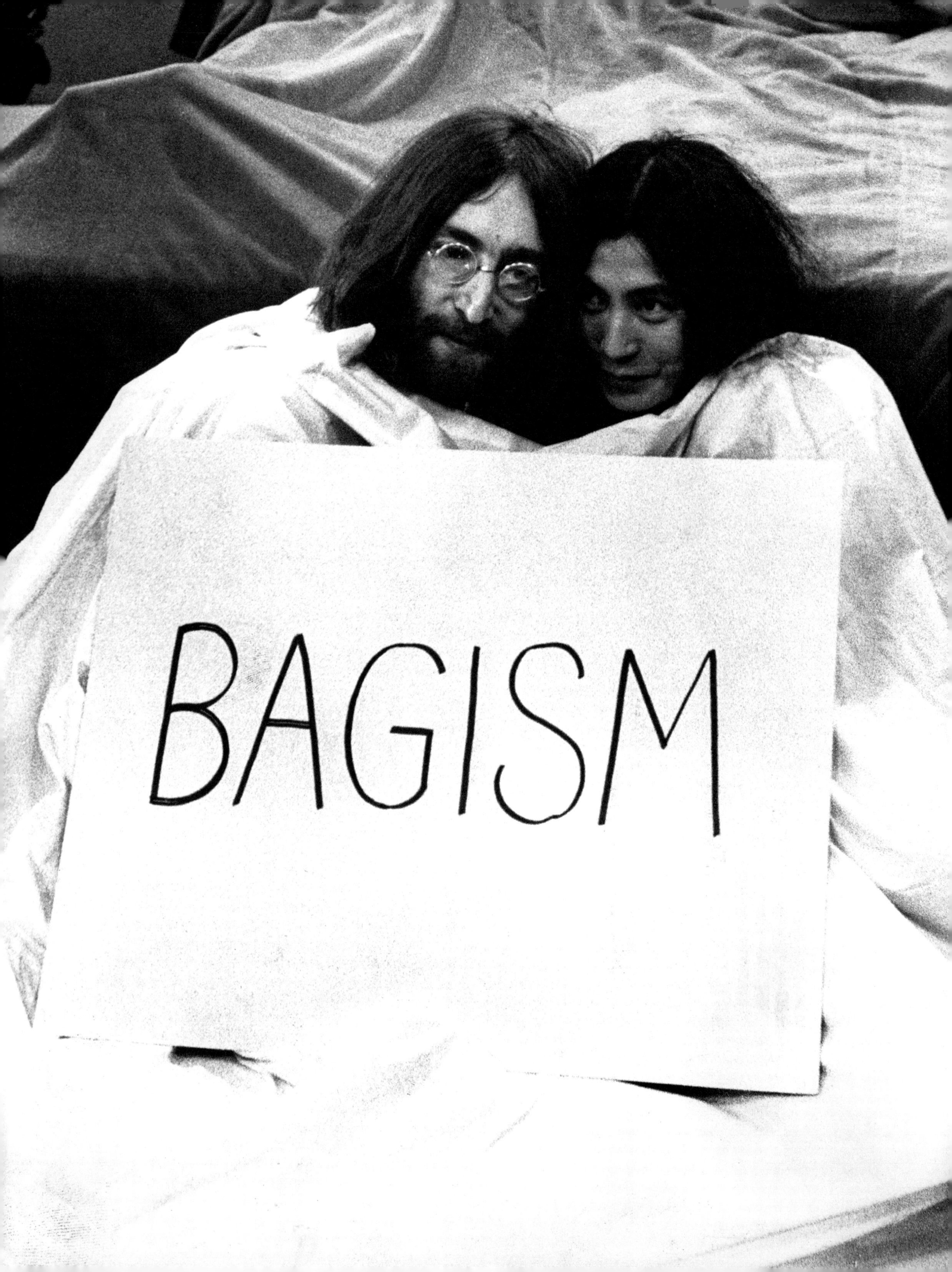
BAGISM

„ICH HABE MICH ENTSCHIEDEN, EINIGE JAHRE ZU SEIN ODER NICHT ZU SEIN … ICH HAB KEINE EILE, BEI IRGENDJEMANDEM EINEN VERTRAG ZU UNTERSCHREIBEN."

– John Lennon

des Transatlantikflugs, und dann spielten sie eine Reihe von zusammengewürfelten Coverversionen von Fifties-Stücken, einige von Yokos ausgedehnten Improvisationen und führten erstmals ‚Cold Turkey' auf. Nichts beschäftigte ihn jedoch so sehr wie seine Kampagne für weltweiten Frieden, für die er und seine Frau mehr bereit waren, als „für die Welt die Clowns" zu spielen und die „Hofnarren der Jugendbewegung" zu geben.

Es war Johns Album *Imagine*, das ihm 1971 schließlich Ansehen als Rockstar jenseits der Beatles verschaffte. Es war aber auch das letzte in England eingespielte Album. Er hatte sich nie sehr für London begeistern können und fand seine endgültige Heimat in New York City, wo er laut Yoko nostalgisch auf die Docks, Kais und Transatlantikpassagierschiffe blickte, um zu erklären, die Stadt sei „wie ein Liverpool, das es auf die Reihe gebracht hat". Vor seinem quasi Ruhestand im Jahr 1975 machte er noch einige geschäftige und turbulente Jahre durch. Die Zäsur dieses Jahres wurde durch die Geburt seinen Sohns Sean markiert. Er schrieb seinem Freund Derek Taylor: „Ich habe mich entschieden, einige Jahre zu sein oder nicht zu sein … Ich hab keine Eile, bei irgendjemandem einen Vertrag zu unterschreiben oder irgendetwas zu tun. Ich genieße meine Schwangerschaft … die Zeit zum Nachdenken … auch darüber, worum es überhaupt geht."

Der Autor Albert Goldman gibt in seinem Buch *The Lives of John Lennon* ein reißerisches Bild von Johns letzten Lebensjahren. Vielleicht war Goldmann aber auch zu sehr von seiner vorgegangenen meisterlichen Schilderung des Niedergangs von Elvis Presley eingenommen. Sein Buch opfert menschliche Wärme und Mitgefühl in dem Bemühen, Johns Wohnung im Dakota-Gebäude als ein dekadentes Graceland in den Wolken darzustellen. Als wir John Lennon sahen, wirkt er nicht wie ein vom Leben gezeichneter Mann. Er war dünner und älter – andererseits hatte er nie besonders jung ausgesehen – und er wirkte sanft und zufrieden, so als hätte er das Gleichgewicht in seinem Leben gefunden.

Im Gegensatz zu den meisten Stars der Sechzigerjahre zeigte Lennon in seinen letzten Songs, dass seine Fähigkeiten mit zunehmendem Alter nicht nachließen. 1980 wurde er erschossen, und es ist immer noch eine bittere Vorstellung, dass seine Entwicklung durch so eine hasserfüllte Tat beendet wurde. In einem Zeitalter, das Ruhm höher schätzt als alles andere, vollkommen unabhängig davon, wie er erlangt wird, muss man Lennons Mörder Mark Chapman wohl als eine Art abscheuliche Erfolgsgeschichte bezeichnen.

Seit jenem Augenblick hat die Diskussion um die Wirkung von John Lennon nie aufgehört. Der Wunsch mancher Fans, in ihm einen Märtyrer zu sehen und ihn in Verehrung zu hüllen, ist sicherlich fehl am Platz. Das hat andere zu einer Reaktion gegen diese Heiligsprechung veranlasst und zu dem Versuch, seine Hinterlassenschaft schlecht zu machen. Glücklicherweise haben wir noch seine Musik, die immer ein zuverlässiger Wegweiser zu Johns wahrem Charakter gewesen ist, mit all seiner menschlichen Fehlbarkeit und der gelegentlichen moralischen Heldenhaftigkeit.

Lennon war bis zum Verrücktwerden unbeständig. Er schlug ohne Zögern ideologische Purzelbäume, die seine Verbündeten verzweifeln ließen. Seine Persönlichkeit machte Wandlungen durch, die einem Werwolf in einem B-Movie zur Ehre gereicht hätten. Er konnte ein untröstlicher Gefangener seines Selbstmitleids sein, in anderen Augenblicken aber auch ein Ehemann und Vater, den die Liebe der Familie emporhob. Und jeder dieser Zustände hat seinen Niederschlag in der Lennonschen Musik gefunden.

Manchmal machte sich John Ideen nicht so sehr zu eigen, er trug sie eher wie Klamotten aus der Kings Road. Die Aufmachung, die ihn im Sommer entzückte, konnte ihn im Herbst schon langweilen. Vielleicht lag seine Aufgabe nicht so sehr darin, in sich konsistent zu sein, sondern eher darin, auf anregende Weise die Gedanken und Träume zu durchstöbern, die zu seiner Zeit um die Welt zirkulierten. Er war so empfänglich, dass er manchmal sogar leichtgläubig wirkte. Andererseits war er aber auch furchtlos. Er war wie ein Radargerät, er registrierte alles, was in der Luft lag, und dann, wie der Heilige Narr, der er war, rannte er los und setzte es in die Tat um. Er lebte und atmete die Vorstellungen seiner Zeit – und erweckte sie in seinen Songs dramatisch zum Leben.

Glaubender und ein Zyniker, abwechselnd konfus und klarsichtig, frech und vulgär oder verletzlich und mitfühlend – Lennon kann man weder simplifizieren noch ignorieren. Yoko Ono beschrieb es treffend: „Man sagt, ein Blinder habe ein ehrliches Gesicht", weil er nie gelernt habe, seinen Gesichtsausdruck in den Dienst einer Lüge zu stellen. Damit erklärte sie gerne die hilflose Ehrlichkeit, die aus Johns Songs leuchtet. Was er auch fühlte oder erlebte, blieb nicht verborgen, weil es immer zu Musik zu werden wollte, die John dazu trieb, seine Seele vor der Welt zu entblößen.

In der Musik keiner anderen Lebensphase ist diese Selbstoffenbarung so elementar und nachhaltig wie auf dem ersten Album, das er nach den Beatles aufnahm: Es trug den kargen Titel *John Lennon/Plastic Ono Band*.

Gegenüber: Auf einer Pressekonferenz im März 1969 in Wien verkündeten sie „Bagism", wie auf der Beatles-Single ‚The Ballad Of John And Yoko' beschrieben.

Kapitel Zwei

JOHN LENNON

19 70

PLASTIC ONO BAND

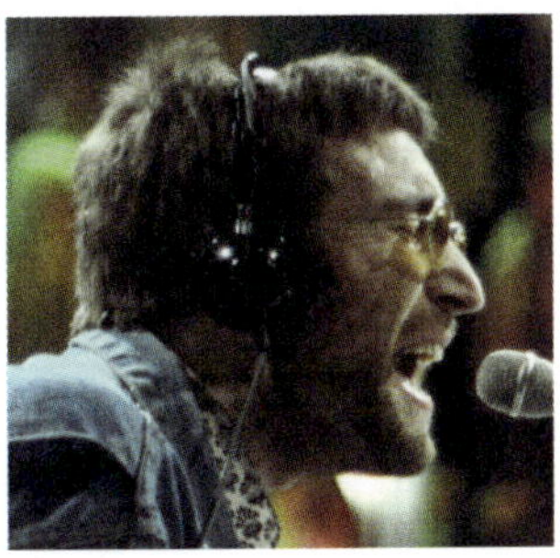

‚Mother‘

‚Hold On‘

‚I Found Out‘

‚Working Class Hero‘

‚Isolation‘

‚Remember‘

‚Love‘

‚Well Well Well‘

‚Look At Me‘

‚God‘

‚My Mummy's Dead‘

Singles (nicht auf dem Album)
‚Give Peace A Chance‘; ‚Cold Turkey‘; ‚Instant Karma! (We All Shine On)‘

Aufnahme
September/Oktober 1970 in den Ascot Sound Studios, Berkshire; Abbey Road Studios, London. ‚Give Peace A Chance' im Juni 1969 im Queen Elizabeth Hotel, Montreal. ‚Cold Turkey' im September 1969 in den EMI Studios, London, ‚My Mummy‘s Dead' privat in Bel Air. ‚Instant Karma! (We All Shine On)' im Januar 1970 im Abbey Road Studios, London. ‚My Mummy‘s Dead' privat in Bel Air.

Produziert von
John Lennon, Yoko Ono, Phil Spector. ‚Give Peace A Chance' und ‚Cold Turkey' mit der Angabe John Lennon und Yoko Ono.

Musiker
John Lennon (Gesang, akustische und elektrische Gitarren, Klavier, Keyboards), Klaus Voormann (Bass), Ringo Star (Schlagzeug), Billy Preston (Klavier), Phil Spector (Klavier), Yoko Ono (‚Wind‘), Mal Evans (‚Tee und Sympathie‘). Auf ‚Give Peace A Chance‘ singen viele berühmte Freunde mit, darunter Timothy Leary, Allen Ginsberg, Petula Clark, Murray the K, und der Komiker Tommy Smothers spielte auch akustische Gitarre. Bei ‚Cold Turkey‘ wirkten Eric Clapton (Gitarre) und Alan White (Schlagzeug) mit. Auf ‚Instant Karma! (We All Shine On)‘ wirkt George Harrison (Gitarre) mit.

OO

In einer britischen Fernsehsendung wurde John Lennon Ende 1969 als „Mann des Jahrzehnts“ nominiert. Allerdings musste er die Ehre mit John F. Kennedy und dem nordvietnamesischen Führer Ho Chi Minh teilen. Mit dem beginnenden neuen Jahrzehnt war das Ende der Beatles als aktive Musikgruppe im Grunde schon gekommen, und ihre Trennung wurde bald bekannt gegeben, um dann von einer Reihe unappetitlicher Prozesse gefolgt zu werden. Aber John Lennons persönlicher Ruhm und seine Bekanntheit schienen in ihrem Zenit zu stehen.

In einer britischen Fernsehsendung wurde John Lennon Ende 1969 als „Mann des Jahrzehnts“ nominiert. Allerdings musste er die Ehre mit John F. Kennedy und dem nordvietnamesischen Führer Ho Chi Minh teilen. Mit dem beginnenden neuen Jahrzehnt war das Ende der Beatles als aktive Musikgruppe im Grunde schon gekommen, und ihre Trennung wurde bald bekannt gegeben, um dann von einer Reihe unappetitlicher Prozesse gefolgt zu werden. Aber John Lennons persönlicher Ruhm und seine Bekanntheit schienen in ihrem Zenit zu stehen.

Eine Reihe von medienwirksamen Ereignissen sorgte dafür, dass er mit Yoko Ono immer in den Nachrichten präsent blieb. Am wichtigsten darunter war das zweite sogenannte „Bed-In“, das er in einer Hotelsuite in Montreal abhielt und nutzte, um eine neues Lied zu spielen. Mit ‚Give Peace A Chance‘ begann er, als eigenständiger Musiker Profil zu gewinnen. Diese Single wurde zu dem Song, an den man bei der Friedensbewegung jener Zeit denkt. In künstlerischer Hinsicht war sie jedoch nur das Vorspiel zu einer außergewöhnlichen Reihe von Veröffentlichungen, die ihn als Solostar etablierten.

Hinter dem Hype um seine Karriere und trotz der tiefen Zuneigung, die er für seine neue Ehefrau empfand, war John Lennon im Innersten seines Wesens noch genauso aufgewühlt wie vormals. Auf seiner zweiten Single, ‚Cold Turkey‘, berichtet er offen von seiner Heroinsucht. Im Songtext spricht er mit einer bis dahin unbekannten Ehrlichkeit von seinen inneren Qualen.

Während ‚Instant Karma‘, die dritte Single von Lennon, die 1970er-Jahre mit freudigem Optimismus begrüßte, war das neue Album *John Lennon/Plastic Ono Band* unbestreitbar düster: ein Zyklus von Klageliedern mit Bildern der Zerstörung aus einer obsessiven Welt des seelischen Leids. Viele Fans halten es für Johns Meisterwerk. Die Stücke beschäftigen sich mit Lennons ambivalenter Einstellung zum Starrummel, mit den seelischen Narben aus seiner Kindheit, dem Trauma der Beatles-Trennung und seinem lebenslangen Bemühen, einen spirituellen Sinn des Daseins und ein echtes Verständnis seiner selbst zu finden.

Nachdem ‚Cold Turkey‘ erschienen war, dessen flehende Worte und trostlose Disharmonien sich zu einem Schmerzensschrei zusammenfügten, stieß er auf das Buch *Der Urschrei* des amerikanischen Psychiaters Dr. Arthur Janov. Es nimmt kaum Wunder, dass Janovs Arbeit Lennon bis in seinen innersten Kern ansprach. In *Der Urschrei* geht Janov davon aus, dass jeder Erwachsene die Narben seiner frühesten Jugend trägt. Nur indem man diese Verletzungen aufdeckt und sich mit ihnen auseinandersetzt, könne man zu einem Leben ohne Neurosen gelangen.

John begann eine Behandlung unter Janovs Anleitung, musste die USA aber verlassen, als sein Visum ablief. Insofern blieb die Behandlung unvollendet, aber die Erfahrung inspirierte ihn zu einem Album, das versuchte, durch Selbstentblößung seine inneren Dämonen auszutreiben. Mit der Single ‚Instant Karma!‘ hatte seine Zusammenarbeit mit dem legendären amerikanischen Produzenten Phil Spector begonnen. Jetzt machte er mit ihm ein Album unnachgiebiger Kargheit, das sich vollkommen von den üppigen Extravaganzen unterschied, für die Spector sonst berühmt war.

Am 26. September 1970 begannen John und Yoko in den EMI-Studios in der Londoner Abbey Road die Arbeit an zwei parallelen Solo-Alben. Yokos Werk war relativ unstrukturiert, aber Johns neue Songs gehörten zu den konzentriertesten, die er jemals aufnehmen sollte. Mit einer Minimalbesetzung aus Ringo Starr am Schlagzeug, Klaus Voormann, dem alten Freund aus Hamburger Tagen am Bass und einigen Piano-Einlagen von Billy Preston und Spector selbst, stellte John das Album in vier Wochen fertig. Es kam kurz vor Weihnachten 1970 auf den Markt.

„Von allen Aufnahmen, bei denen ich je mitgespielt habe“, sagt Klaus Voormann, „ist mir das Album *The Plastic Ono Band* wegen seiner Frische und der zurückgenommenen Produktion am liebsten. Es gab keine Spielereien … Ich glaube, die Songs waren für John noch sehr frisch … Es drückte das aus, was John zu dieser Zeit fühlte.“

Ringo erinnert sich auch gerne an die Arbeit an dem Album. „Es war großartig, nur wir drei im Studio, Klaus, John und ich. Er hatte die Songs fertig, also spielten wir sie einfach … Als ob sich nichts wirklich geändert hätte. Außer der Frage: ‚Wo sind die anderen beiden?‘“

Auch für Yoko bleiben die Sessions eine positive Erinnerung. Ihre eigene LP *Plastic Ono Band* wurde mit der gleichen Besetzung wie John aufgenommen. „Bei diesem Album stieß Phil Spector erst viel später dazu … Ich bin mir sicher, dass es ein ganz anderes Album geworden wäre, wenn er von Anfang an dabei gewesen wäre, üppig und ‚*wall of sound*‘, und so. So war es sehr zurückgenommen, vor allem, wenn John ‚My Mummy's Dead‘ singt … Ich fand, *John Lennon/Plastic Ono Band* war großartig.“

Gegenüber: 1970: John Lennon tritt dem neuen Jahrzehnt mit einem radikal veränderten Look entgegen.

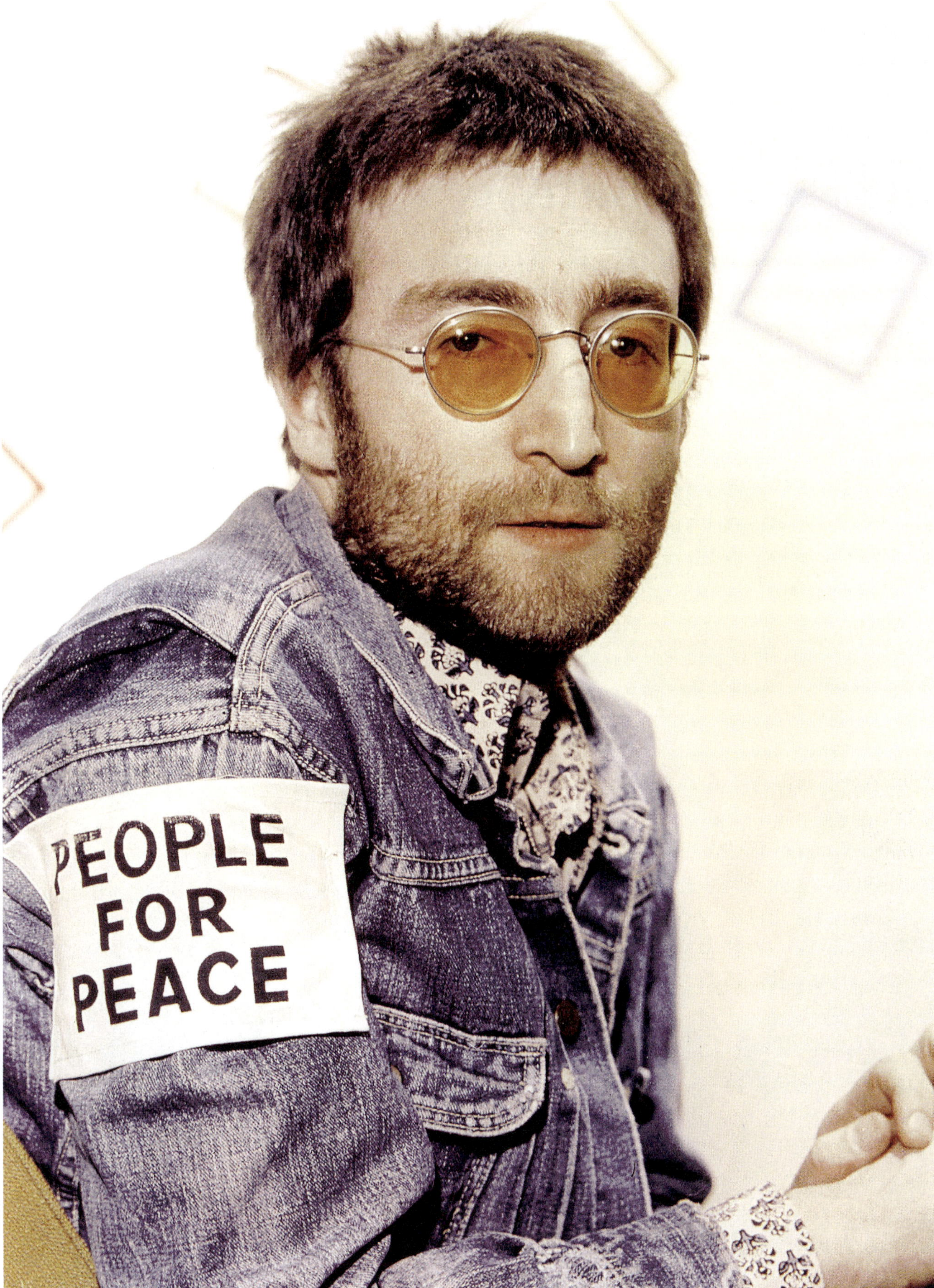
PEOPLE
FOR
PEACE

GIVE PEACE A CHANCE

Da er nicht in die USA einreisen durfte – das Visum wurde ihm wegen einer Drogen-Verurteilung im Jahr 1968 verweigert –, entschied sich John, seine Friedenskampagne in Nordamerika vom kanadischen Montreal aus zu starten. Seine erste Wahl wäre das Plaza Hotel in New York City gewesen, jetzt bezog er am 26. Mai 1969 mit Yoko eine Suite im Queen Elizabeth Hotel und begann ein siebentägiges „Bed-In", dem Medienvertreter aus aller Welt, Show-Business-Berühmtheiten und verschiedene Mitläufer beiwohnten.

Es war die zweite Veranstaltung dieser Art, das erste „Bed-In" hatten sie zwei Monate zuvor nach ihrer Hochzeit im Amsterdamer Hilton abgehalten.

Die Ursprünge gehen auf Yokos Zeit als Performance-Künstlerin und die Vorstellung zurück, eine spektakuläre öffentliche Aktion könne schon ein Kunstwerk an sich sein. John war ebenfalls gerissen genug, um zu erkennen, wie dieses „Bed-In" die Reporter und Fernsehteams durch die Erwartung sexuellen Exhibitionismus reizen könnte. Eine Vorstellung, die er letztlich enttäuschte.

„Gebt dem Frieden doch einfach eine Chance", sagte er den Reportern immer wieder, und begann, aus diesem Refrain einen Song zu machen. Am 1. Juni hatte John das Gefühl, eine machtvolle Friedenshymne geschrieben zu haben, und ließ ein Tonbandgerät in die Suite bringen. Er lag immer noch mit Yoko im Bett, hinter ihnen verkündete ein Plakat den Slogan „Hair Peace". Um das Bett versammelten sich seine vielen Gäste, darunter der LSD-Guru Timothy Leary, der Komiker Tommy Smothers an der Gitarre, die Sängerin Petula Clark, ein Rabbi aus der Nachbarschaft und mehrere Mitglieder der Montrealer Radha Krishna Temples, und sangen mit ihm sein neues Stück. ‚Give Peace A Chance' war ein rhythmisch repetitives Mantra, das von Johns Rappen untermalt wurde, einer zusammenhangslosen Namensliste (die vom Romancier Norman Mailer bis zum englischen Komiker Tommy Cooper reichte) und der unwirschen Ablehnung von Ismen aller Art.

Das Rappen war seiner Zeit um ein Jahrzehnt voraus. Es war

Gegenüber: Zwei Monate nach ihrer Hochzeit begrüßen John und Yoko Ende März 1969 die Weltpresse im Amsterdam Hilton zu ihrem ersten „Bed-In".

Unten: Am 16. Januar 1970 beschlagnahmt die Polizei acht angeblich obszöne Lithografien aus Johns Ausstellung in der London Arts Gallery.

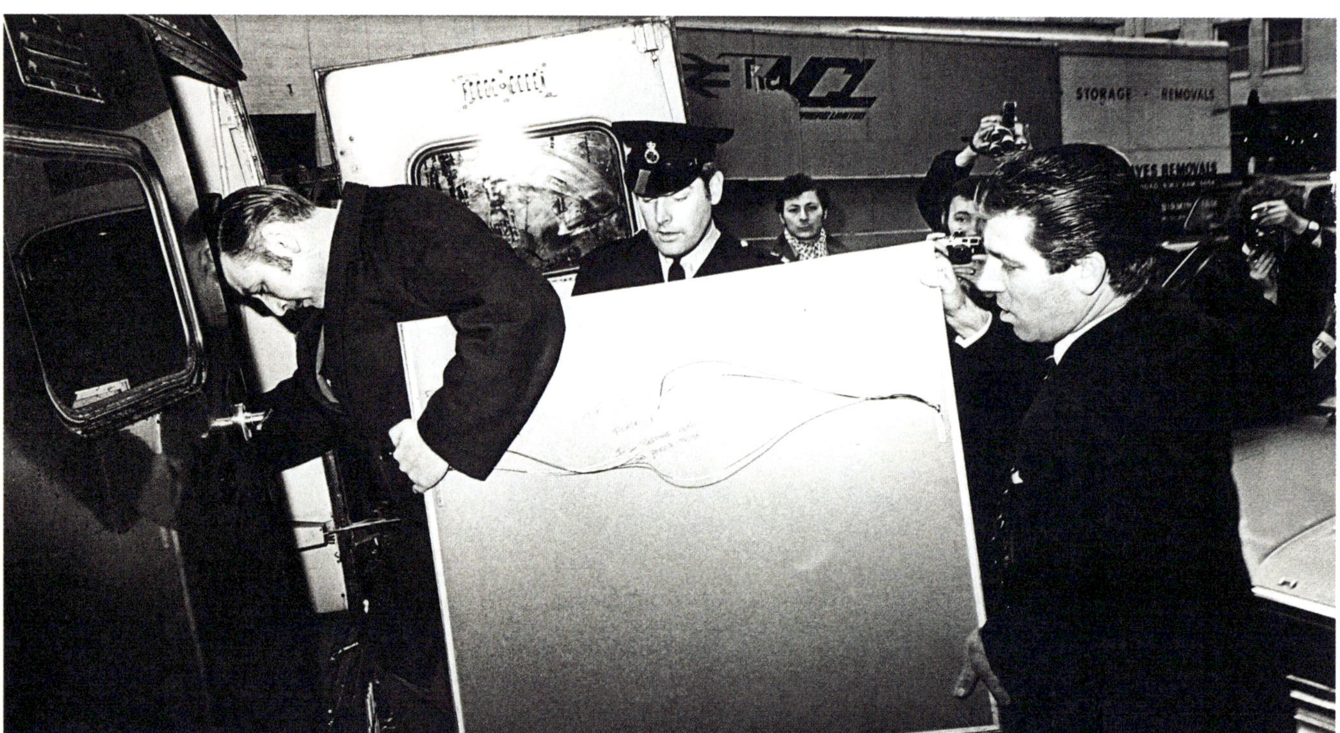

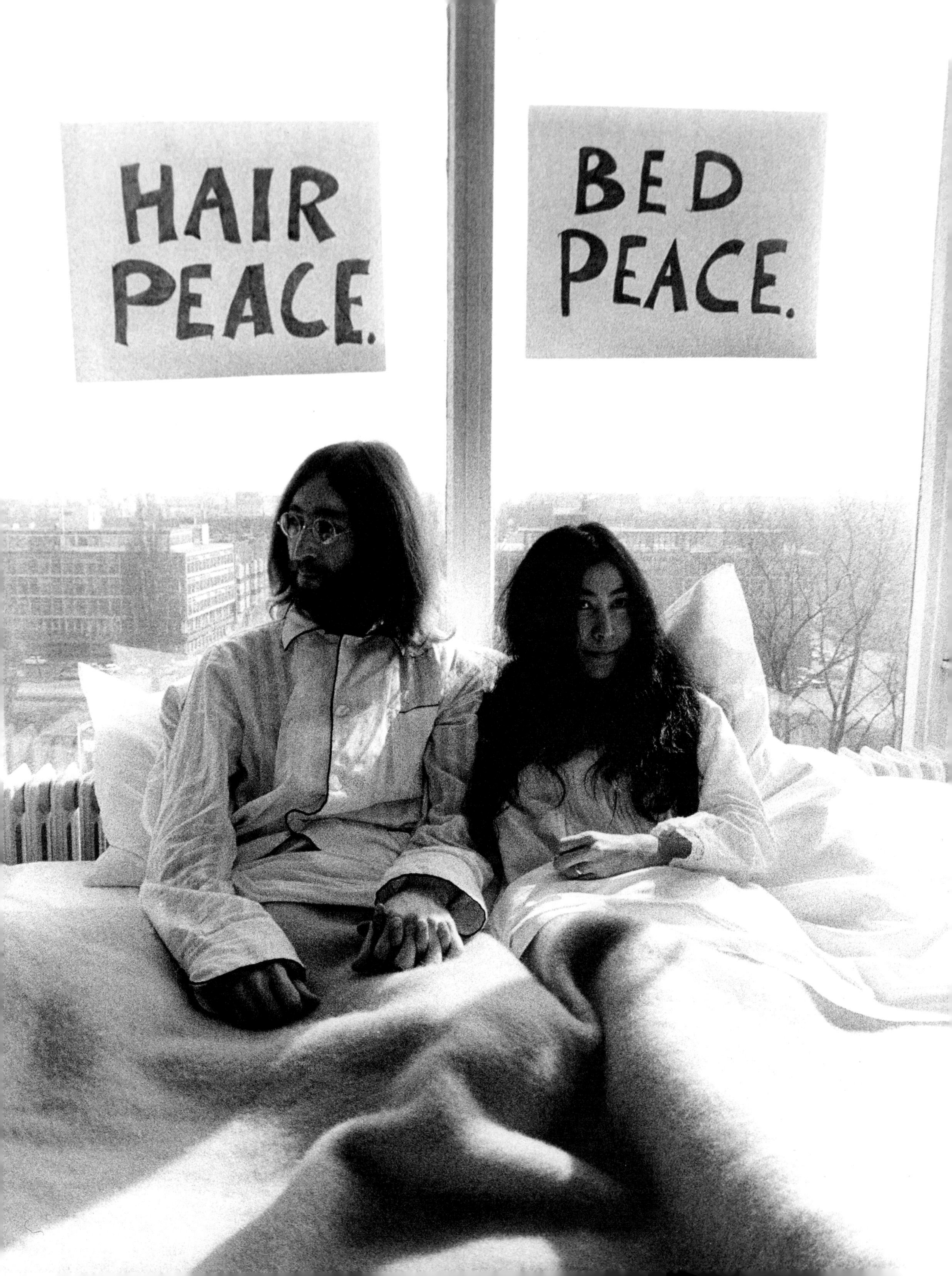
HAIR PEACE.
BED PEACE.

„TIEF IN MEINEM HERZEN WOLLTE ICH ETWAS SCHREIBEN, DAS AN DIE STELLE VON ‚WE SHALL OVERCOME' TRETEN WÜRDE."

– John Lennon

aber nicht das Wichtige, sondern dass das Stück einer von Johns „Schlagzeilen-Songs" war (vorausgegangen war ‚All You Need Is Love", folgen würde ‚Power To The People'), bei denen es viel mehr um den absichtlich eingängigen Refrain ging.

Unter dem Namen der *Plastic Ono Band* erschien die Single ‚Give Peace A Chance' am 7. Juli als erste Single, die John ohne die Beatles veröffentlichte. Zuerst wurden als Komponisten jedoch noch „Lennon & McCartney" genannt, in Übereinstimmung mit der langjährigen Vereinbarung der beiden. John gestand später, dass er noch nicht so weit war, die Verbindung zu Paul abzubrechen, und sich schuldig fühlte, weil er der Erste war, der eine wichtige Platte ohne die Gruppe auf den Markt brachte. Als Erklärung für den dumpfen Doppelschlag der Trommel sagte er: „Mein Rhythmusgefühl war schon immer etwas wild, und auf halber Strecke war ich plötzlich *‚onbeat'* anstatt auf dem *‚backbeat'* … Also musste ich viel mit Echoeffekten vom Band arbeiten, um im ganzen Stück einen gleichmäßigen Beat zu erreichen."

Jahre später gab er zu: „Tief in meinem Herzen wollte ich etwas schreiben, das an die Stelle von ‚We Shall Overcome' treten würde." Mit ‚Give Peace A Chance' ist ihm genau das gelungen. Schon im Oktober 1969 war das Lied zur Hymne der Demonstrationen gegen den Vietnamkrieg geworden. Am 15. November sangen es fast eine halbe Million Menschen vor Nixons Weißem Haus in Washington. Dieser Coup sollte John noch Schwierigkeiten mit der amerikanischen Regierung bescheren. Als er aber in England sein Fernsehgerät einschaltete und den Demonstranten beim Singen zusah, war das „einer der größten Augenblicke in meinem Leben". In einem Interview mit Barry Miles sagte er: „Von den beiden ‚Bed-Ins' ist eine Menge Propaganda ausgegangen … Bei jeder Gartenparty dieses Sommers in Großbritannien, in jedem kleinen Dorf, waren die Publikumslieblinge immer die Kinder, die John und Yoko im Bett mit den Postern drum herum darstellten … Anstatt ‚Yeah Yeah Yeah' zu singen, sangen sie alle einfach stattdessen ‚Peace'. Und ich glaube an die Macht des Mantras."

‚Give Peace A Chance' wurde tatsächlich zum Allgemeingut der Welt, wie John es sich erhofft hatte. Elf Jahre später versammelten sich in der Nacht seiner Ermordung die Trauernden vor dem Dakota Building und stimmten diesen Song an, um ihrem Gefühl Ausdruck zu verleihen und an Johns Lebenswerk zu erinnern.

Unten: The Plastic Ono Band tritt am 15. Dezember 1969 im Londoner Lyceum auf. Zu Johns und Yokos Gästen auf der Bühne gehören George Harrison, Eric Clapton und Keith Moon, der Schlagzeuger von The Who.

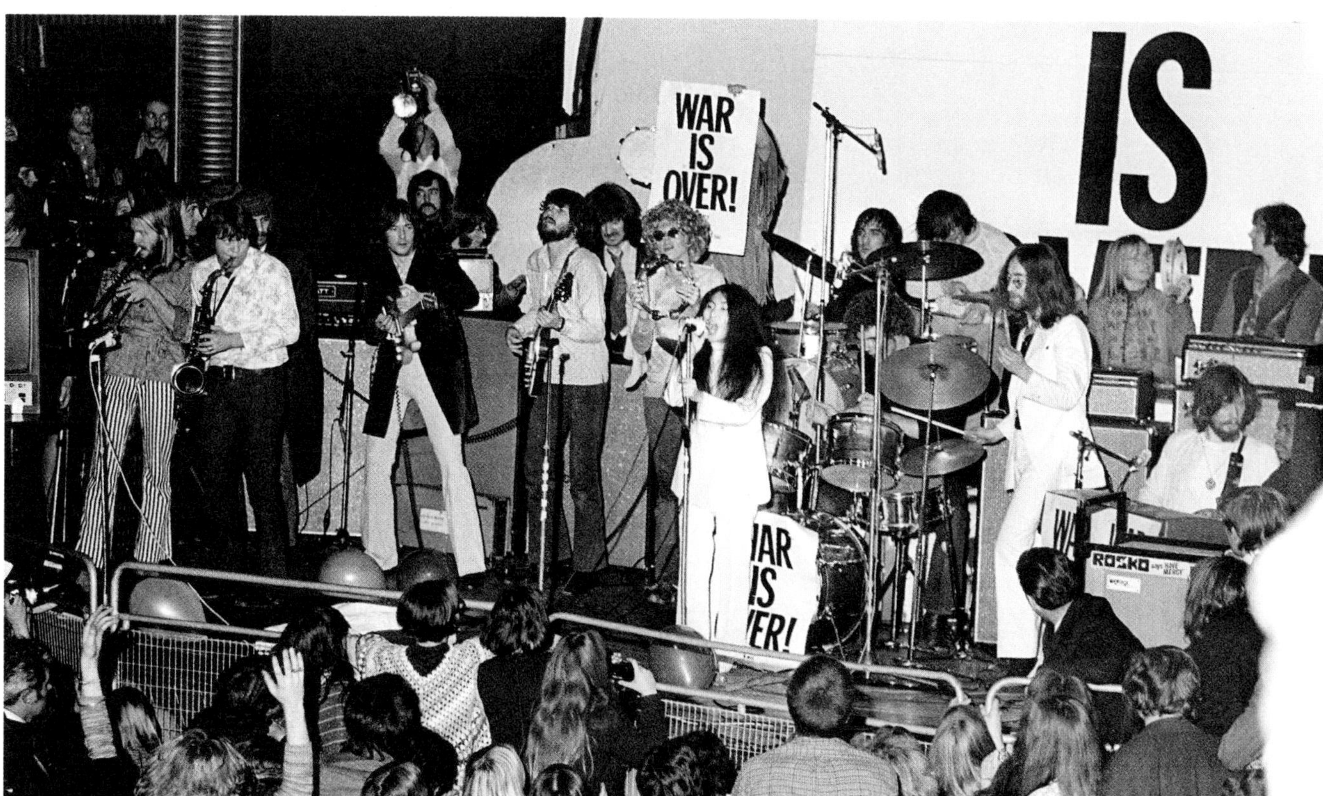

GIVE PEACE A CHANCE

A-one, two, one-two-three-four!
Ev'rybody's talking 'bout
Bagism, Shagism, Dragism,
Madism, Ragism, Tagism
This-ism, that-ism, is-m, is-m, is-m

All we are saying is give peace a chance
All we are saying is give peace a chance

Hit it
C'mon, ev'rybody's talking about
Ministers, sinisters, banisters and canisters
Bishops and Fishops and Rabbis and Popeyes
and bye-bye, bye-byes

All we are saying is give peace a chance
All we are saying is give peace a chance

Let me tell you now
Ev'rybody's talking 'bout
Revolution, evolution, masturbation,
flagellation, regulation, integrations
Meditations, United Nations, congratulations

All we are saying is give peace a chance
All we are saying is give peace a chance

Ev'rybody's talking 'bout
John and Yoko, Timmy Leary, Rosemary,
Tommy Smothers, Bobby Dylan,
Tommy Cooper
Derek Taylor, Norman Mailer, Alan Ginsberg,
Hare Krishna, Hare, Hare Krishna

All we are saying is give peace a chance
All we are saying is give peace a chance

All we are saying is give peace a chance
All we are saying is give peace a chance

All we are saying is give peace a chance
All we are saying is give peace a chance

All we are saying is give peace a chance
All we are saying is give peace a chance

All we are saying is give peace a chance
All we are saying is give peace a chance

All we are saying is give peace a chance
All we are saying is give peace a chance

All we are saying is give peace a chance
All we are saying is give peace a chance

COLD TURKEY

Drogen gehören zum Leben vieler Rockmusiker dazu. Aber das Thema wird selten realistisch in Songs behandelt. Es war typisch, dass John einer der Ersten war, die dieses Tabu brachen. Er tat es mit einem Song, der in seiner ungeschminkten Leidensdarstellung immer noch außerordentlich eindringlich ist. Nach LSD, das 1967 bei der Entstehung des Albums *Sgt. Pepper* seine Rolle gespielt hatte, führten Lennons Drogenexperimente ihn zum Heroin.

Er musste sich jahrelang gegen seine potenziell tödliche Anziehungskraft wehren. Im August 1967 trieb ihn der Wunsch, Vater eines gesunden Kindes zu werden, zu einem erneuten, entschlossenen Versuch, mit der Droge zu brechen. ‚Cold Turkey' ist ein Dokument dieses Entzugs. Lennon verherrlichte seine Selbsterniedrigung darin keineswegs.

Gegen Ende 1968 hatte sich John von seiner Frau Cynthia getrennt und war aus dem gemeinsamen Heim in Kenwood ausgezogen. Er kam eine Zeit lang mit Yoko in Ringos alter Wohnung am Montagu Square unter. In einem Interview, das sie dem ehemaligen persönlichen Assistenten Peter Brown gab, gestand Yoko, dass sie mit Heroin experimentiert hatte, als John Anfang des Jahres mit Maharishi in Indien gewesen war. Es scheint fast unausweichlich, dass die Neugier John dazu trieb, es selbst einmal zu probieren.

In den 1960er-Jahren herrschte eine gewisse Unschuld in Bezug auf den Umgang mit Drogen. Nur wenige waren sich der Gefahren bewusst, viele hielten sich vor der Sucht gefeit. John fühlte sich auch von dem Ruf des Heroins angezogen, „künstlerische" Impulse zu geben. Seine Abhängigkeit nahm im Lauf des Jahres 1969 zu, als das Paar nach Ascot zog. Und zweifellos trug die Sucht auch dazu bei, John weiter von den Beatles zu entfremden.

Wie andere unerfahrene Konsumenten war auch John verzweifelt, als er feststellte, wie schwierig es war, mit dem Heroin wieder aufzuhören. Er wollte keine Entziehungskur in einer Klinik machen, weil er Angst vor der öffentlichen Aufmerksamkeit hatte. So versuchte er es mit abrupter und kompletter Abstinenz – der Entzug, der im Englischen als *„cold turkey"* bezeichnet wird. Die körperlichen Wirkungen erinnern an eine Fiebererkrankung – zwei der häufigsten Symptome sind kalte Schweißausbrüche und Gänsehaut. Daher stammt auch die englische Bezeichnung. John beschreibt das in seinem Song sehr drastisch.

Zuerst sollte das Stück von den Beatles aufgenommen werden, die gerade das Album *Abbey Road* abschlossen. Es mag kaum überraschen, dass es abgelehnt wurde, weil sein Inhalt so verstörend und so persönlich war, dass es sich nur als Soloprojekt von Lennon eignete. John stellte den Song erstmals bei einem Konzert in Toronto am 13. September vor, begleitet von einer Band, in der Eric Clapton Gitarre spielten. John las dabei den Text von einem Zettel ab, den Yoko ihm hinhielt. Es war das einzige neue Stück von John, das sie an diesem Abend spielten, und die Reaktion der Anwesenden war so gedämpft, dass John sie anfuhr: „Na los, wacht auf!" Einige Wochen später wurde Clapton dann in das EMI-Studio in der Abbey Road gerufen, um auch bei der Aufnahme der Single zu helfen. Nach einem Muster, das John entwickelt hatte und eingedenk des monströs verzerrten Stils von ‚Revolver' aus dem vorhergegangenen Jahr, trug Eric den ätzenden Gitarrenriff bei, der zu den bezwingendsten Merkmalen des Stücks gehört. Ironischerweise dauerte es kein Jahr, bis sich Clapton ebenfalls in den Schlingen einer lang anhaltenden Heroinsucht wiederfand.

Das Element, das einen jedoch am meisten mitnimmt, ist Johns Gesang, vielleicht seine extremste Darbietung seit ‚Twist And Shout' sechs Jahre zuvor. Er behauptet, der schreiende Stil stammte von Yoko. Auf jeden Fall geht er Lennons Entdeckung der „Urschrei"-Therapie voraus, die er auf seinem folgenden Soloalbum erforschte. Auch thematisch gibt es in seinem klagenden Wunsch, wieder ein Baby zu sein, Vorausdeutungen auf das Album.

Leider war Johns Entzugsversuch ein Fehlschlag. Am 9. Oktober, seinem Geburtstag, wurde die schwangere Yoko ins Krankenhaus eingeliefert. Drei Tage später erlitt sie eine Fehlgeburt. Danach wurde er rückfällig.

‚Cold Turkey' kam Mitte Oktober als Werk der Plastic Ono Band heraus. Das Thema und die schiere Härte sorgten dafür, dass es selten im Radio gespielt und das Stück kein Hit wurde. Daher rührte auch die witzelnde Retourkutsche in Johns Brief an die Queen, in dem er am 25. November die Rückgabe seines MBEs verkündete (der Orden Member of the British Empire war 1965 allen vier Beatles verliehen worden). „Eure Majestät, ich gebe diesen MBE zurück, als Zeichen des Protests gegen die Verwicklung Großbritanniens in diese Nigeria-Biafra-Geschichte [ein zu dieser Zeit in Westafrika tobender Bürgerkrieg], gegen unsere Unterstützung Amerikas in Vietnam und gegen das Abrutschen von ‚Cold Turkey' in den Hitparaden. Mit Liebe, John Lennon vom Sack."

Im Königreich sorgte diese Geste für noch größere Kontroversen als ‚Cold Turkey' selbst. Angesichts der Schwierigkeiten, die John sowieso schon wegen Drogen mit den Behörden hatte, wäre es vielleicht klüger gewesen, das Thema musikalisch zu meiden. Aber als Autor – wenn auch nicht immer als Mensch – war die größte Sucht John Lennons die Ehrlichkeit.

COLD TURKEY

Temperature's rising
Fever is high
Can't see no future
Can't see no sky
My feet are so heavy
So is my head
I wish I was a baby
I wish I was dead

Cold turkey has got me on the run

My body is aching
Goose-pimple bone
Can't see no body
Leave me alone
My eyes are wide open
Can't get to sleep
One thing I'm sure of
I'm in at the deep freeze

Cold turkey has got me on the run

Cold turkey has got me on the run

Thirty-six hours
Rolling in pain
Praying to someone
Free me again
Oh, I'll be a good boy
Please make me well
I promise you anything
Get me out of this hell

Cold turkey has got me on the run

Oh, oh, oh, oh

INSTANT KARMA! (WE ALL SHINE ON)

Johns Ungeduld war berüchtigt. Einmal wünschte er sich, „am Montag einen Song zu schreiben, ihn am Dienstag aufzunehmen, am Mittwoch pressen zu lassen, sodass er am Freitag in den Geschäften liegt." Mit ‚Instant Karma!' gelang ihm das fast. Das Stück ist ein gelungenes Beispiel für die schnelle, reaktive Methode, mit der John Stücke schrieb. Außerdem ist es vielleicht auch der inspirierendste Rocksong seiner Solokarriere.

Yoko und Ono verbrachten den Jahreswechsel 1970 in Dänemark, wo sie Yokos Tochter Kyoko und deren Vater Tony Cox besuchten. Dort beschloss das Paar, sich die langen Haare abzuschneiden, und trat der Welt mit Unisex-Kurzhaarschnitten entgegen. Es schien, als wollten sie das neue Jahrzehnt begrüßen, indem sie sich von einem Look verabschiedeten, dessen Symbolkraft nachgelassen hatte. In der Zwischenzeit hatten sich die anderen drei Beatles am 4. Januar ohne John in der Abbey Road getroffen, um Pauls Song ‚Let It Be' fertigzustellen. Es sollte die letzte Aufnahmesitzung der Gruppe werden.

Als John Ende Januar nach London zurückkam, schrieb er ‚Instant Karma!' Es dauerte nur einen Vormittag, bis er den Song um einen einfachen Riff herum gebaut hatte, der an das englische Kinderlied ‚Three Blind Mice' erinnert. Der Titel geht auf etwas zurück, das er in Dänemark während eines Gesprächs mit der neuen Ehefrau von Tony Cox, Melinde Kendall, gehört hatte. Die Hippies der 1960er-Jahre hatten das hinduistische Konzept ‚Karma' aufgrund ihrer Affinität zur Philosophie und Musik des Orients übernommen, die nicht zuletzt durch die Beatles selbst und vor allem durch George gefördert worden war. Nach und nach wurde der Begriff „Karma" im Westen trivialisiert, bis er kaum mehr bedeutete als „verdiente Strafe" oder „verdienter Lohn". Im ursprünglichen Kontext bezeichnet er jedoch die Taten eines Menschen im Lauf seiner Wiedergeburten und deren Konsequenzen für sein anschließendes spirituelles Schicksal.

Insofern ist „Instant-Karma" ein Widerspruch in sich. Es war aber typisch, dass John dieses Konzept verdichten und fassbar machen wollte. Das sich langsam drehende Rad der Existenz lief für John einfach zu schwerfällig. Aufregend fand er jedoch, dass mit Karma nicht nur die Auswirkung vergangener Taten auf unsere Gegenwart bezeichnet wurde, sondern auch die Tatsache, dass unser gegenwärtiges Handeln sich auf die Zukunft auswirkt, und zwar schneller, als man denken mag. Er war von der Sprache der Werbung fasziniert und liebte die Vorstellung, ‚Instant Karma!' zu verkaufen, so wie man auch Instantkaffee verkauft. Parallel zu dieser Aussage – wir müssen Verantwortung für das Schicksal der Welt übernehmen, und zwar jetzt – verläuft das Hauptthema des Songs, dass jeder von uns ein Star ist, ob man nun berühmt ist oder nicht. Die wirklichen Sterne stehen oben am Himmel, aber das Vermögen, spirituell zu leuchten, ist eine allgemein menschliche und keine elitäre Eigenschaft. „We all shine on."

Das sind erhabene Gedankengänge, und wenn die Melodie des Stücks auch eher schlicht ist, so wird der fertige Song dem Inhalt des Textes doch gerecht. Das haben wir Phil Spector zu verdanken. ‚Instant Karma!' war die erste Zusammenarbeit von John mit dem legendärsten Produzenten des Rock'n'Roll, und es ist ein wahrer Triumph. Sich mit Spector in Verbindung zu setzen, war der abschließende Coup eines produktiven Tags, an dem John schon den Song geschrieben und eine Studiogruppe mit George Harrison, Klaus Voormann und Alan White zusammengestellt hatte.

Die Aufnahme von Lennon und Spector war der Anfang einer historischen zweijährigen Partnerschaft. Mit dem dominierenden, nachhallenden Gesang und dem trockenen Schlagzeug von Alan White zeigte ‚Instant Karma!' den Sound, der für Lennons Zeit nach den Beatles typisch wurde und den er zehn Jahre später in ‚(Just Like) Starting Over' bewusst wieder aufnehmen sollte.

„Ich hatte schon mit Rhythmen experimentiert, die vom Metrum des restlichen Songs abwichen", erinnert sich Alan White. „Das hört man dann hier. Sie hatten den Hintergrundtrack aufgenommen, und jetzt brauchte John einen großen Chor, der ‚We all shine on' singen sollte. Also ging Mal Evans, der Roadie der Beatles, runter zum Revolution Club. Dort machte er die Runde und erzählte, John Lennon suche einen Haufen Leute, um auf einem Hintergrundtrack zu singen. Abends marschierte dann also die Hälfte des Publikums aus dem Club in die Abbey Road, und er stand vorne und dirigierte sie als Chor!"

Diese zusätzliche, vielleicht nicht ganz nüchterne Stimmgewalt diente dazu, ‚Instant Karma!' auf klassische Spector-Weise in Schichten aufzubauen, bis das Stück monumentale Statur erreichte. Seine „*wall of sound*"-Technik hatte er in den 1960er-Jahren bei der Produktion von bahnbrechenden Hits wie ‚Be My Baby', ‚Da Roo Ron Ron' und ‚River Deep Mountain High' entwickelt. Dabei wurden die gleichen Instrumentalpartien wiederholt eingespielt, und das Ergebnis durfte im Studio widerhallen. Eine typische Spector-Aufnahme wirkte, als sei sie in einer riesigen Höhle aufgenommen worden. John begnügte sich damit, Spector zu sagen, er wolle einen „1950er-Sound", den Rest überließ er dem Produzenten. Wie Lennon dachte auch Spector bei Schallplatten eher in der

„ALL WE'RE TRYING TO SAY TO THE WORLD IS: YOU'RE GONNA BE GREAT!"

– John Lennon

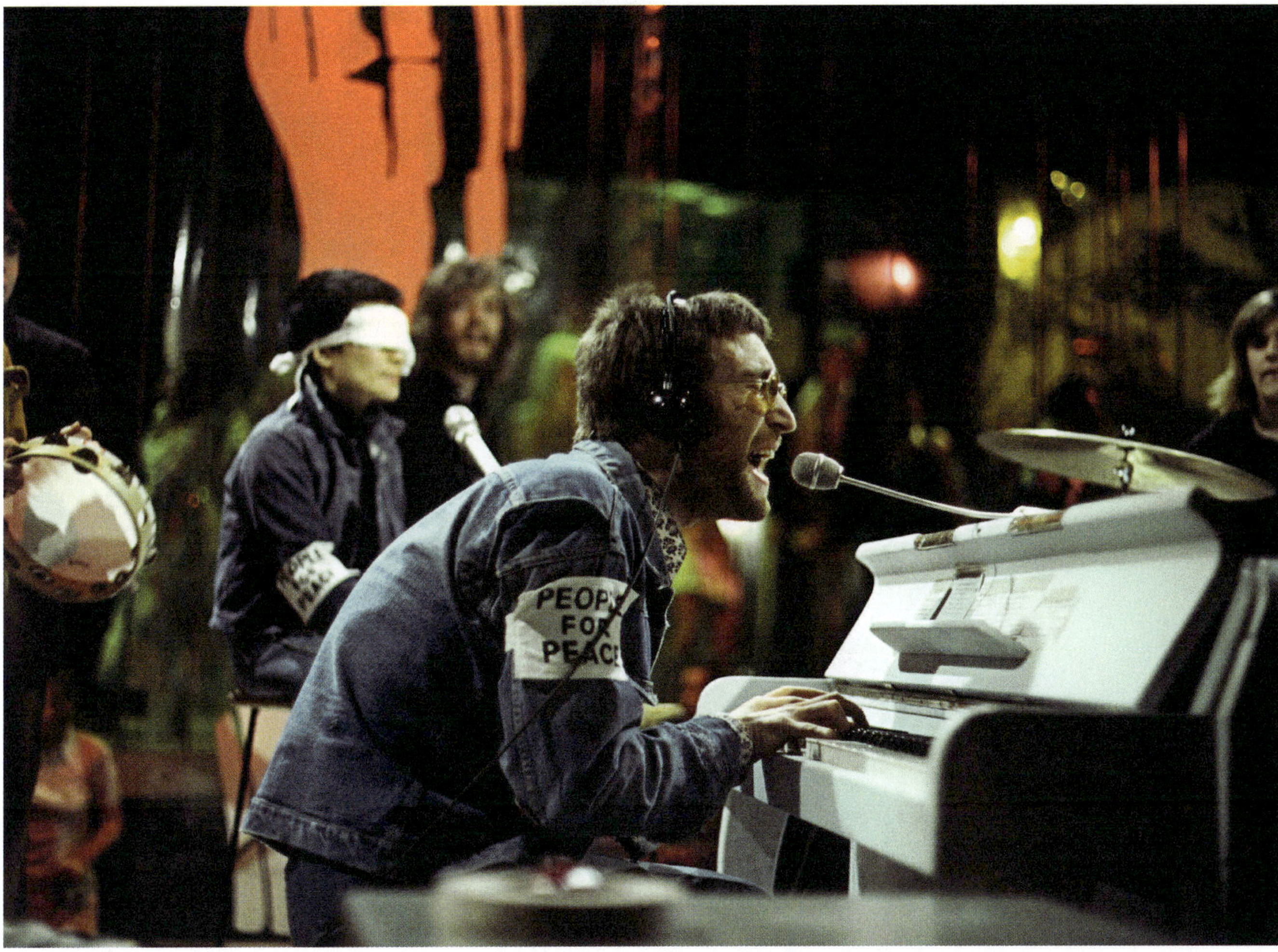

Kategorie Gesamtsound als an eine Ansammlung von zusammengehörenden Details. Er wandte sich sogar gegen die aufkommende Stereotechnik und prägte den Slogan „Back to Mono".

‚Instant Karma!' kam am 6. Februar in Großbritannien auf den Markt, in den Staaten am 20. Februar. (In den USA wurde auch der Untertitel ‚We All Shine On' hinzugefügt, der seitdem zur normalen Version gehört.) Die britischen Fans bekamen am 12. Februar noch ein Extrabonbon, als John im TV bei *Top of The Pops* auftrat, als erster Beatle seit 1966. Während er auf dem Klavier hämmerte, konnte man hinter ihm Yoko sehen, die mit verbundenen Augen Karten hochhob, auf denen schlicht ‚Peace', ‚Love', ‚Smile' oder ‚Hope' stand. Wie so oft glaubte nun wieder ein Großteil der Bevölkerung, John sei endgültig verrückt geworden. Aber der übermächtige Beat des Schlagzeugs und der erhebende Refrain reichten aus, um ihm einen Top-5-Hit zu bescheren.

‚Instant Karma!' hatte aber wie ‚Give Peace A Chance' ein umfassenderes Ziel. John wollte das Bewusstsein der Menschen verändern. „Die Regierung kann das mit Propaganda erreichen", meinte er. „Coca-Cola kann es mit Propaganda machen; Geschäftsleute machen es mit Propaganda. Warum nicht wir? Wir sind die hippe Generation." Er bestand einmal darauf, das Wesen von ‚Instant Karma!' bestände darin, die Menschen mit Glauben zu beseelen. „Wir versuchen nur, der Welt zu sagen: ‚Ihr werdet großartig sein.'"

Oben: John tritt mit der Band am 12. Februar 1970 im englischen Fernsehen mit ‚Instant Karma!' bei *Top of the Pops* auf.

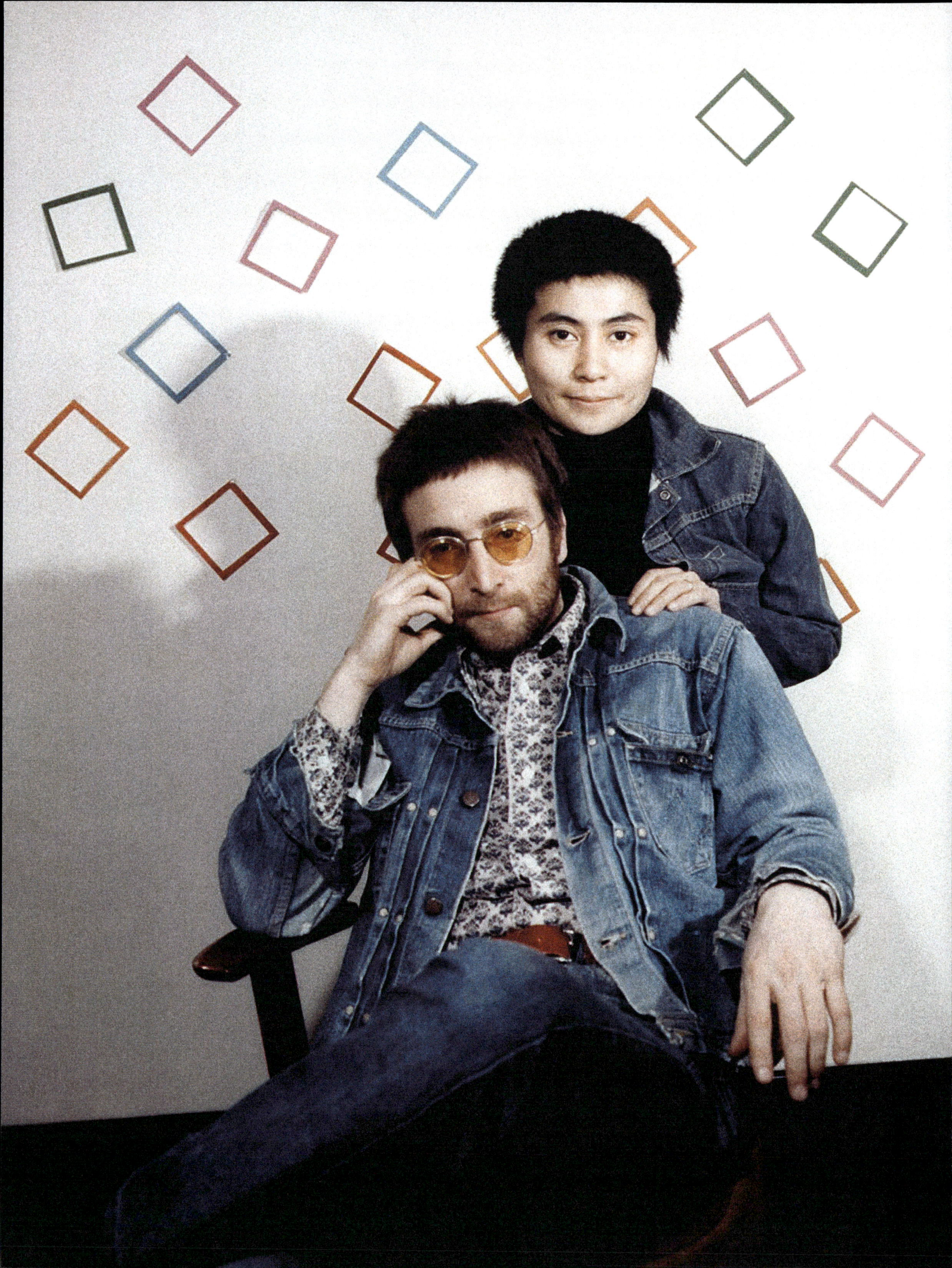

INSTANT KARMA!

Instant Karma's gonna get you
Gonna knock you right
on the head
You better get yourself together
Pretty soon you're gonna be dead

What in the world you thinking of
Laughing in the face of love?
What on earth you tryin' to do?
It's up to you, yeah you!

Instant Karma's gonna get you
Gonna look you right in the face
You better get yourself together,
darling
Join the human race

How in the world you gonna see
Laughing at fools like me?
Who on earth d'you think you are?
A superstar? Well, right you are!

Well we all shine on
Like the moon and the stars
and the sun
Well we all shine on
Everyone, come on

Instant Karma's gonna get you
Going to knock you off your feet
Better recognize your brothers
Everyone you meet

Why in the world are we here?
Surely not to live in pain and fear?
Why on earth are you there
when you're everywhere?
Come and get your share!

Well we all shine on
Like the moon and the
stars and the sun
Yeah we all shine on
Come on and on and on on on

Yeah yeah, alright, ah haa, aaaahh
Well we all shine on
Like the moon and the stars
and the sun
Yeah we all shine on
On and on and on on and on

Well we all shine on
Like the moon and the stars
and the sun
Well we all shine on
Like the moon and the stars
and the sun

Well we all shine on
Like the moon and the stars
and the sun
Yeah we all shine on
Like the moon and the stars
and the sun
Well we all shine on
Like the moon and the stars
and the sun

MOTHER

Ein Horrorfilm im Fernsehen brachte John auf die Idee, das erste Stück auf der LP *John Lennon/Plastic Ono Band* mit dem Unheil verkündenden Läuten einer Begräbnisglocke einsetzen zu lassen. Der düstere Effekt wurde noch dadurch verstärkt, dass Phil Spector die Aufnahme verlangsamte. Um bis zur puren Emotion durchzustoßen, unterbrach Lennon die Aufnahmesession und spielte das manische Rock'n'Roll-Stück ‚Whole Lotta Shakin' goin' On' von Jerry Lee Lewis.

Es war klar, dass ‚Mother' ein sehr gefühlsträchtiges Stück für John werden würde. Er führte einen großen Teil seines Unglücklichseins darauf zurück, dass er sich von seinen Eltern zurückgewiesen fühlte. Und jetzt musste er, um von diesem unheilvollen Erbe freizukommen, sich zuerst von ihnen verabschieden. Und doch schreit er im Finale des Songs dann, Mummy solle nicht fortgehen, und bittet Daddy, doch wiederzukommen.

Was bei John dieses Gefühl des Verlassenseins verursacht hatte, ist gut belegt. Seine Mutter Julia fühlte sich nicht imstande, ihn aufzuziehen. Schon bald nach seiner Geburt sagte sie sich von seinem Vater Freddie Lennon los, der sowieso als Matrose immer wieder lange auf See war. Nach seiner Rückkehr versuchte Freddie diesmal, den Säugling John zu sich zu nehmen. Wegen der Unruhe zu Hause wurde das Kind mehrmals in die Obhut von Verwandten gegeben. Mit vier Jahren kam er schließlich zu Julias älterer Schwester Mimi und ihrem Mann George Smith zur Pflege. Erst als Teenager sah er seine leibliche Mutter wieder häufiger, weil er sich von Julias fröhlicher Art und ihrer rebellischen Persönlichkeit angezogen fühlte. Als Heranwachsender fühlte er sicher eine größere Seelenverwandtschaft mir ihr als mit der zutiefst kleinbürgerlichen Mimi. Er verbrachte mehr Zeit mit Julia, und sie unterstützte seinen musikalischen Ehrgeiz, indem sie ihm seine erste billige Gitarre erlaubte. Als John 16 war, kam ihre allmähliche Versöhnung jedoch zu einem abrupten und grausamen Ende. Nach einem Besuch bei Mimi wurde Julia von einem Auto angefahren und tödlich verletzt. John sagte später: „Ich verlor sie zweimal."

Freddie war in der Zwischenzeit vollkommen aus Johns Leben verschwunden. Er meldete sich erst wieder, nachdem John berühmt geworden war. Damals ging es ihm finanziell nicht gut. Er versuchte sogar einmal, eine Karriere als Sänger zu starten: Seine Single ‚That's My Life' war die selbstherrliche Geschichte eines Liverpooler Seemanns. Die Beziehung war jedoch nicht einfach und zumindest auf Johns Seite durch Schuldzuweisung geprägt. Allerdings sorgte er finanziell für seinen Vater. In den Siebzigern wurde Freddie ernsthaft krank, nachdem John nach New York umgesiedelt war. Die beiden führten vor dem Tod des Vaters am 1. April 1976 anscheinend mehrere liebevolle Telefongespräche.

Angesichts seiner unruhigen Jugend hat man oft angenommen, John habe in seinem späteren Leben eine Vaterfigur gesucht.

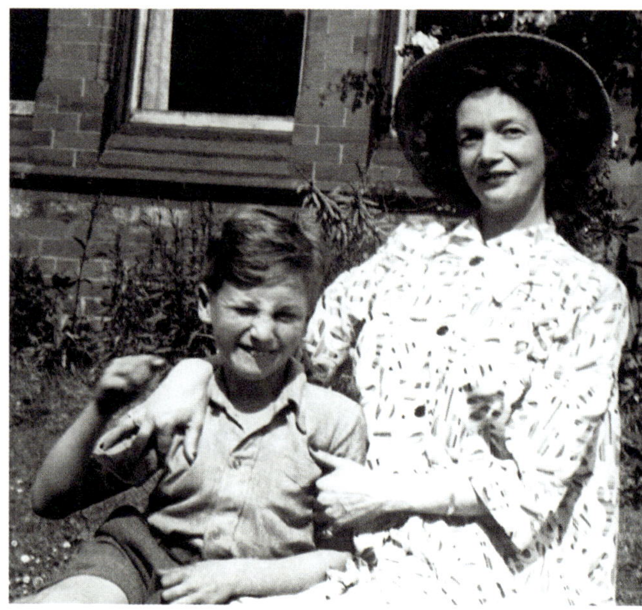

1972 stützte John in einem Interview mit dem *Record Mirror* diese Theorie: „Vor drei Jahren wäre ich auf der Suche nach einem Guru gewesen oder hätte Karl Marx um die Antwort gebeten ... Ich suchte nach einer Vaterfigur, aber ich brauche so etwas dank Dr. Janov nicht mehr ... Er half mir, mich selbst anzunehmen."

Auffällig ist, dass er Yoko immer „Mutter" nannte, wenn auch leicht spöttisch. „Ich habe die Sicherheit, die Yoko mir gibt", erzählte er 1969 Barry Miles. „Das ist, als ob ich eine Mutter hätte. Vorher war ich nie entspannt, ich war immer aggressionsbereit, daher rührt auch das Bild des Zynikers Lennon." ‚Mother' war eines der wenigen Solostücke, die John jemals öffentlich spielte. 1972 erweiterte er bei einem Konzert im Madison Square Garden den Bezugsrahmen des Textes: „Die Leute denken, es ginge nur um meine Eltern. Es geht aber um 99 Prozent aller Eltern."

Oben: John im Alter von neun mit seiner Mutter Julia. Die Erinnerung an sie prägt das erste und letzte Stück auf seiner ersten Solo-LP.

MOTHER

Mother, you had me
but I never had you
I wanted you
You didn't want me

So I
I just got to tell you
Goodbye, goodbye

Father, you left me
but I never left you
I needed you
You didn't need me

So I
I just got to tell you
Goodbye, goodbye

Children, don't do
What I have done
I couldn't walk
And I tried to run

So I
I just got to tell you
Goodbye, goodbye

Mama don't go
Daddy come home
Mama don't go
Daddy come home
Mama don't go
Daddy come home
Mama don't go
Daddy come home
Mama don't go
Daddy come home
Mama don't go
Daddy come home
Mama don't go
Daddy come home
Mama don't go
Daddy come home
Mama don't go
Daddy come home
Mama don't go
Daddy come home

HOLD ON

Die unverhohlene Verzweiflung von ‚Mother' wirkt ernstlich beunruhigend und zeigt, wie sehr John zu dieser Zeit der Janovschen Lehre anhing. Auf der anderen Seite gab es jedoch auch Erklärungen zärtlicher Zuneigung wie ‚Hold On'. Eingeleitet wird das kurze, sanft beruhigende Stück von einem schimmernden, japanisch beeinflussten Gitarrenriff.

Als John 1968 das Chaos der Welt in seinem Song ‚Revolution' begutachtet hatte, fand er keinen besseren Trost als „It's gonna be all right." Hier wiederholt er diese Versicherung, die von seinem Glauben an die Kraft der Liebe gestützt wird. 1969 sagte er über Yoko: „Jetzt vergesse ich auch in der tiefsten Verzweiflung nicht, dass wir es beide gemeinsam durchleben." Mit etwas Glauben, sagt er seinen Zuhörern, können wir unsere Verwirrung überwinden und zu einem Gefühl der Einheit kommen, sowohl gemeinsam als auch in uns selbst. Man könnte annehmen, John habe eher über eine Hoffnung als von einer Erfahrung gesungen. Viele seiner Bekannten bezeugen jedoch, dass er als Mensch nahbarer wurde, nachdem er Yoko kennengelernt hatte. Und ‚Hold On' passt auch sehr gut zu einem anderen Lennon-Aphorismus aus dem gleichen Jahr: „Wir sind alle gefrorene Geleespeisen. Es muss nur jemand den Kühlschrank ausschalten."

Unten: Am 24. Februar 1970 zeigen sich die Lennons auf einer Reise nach Dänemark erstmals der Welt mit ihren gerade kurz geschorenen Haaren.

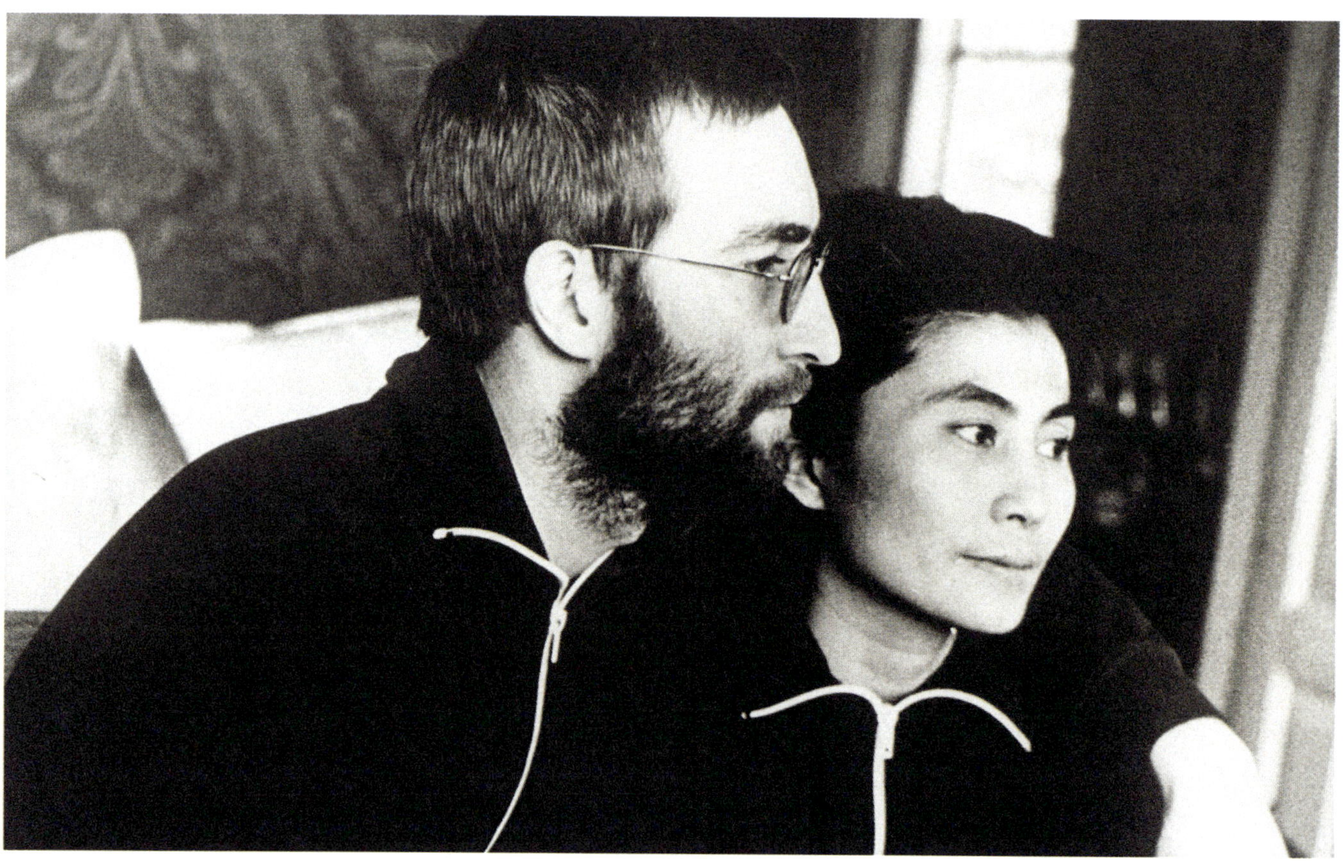

HOLD ON

Hold on, John
John, hold on
It's gonna be alright
You're gonna win the fight

Hold on, Yoko
Yoko, hold on
It's gonna be alright
You're gonna make the
flight

When you're by yourself
And there's no-one else
You just have yourself
And you tell yourself
Just to hold on

Cookie

Hold on, world
World, hold on
It's gonna be alright
You're gonna see the light

Oh, and when you're one
Really one
Well, you get things done
Like they've never been
done
So hold on

I FOUND OUT

Nach der ruhigen Sehnsucht von ‚Hold On' wandte John seinen unsentimentalen Blick auf die Kräfte, die er für gefährliche Ablenkungen bei unserer Suche nach Selbsterkenntnis hielt. Der Reihe nach werden radikale Hippies, Drogen, Sex und Religion kurz und knapp abgeurteilt. Die höhnischen Abfuhren sind in ein Arrangement effektvoller Bösartigkeit eingebettet, und John war vor allem auf sein kratzend-raues Gitarrenspiel bei diesem Stück stolz.

Am aufregendsten ist jedoch das Schlagzeug von Ringo, das wie ein Herzklopfen die bittere Freude des Sängers widerspiegelt. Strophe um Strophe werden die Fallen aufgelistet, die John erkannt hat, jetzt, da er erkannt hat, dass Freiheit nur erlangen kann, wer sich auf sich selbst verlässt. Also werden die „Spinner am Telefon" aufs Korn genommen, die John um Unterstützung für ihr je eigenes Anliegen anbetteln. Zweifellos war John eine Symbolfigur für radikal denkende Menschen, sowohl der „Gegenkultur" der Hippies als auch der orthodoxeren politischen Aktivisten. Seine außerordentliche Bekanntheit, der Reichtum, den man ihm zuschrieb, und seine Ablehnung des Establishments machten ihn zu einem Ziel für jeden, der glaubte, er könne aus Johns Berühmtheit Kapital schlagen.

Wie viele Größen des Showbusiness war er Bettelbriefe gewohnt, die meist von Fremden kamen und mit Armut, Krankheit oder außerordentlichem Pech begründet wurden. Die Plattenfirma Apple, die von den Beatles ursprünglich wegen der Steuern gegründet worden war, gab naiverweise eine philanthropische Zielrichtung bekannt und entwickelte bald magnetische Anziehungskraft für hippe Schnorrer jeder Art. Auch wenn John immer wieder mal half – so bezahlte er im Februar 1970 zum Beispiel die Geldstrafen von 100 Demonstranten, die gegen einen Besuch des südafrikanischen Rugbyteams im Vereinigten Königreich auf die Straße gegangen waren –, hatte natürlich auch er seine Grenzen. In ‚I Found Out' geht es ihm nicht um das Geld, sondern um die Inanspruchnahme seiner Zeit und seiner geistigen Energie.

Auch die Religion kommt unter Beschuss. Im Song ‚Sexy Sadie' aus dem Jahr 1968 hatte er schon kundgetan, wie entttäuscht er vom Maharishi war, hier werden aber Gurus und die „Kuchen oben im Himmel" nochmals zu Zielscheiben. Seine Einstellung mag sich zwar kompromisslos anhören, aber beim Thema Religion sollte sich John immer unschlüssig bleiben. Wie vieles andere auf *John Lennon/Plastic Ono Band* war dieser Ausbruch eher ein provisorisches geistiges Klarschiffmachen als ein endgültiges Statement.

Der frühe Verlust ihrer Mütter hatte John und Paul innerhalb der Beatles zu größerer Nähe geführt. Bei Lennon kam hinzu, dass die Ablehnung seinen Wunsch, berühmt zu werden, zusätzlich anspornte. Der Verweis auf Vater und Mutter, deren Zurückweisung ihn zu einem Star gemacht hätten, wurde von ihm 1971 kommentiert: „Der einzige Grund, warum ich dieses Ziel anstrebte, war, um sagen zu können: ‚Nun, Mama-Papa, liebt ihr mich jetzt?'"

I told you before, stay away from my door
Don't give me that brother, brother, brother, brother
The freaks on the phone, won't leave me alone
So don't give me that brother, brother, brother, brother No!

I, I found out!
I, I found out!

Now that I showed you what I been through
Don't take nobody's word what you can do
There ain't no Jesus gonna come from the sky
Now that I found out I know I can cry

I, I found out!
I, I found out!

Some of you sitting there with your cock in your hand
Don't get you nowhere don't make you a man
I heard something 'bout my Ma and my Pa
They didn't want me so they made me a star

I, I found out!
I, I found out!

Old Hare Krishna got nothing on you
Just keep you crazy with nothing to do
Keep you occupied with pie in the sky
There ain't no guru who can see through your eyes

I, I found out!
I, I found out!

I seen through junkies, I been through it all
I seen religion from Jesus to Paul
Don't let them fool you with dope and cocaine
No one can harm you, feel your own pain

I, I found out! I, I found this out!
I, I found out!

WORKING CLASS HERO

Der Titel ‚Working Class Hero' ist nicht narzisstisch, sondern sarkastisch. John schreibt in der Rolle von jemandem, dessen Träume sich alle erfüllt haben, nur um festzustellen, dass diese Träume lediglich Illusionen waren. Im Song geht es um Abstumpfung durch gesellschaftliche Konditionierung. Dank Janov untersuchte Lennon seine Schulzeit nach Zeichen der Unterdrückung seiner Talente durch die Lehrer.

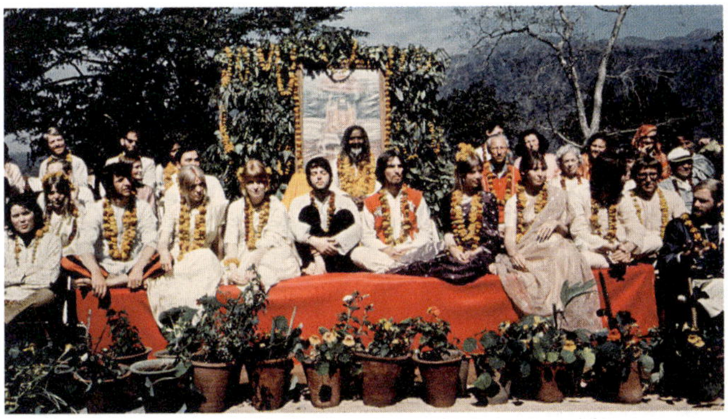

Wir werden alle klein gemacht, behauptet John, die Klugen werden gehasst und die Dummen verachtet. Dann macht er einige Anleihen bei Gedanken, die damals bei linken Intellektuellen beliebt waren, vor allem, dass Freiheit und die klassenlose Gesellschaft Mythen seien, die unsere grundsätzliche Machtlosigkeit verschleiern sollen, während die Medien und die Kommerzialisierung von Sex und Drogen uns den Wunsch nach gesellschaftlicher Veränderung nehmen sollten.

Die minimalistische Gestaltung des Songs mit seinem akustischen Gitarrenspiel hat vielfach zu Vergleichen mit Bob Dylan geführt. Die Häufigkeit dieser Vergleiche irritierte ihn zusehends, und er führte an, die akustische Gitarre als Soloinstrument sei schon lange vor ‚Blowing In The Wind' ein Merkmal der Folk Music gewesen.

Als Selbstporträt Lennons in seiner zynischsten Stimmung ist ‚Working Class Hero' unübertroffen. Er spielt das Stück mit einer morbiden Erschöpfung, die seine eigene Desillusionierung deutlich macht. Er habe zwar sein Leben zu einem Erfolg gemacht, deutet er an, aber nur innerhalb der engen Grenzen, die einem zugestanden werden. Nach ihm seien wir leicht zu kontrollieren, weil wir die Einschränkung unserer Fantasie zuließen. Da der Songtitel ohne jede Spur von Ironie auf John angewendet oder als Zeichen seiner Geltungssucht gedeutet wurde, erfüllte sich sein Wunsch, damit eine Arbeiterhymne geschrieben zu haben, leider nicht.

As soon as you're born they make you feel small
By giving you no time instead of it all
Till the pain is so big you feel nothing at all
A working class hero is something to be
A working class hero is something to be

They hurt you at home and they hit you at school
They hate you if you're clever and they despise a fool
Till you're so fucking crazy you can't follow their rules
A working class hero is something to be
A working class hero is something to be

When they've tortured and scared you for twenty-odd years
Then they expect you to pick a career
When you can't really function you're so full of fear
A working class hero is something to be
A working class hero is something to be

Keep you doped with religion and sex and TV
And you think you're so clever and classless and free
But you're still fucking peasants as far as I can see
A working class hero is something to be
A working class hero is something to be

There's room at the top they are telling you still
But first you must learn how to smile as you kill
If you want to be like the folks on the hill
A working class hero is something to be
A working class hero is something to be

If you want to be a hero, well, just follow me
If you want to be a hero, well, just follow me

Oben links: Die Beatles 1968 mit Freunden bei einem Besuch des Maharishi in Indien. Johns spätere Desillusionierung wurde in Songs wie ‚Sexy Sadie' und ‚I Found Out' deutlich.

LOVE

Phil Spector spielt die filigrane Klavierbegleitung zu dieser zärtlichen, unkomplizierten Ballade, deren Süße schon auf *Imagine*, das nächste Album, verweist.

John erinnerte sich 1980 mit zärtlichen Worten an diesen Song, zweifellos, weil er eine der harmonischeren Phasen in seiner Ehe mit Yoko spiegelt. Er neigte oft dazu, seine zornigeren Lieder abzutun, sie seien aus Schuldgefühlen oder Selbsthass entstanden oder das Ergebnis einer vorübergehenden Unzufriedenheit. Die romantischen Stücke behielten dagegen immer ihren Reiz für ihn. So bezeichnete er ‚Love' zusammen mit ‚Imagine' als zwei der Kompositionen, die ebenso gut waren wie das, was er mit den Beatles gemacht hatte. Ob man dem zustimmt oder nicht, ‚Love' ist eine willkommene Zugabe zu diesem insgesamt schmerzerfüllten Album und dient als nützliche Erinnerung daran, dass Lennons wirkliches Leben nie eine eindimensionale Geschichte war.

Love is real, real is love
Love is feeling, feeling love
Love is wanting to be loved

Love is touch, touch is love
Love is reaching, reaching love
Love is asking to be loved

Love is you
You and me
Love is knowing
we can be

Love is free, free is love
Love is living, living love
Love is needing to be loved

WELL WELL WELL

Bei diesen Vignetten aus dem Alltagsleben von John und Yoko trifft eine näselnde Gitarre mit Grunge-Anklängen auf Ringos Schlagzeugspiel, wie es nur selten härter ist.

Es werden verliebte Szenen geschildert, ohne die Spannungen auszublenden, die Yoko und John spürten, wenn sie an die Welt außerhalb ihres privaten Universums dachten. Spannungen, die schließlich in wilden, rauen Schreien gipfeln. An einer Stelle findet John seine Ehefrau so schön, dass er „sie essen könnte". Sicher eine Verbesserung gegenüber der ersten Fassung: „Sie sah so schön aus, dass ich Pipi machen könnte".

Unten: März 1969: Das Paar schlendert in der Zeit zwischen ihrer Hochzeit in Gibraltar und dem Amsterdamer „Bed-In" über einen Markt in Paris.

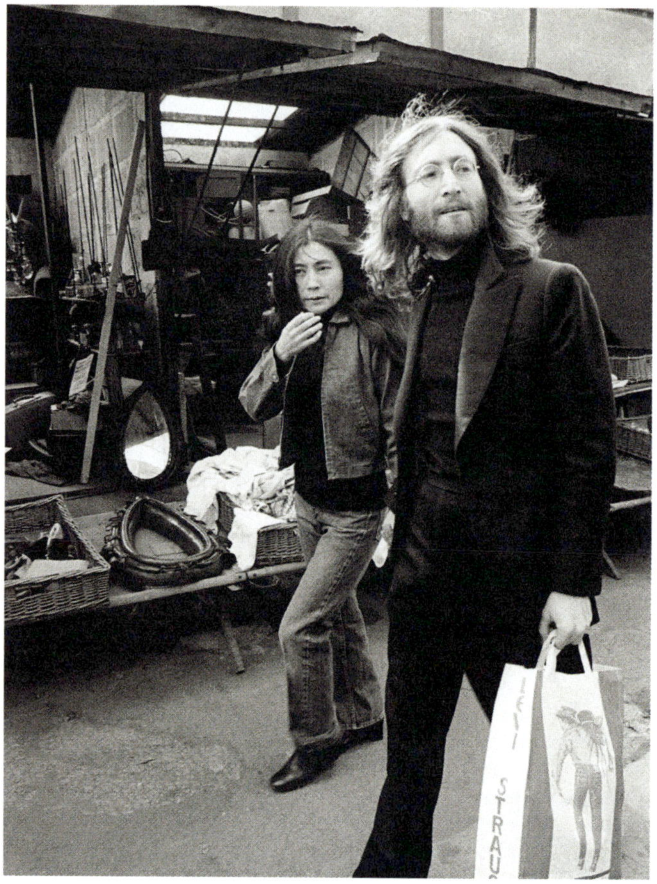

WELL WELL WELL

Well, well, well, oh well
Well, well, well, oh well
I took my loved one out to dinner
So we could get a bite to eat
And though we both had been much thinner
She looked so beautiful I could eat 'er
Well, well, well, oh well
Well, well, well, oh well
I took my loved one to the big field
So we could watch the English sky
We both were nervous feeling guilty
And neither one of us knew just why
Well, well, well, oh well
Well, well, well, oh well

Well, well, well, oh well
Well, well, well, oh well
Well, well, well, oh well
Well, well, well, oh well
Well, well, well, oh well
Well, well, well, oh well
Well, well, well, oh well
Well, well, well, oh well
Well, well, well
Well
Well
Well
Well
Well
Well
Well
Well
Well, well
Well, well, well, oh well
Well, well, well, oh well
We sat and talked of revolution
Just like two liberals in the sun
We talked of woman's liberation
And how the hell we could get things done
Well, well, well, oh well
Well, well, well, oh well
I took my loved one to a big field
So we could catch the English sky
We both were nervous feeling guilty
And neither one of us knew just why
Well, well, well, oh well
Well, well, well, oh well
Well, well, well, oh well
Well, well, well, oh well
Well, well, well, oh well
Well, well, well, well
Well, well, well, well
Well, well!

LOOK AT ME

Für seine frühen Soloalben schrieb John die Stücke meist am Klavier, aber bei ‚Look At Me' griff er zur akustischen Gitarre.

Man erkennt die Ursprünge des Stücks im Jahr 1968. Es gehört zu einer Reihe von Songs, die er für das „White Album" der Beatles schrieb; andere waren ‚Julia', ‚Dear Prudence' und ‚Cry Baby Cry'. Diese Zeit war gekennzeichnet durch eine Krise in Johns Beziehungsleben, als seine Leidenschaft für Yoko dazu führte, dass er seine Ehefrau Cynthia verließ. So tritt neben die Wärme des Songs dann auch Johns Geständnis einer tief reichenden Unsicherheit. Erst als er diese überwunden und sich für Yoko entschieden hatte, konnte er beginnen, zu seiner eigenen Identität zurückzufinden. Im Wesentlichen geht es also bei ‚Look At Me' um einen Mann, der zu dem Glauben gelangt, seine einzige wahre Existenz liege in den Augen seiner Geliebten.

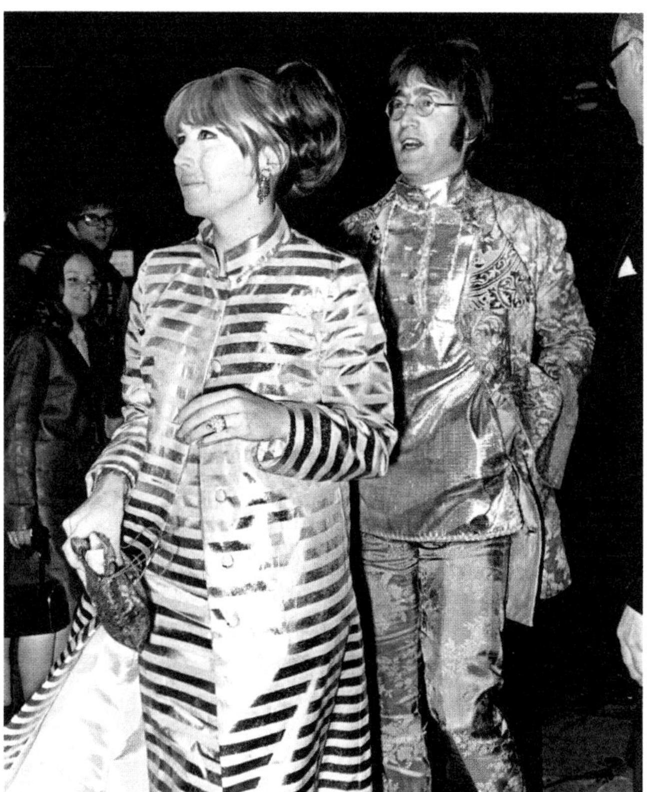

Oben: John 1967 mit seiner ersten Ehefrau Cynthia. Emotional fühlte er sich jedoch bereits zu Yoko hingezogen.

[Okay?
Yes, thank you]

Look at me
Who am I supposed to be?
Who am I supposed to be?

Look at me
What am I supposed to be?
What am I supposed to be?

Look at me
Oh, my love
Oh, my love

Here I am
What am I supposed to do?
What am I supposed to do?

Here I am
What can I do for you?
What can I do for you?

Here I am
Oh, my love
Oh, my love

Look at me
Oh, please look at me, my love
Here I am, oh, my love
Who am I?

Nobody knows but me
Nobody knows but me
Who am I?

Nobody else can see
Just you and me
Who are we?

Oh, my love
Oh, my love, oh my love

ISOLATION

Zwischen den großen Verkündigungen und den dramatischen Höhepunkten von *John Lennon/Plastic Ono Band* kommen bescheidenere Stücke wie ‚Isolation', bei dem John eine kurze Pause einlegt, um leise seine eigene Verletzlichkeit einzugestehen.

Wie gefeiert er auch sein mag, wie sehr man ihn auch verurteilen mag, er ist ein Individuum wie jedes andere, genauso winzig im Vergleich zum Universum, genauso sehr in seiner eigenen Existenz gefangen. Isolation war etwas, das Lennon genauso sehr suchte wie bereute. Er sprach von seinem Wunsch, dazuzugehören, leugnete aber auch nicht den entgegengesetzten Wunsch, etwas Besonderes zu sein. Als Beatle war er dichter daran, weltweit berühmt zu sein als irgendjemand sonst, aber manchmal schien er geradezu versessen darauf, das alles fortzuwerfen.

Als er 1969 seine Kampagnenorganisation ins Leben rief, erkannte er, dass es eine gewisse Freiheit verlieh, den Clown zu spielen. Der Zeitschrift *Oz* sagte er: „Ich bin kein Politiker, also muss ich mich nicht nach der öffentlichen Meinung richten, wenn es darum geht, wie ich lebe – ich wehre mich dagegen. Ich meine, ich ziehe es nicht einmal in Betracht. Wenn ein Politiker sich in der Albert Hall in einen weißen Sack hüllen wollte, müsste er bedenken, wie das bei seinen Wählern ankäme, aber ich bin kein Politiker, und ich schulde meinen Wählern nichts, außer etwas zu erschaffen, was immer es sein mag. Und sie können es dann aufgrund seiner eigenen Qualitäten annehmen oder verwerfen."

‚Isolation' gehört zwar nicht zu seinen besseren Stücken, aber es umgeht die häufige Klischeefalle „Ganz oben ist man einsam", weil es hinreichend allgemein ein Gefühl beschreibt, das die meisten Menschen ab und zu überkommt.

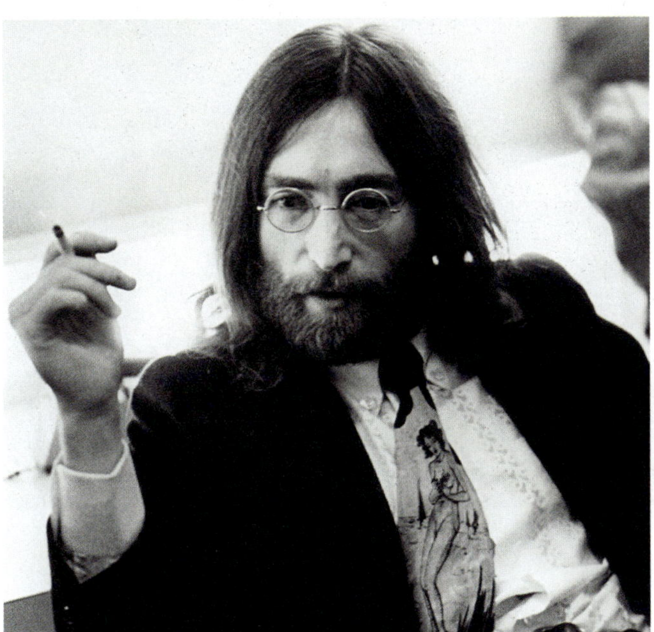

Oben: John erklärte: „Ich bin kein Politiker, also muss ich mich nicht nach der öffentlichen Meinung richten, wenn es darum geht, wie ich lebe."

People say we got it made
Don't they know we're so afraid?
Isolation

We're afraid to be alone
Everybody got to have a home
Isolation

Just a boy and a little girl
Trying to change the whole wide world
Isolation

The world is just a little town
Everybody trying to put us down
Isolation

I don't expect you to understand
After you've caused so much pain
But then again, you're not to blame
You're just a human, a victim of the insane

We're afraid of everyone
Afraid of the sun
Isolation

The sun will never disappear
But the world may not have many years
Isolation

REMEMBER

Der hüpfende Klavierrhythmus von ‚Remember' erinnert an Paul McCartneys Beitrag zu Johns Song ‚A Day In The Life'; hier verleiht es einem Stück, das ansonsten kein großes Ziel hat, eine gewisse Dringlichkeit.

Wenn es bei der Urschreitherapie darum ging, die archäologischen Schichten seiner Erinnerung abzutragen, gibt sich ‚Remember' mit einer Reihe von unverbundenen Momentaufnahmen zufrieden, die durch die schablonenhafte Aufforderung verbunden werden, nichts zu bereuen.

Auch wenn Lennon sich genötigt fühlte, der psychischen Belastung der Vergangenheit zu entfliehen, so war er doch in ungewöhnlichem Maß nostalgisch. Das berühmteste Beispiel ist ‚Strawberry Fields Forever', das nach einem Ort benannt ist, wo er als Kind gespielt hatte. In ‚She Said, She Said' trauert er seiner Kindheit nach, als „alles noch stimmte"; in ‚Help!' kontrastiert er auf ähnliche Weise die unbesorgte Vergangenheit und seine sorgenvolle Gegenwart, während ‚In My Life' wehmütig Lennons Vergangenheit durchstöbert. Interessanterweise zählte er alle diese rückwärtsgewandten Songs zu seinen besten Arbeiten.

Der Song kulminiert im letzten Vers mit dem nachträglich hinzugefügten Aufruf, „an den fünften November zu denken". Es ist ein Zitat aus einem britischen Kinderlied, das an diesem Datum gesungen wird, wenn mit Freudenfeuern und Pyrotechnik an ein Komplott im 17. Jahrhundert erinnert wird, bei dem das Parlamentsgebäude in die Luft gejagt werden sollte. John war von der Anspielung vermutlich angetan und spielte deshalb am Schluss das laute Explosionsgeräusch ein. Die Zeile taucht hier aber eher wegen chronischer Nostalgie als wegen revolutionären Eifers auf.

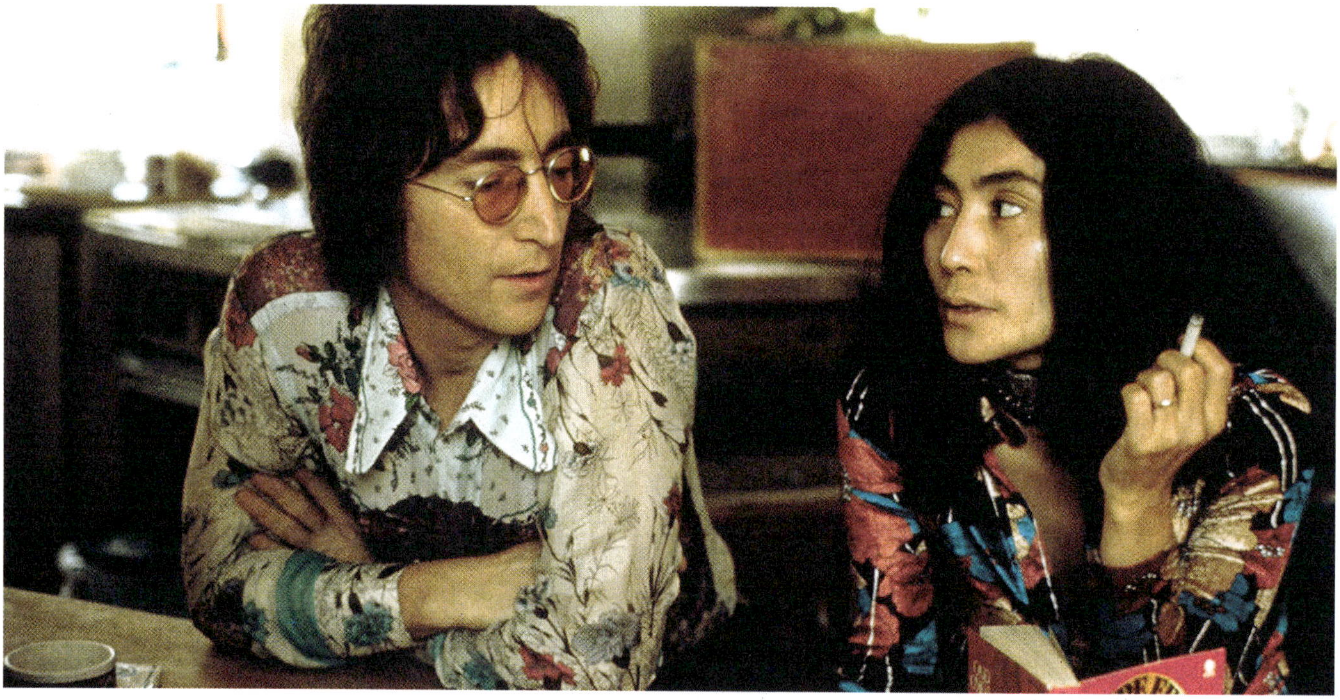

„WIR SIND ALLE GEFRORENE GELEESPEISEN. ES MUSS NUR JEMAND DEN KÜHLSCHRANK AUSSCHALTEN."

– John Lennon

REMEMBER

Remember when you were young?
How the hero was never hung
Always got away

Remember how the man
Used to leave you empty handed
Always, always let you down
If you ever change your mind
About leaving it all behind
Remember, remember today

Don't feel sorry
'Bout the way it's gone
Don't you worry
'Bout what you've done

Just remember
When you were small
How people seemed so tall
Always had their way
Do you remember your ma and pa
Just wishing for movie stardom
Always, always playing a part
If you ever feel so sad
And the whole world is driving you mad
Remember, remember today

Don't feel sorry
'Bout the way it's gone
Don't you worry
'Bout what you've done

No, no remember, remember
The fifth of November

GOD

Sowohl ‚Mother' als auch ‚Working Class Hero' gehören zu den herausragenden Songs auf *John Lennon/Plastic Ono Band*, aber ‚God' kann man zu Recht als das Herzstück des Albums bezeichnen.

Die plätschernde Klaviereinleitung von Billy Preston geht in imposante Akkorde über, die eine Große Wahrheit anzukündigen scheinen. Und so ist es dann auch. In ‚God' formuliert John Lennon am eindeutigsten, wie er sich im Sommer 1970 fühlte, kaum zwei Monate nach der offiziellen Trennung der Beatles, als Paul am 10. April seinen Fortgang verkündet hatte.

Bewusst oder unbewusst erinnert das Stück an Ketty Lesters Pop-Hit ‚Love Letters' aus dem Jahr 1962, ein altes Lieblingsstück von John aus den Cavern-Club-Zeiten und eine zartbittere Erinnerung an weniger komplizierte Tage.

Der Text beginnt mit einem Grundsatz in Johns religiösem Denken: Gott ist ein Abstraktum, das in den Menschen selbst existiert. Diese Behauptung wiederholt er, um ihr Geltung zu verschaffen. Anschließend widmet er sich geringeren Ansätzen, in die er nicht mehr bereit ist, seinen Glauben zu investieren. Die Magie, das Okkulte und der Mystizismus werden abgehakt. Auch Jesus, Buddha, die Kennedys und die Monarchie, Elvis Presley, Bob Dylan (als „Zimmerman" mit seinem richtigen Namen benannt) finden keine Gnade, während der Song voranschreitet und dabei immer größere Kraft gewinnt. Aber die leidenschaftlichste Verleugnung – und in gewisser Weise die schockierendste – kommt ganz am Schluss. Er glaube nicht, erklärt John Lennon, an die Beatles.

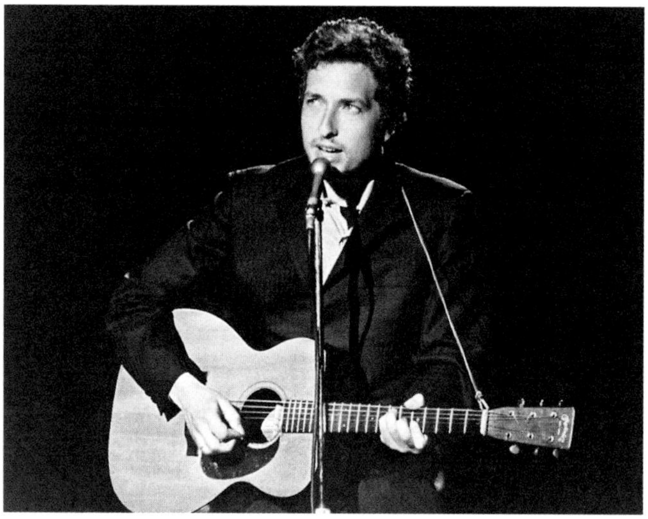

God is a concept
By which we measure
Our pain
I'll say it again
God is a concept
By which we measure
Our pain

I don't believe in magic
I don't believe in I-ching
I don't believe in Bible
I don't believe in tarot
I don't believe in Hitler
I don't believe in Jesus
I don't believe in Kennedy
I don't believe in Buddha
I don't believe in Mantra
I don't believe in Gita
I don't believe in Yoga
I don't believe in kings
I don't believe in Elvis
I don't believe in Zimmerman
I don't believe in Beatles
I just believe in me
Yoko and me
And that's reality

The dream is over
What can I say?
The dream is over
Yesterday
I was the Dreamweaver
But now I'm reborn
I was the Walrus
But now I'm John
And so dear friends
You'll just have to carry on
The dream is over

Wie schon ‚A Day In The Life' ist auch ‚God' ein eigenwillig strukturierter Song. Die Aufzählung endet abrupt, und nach einer dramatischen Pause kommt die Bestätigung der einzigen ihm gebliebenen Gewissheit – John glaubt an sich selbst und an seine Partnerschaft mit Yoko. Die abschließende und berührendste Passage verkündet seine schonungslose Schlussfolgerung: „Der Traum ist vorüber." Gelassen, sogar kalt, beerdigt er den Beatles-Mythos und empfiehlt uns allen, Beatles-Fans wie ehemaligen Beatles, ihn doch in Frieden zu lassen.

Insgesamt ist es ein majestätisches Abdanken. Er gibt förmlich seine Position als Führer der Band auf, die einst die Träume eines Jahrzehnts verkörperten und die Leitbilder einer Generation waren. John hatte sich immer über die Vorstellung geärgert, Paul habe die Beatles-Ära beendet, und bestand darauf, es sei seine Entscheidung gewesen. McCartneys Presseerklärung hatte ihn kalt erwischt. Wenn er schon nicht der Erste sein konnte, der diese Neuigkeit verkündete, wollte John wenigstens den offiziellen Nachruf verfassen. Später fasste er die Maxime der Beatles-Zeit in die Worte „Schwimmt euch frei" – man solle Autarkie gewinnen, ohne auf Gurus, Politiker oder Popstars angewiesen zu sein.

Gegenüber: Bob Dylan, alias „Zimmerman" – hier 1969 in der *Johnny Cash Show* – war einer der Einflüsse, von denen sich Lennon in ‚God' lossagte.

Die Beatles kamen zu Johns Lebzeiten nie wieder als Band zusammen. Aber er erweckte doch einige der mystischen Interessen zu neuem Leben, die er in ‚God' so rundweg ablehnt, darunter Tarot, Yoga und Mantras, und entwickelte ein sporadisches Interesse an gesellschaftlichem Engagement. Als Ganzes kann man deshalb ‚God' am besten als das verstehen, was Yoko als „Unabhängigkeitserklärung" bezeichnete, als Teil von Johns fortgesetztem Suchen. Auf echte Urschreiweise reinigte er seine Gedanken von allem, das zwischen ihm und seinem inneren Selbst stand. ‚God' wirft ein Licht auf den Prozess, durch den John sich als eigenständiger Mensch anstatt als Beatle wiederzuentdecken hoffte.

‚Mother' und ‚Working Class Hero' gehören beide zu den herausragenden Stücken auf *John Lennon/Plastic Ono Band*, aber ‚God' kann man als wahren Kern der Platte bezeichnen.

MY MUMMY'S DEAD

Das kurze Schlussstück des Albums ist vermutlich die einfachste Komposition, die John jemals auf Platte gebracht hat. Es ist auch die erschreckendste und wirkt noch furchtbarer, weil John den Song so emotionslos vorträgt, wie ein Mann, den die Trauer vollkommen entleert hat.

Insofern ist es ein angemessenes Ende für das Urschrei-Erlebnis. Nachdem er sich bis zu einer vollkommenen Leere gereinigt hat, kann John sich einem radikalen Neuanfang stellen. ‚My Mummy's Dead' verweist so auf das erste Stück der LP: ‚Mother'. Der Tod seiner Mutter wird hier als ein so grauenhaftes Ereignis in Erinnerung gerufen, dass John niemals seine Verletztheit zeigen konnte.

Er schrieb den Zorn seiner Jugend oft den unterdrückten Gefühlen zu, die Julias Tod ausgelöst hatte. Der Song wirkt wie eine geisterhafte Übertragung aus der fernen Vergangenheit – als würden rudimentäre Akkorde auf einer Spielzeuggitarre angeschlagen und auf einem einfachen Tonbandgerät in Johns Kinderzimmer aufgenommen. Der kindlich wirkende Text, sagte er, sei schlicht und kurz, weil er seine eigene Art Haiku schreiben wollte. Echte Haikus unterliegen strengen Vorschriften mit einer bestimmten Silbenanzahl. Sie können sehr tiefgründige Beobachtungen wiedergeben. Wenn Lennon auch nie nach so rigiden Vorgaben arbeiten konnte, so hatte er doch die Fähigkeit des Bluesmusikers, seine innersten Gefühle mit den einfachsten musikalischen Mitteln auszudrücken.

My mummy's dead
I can't get it through my head
Though it's been so many years
My mummy's dead
I can't explain, so much pain
I could never show it
My mummy's dead

Kapitel Drei

IMAGINE

19 71

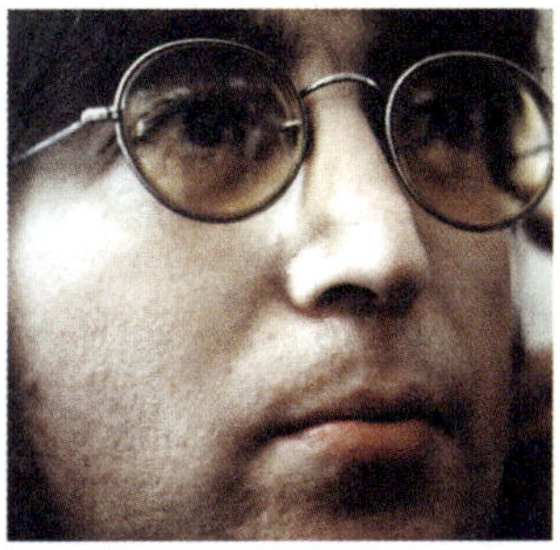

‚Imagine‘

‚Crippled Inside‘

‚Jealous Guy‘

‚It’s So Hard‘

‚I Don’t Want To Be A Soldier‘

‚Gimme Some Truth‘

‚Oh My Love‘

‚How Do You Sleep?‘

‚How?‘

‚Oh Yoko!‘

Single (nicht auf dem Album enthalten)

‚Power To The People‘

Aufnahme
Mai bis Juli 1971 in den Ascot Sound Studios, Berkshire; Record Plant, New York City. ‚Power To The People‘ Januar 1971 in den Ascot Sound Studios und Februar 1971 in den Abbey Road Studios.

Produziert von
John Lennon, Yoko Ono, Phil Spector.

Musiker
John Lennon (Gesang, Gitarren, Klavier, Mundharmonika), Klaus Voormann (Bass), Alan White (Schlagzeug, Vibraphon), Phil Spector (Hintergrundgesang), The Flux Fiddlers (Saiteninstrumente), John Barham (Keyboards, Vibrafon), Steve Brendell (Kontrabass), King Curtis (Saxofon), Andy Davis (akustische Gitarre), Tom Evans (akustische Gitarre), Jim Gordon (Schlagzeug), George Harrison (Gitarren), Nicky Hopkins (Keyboards), Jim Keltner (Schlagzeug, Membranophon), Rod Lynton (akustische Gitarre), Joey Molland (akustische Gitarre), Michael Pinder (Tamburin), John Tout (akustische Gitarre, Klavier), Ted Turner (akustische Gitarre). Auf ‚Power To The People‘ spielt Bobby Keys Saxofon und Rosetta Hightower „mit 44 weiteren“ werden als Begleitsänger angegeben.

Für John ging 1970 mit einer Reise nach New York zu Ende, um sein „schwieriges" Soloalbum in einem zweifelnden Markt zu bewerben. 1971 fing mit dem ersten Besuch bei Yokos Familie in Japan an. Er war schon vor schwierigerem Publikum aufgetreten, aber nicht oft.

„DAS INTERESSANTE WAR, DASS SPECTOR BEI JOHN EINE FAST EBENSO GROSSE EHRFURCHT AUSZULÖSEN SCHIEN WIE JOHN BEI MIR."

– Kieron Murphy

In der Zwischenzeit nagten Rechtsanwälte in London an den sterblichen Überresten der Beatles, während die früheren Bandmitglieder übel gelaunte Pressestatements verkündeten, die ganz andere Töne anstimmten als ‚All You Need Is Love' oder auch nur ‚Give Peace A Chance'. Unter dem wachsenden Einfluss der britischen Untergrundbewegung komponierte John einen Marschgesang mit dem Titel ‚Power To The People'. Um die Kriegstruhe des Leitmediums der Bewegung *Oz* zu füllen, schrieb er auch eine Single ‚God Save Us'/‚Do The Oz', die von Bill Elliott & The Elastic Oz Band eingespielt wurde.

Im Juni waren John und Yoko nach New York zurückgekehrt und bemühten sich weiter um das Sorgerecht für Yokos Tochter Kyoko, die immer noch bei ihrem Vater Tony Cox lebte. Dort trafen sie Frank Zappa und gingen am selben Abend noch spontan im Fillmore East mit ihm auf die Bühne. Ein Teil des Auftritts – vielleicht etwas zu viel – wurde später in eine Live-Platte mit Johns späterem Album *Some Time In New York City* aufgenommen. Bei dem gleichen Besuch verfiel John dem Einfluss der berühmten amerikanischen Politradikalen Jerry Rubin und Abbie Hoffman. Es war eine Bekanntschaft, die John später im gleichen Jahr erneuerte, als er sich endgültig in Amerika niederließ.

Den Rest des Sommers verbrachten die Lennons auf ihrem englischen Landsitz Tittenhurst Park, zu dessen vielen Annehmlichkeiten inzwischen auch ein eigenes Tonstudio gehörte. Sie luden Phil Spector und George Harrison, Klaus Voormann und Alan White sowie andere Musiker ein, um die grundlegenden Aufnahmen für Johns neues Album *Imagine* zu machen. Kieron Murphy, ein junger irischer Fotograf, beobachtete, wie sich die Beteiligten in Johns Küche versammelten: „Sie waren die ganze Nacht im Studio gewesen und hatten den ganzen Tag geschlafen. Als ich ankam, war es fünf Uhr nachmittags, und John saß beim Frühstück. Ich weiß noch, wie erstaunt ich war, als ich sah, dass er Speck und Eier aß… Ich dachte, so berühmte Leute äßen viel exklusivere Speisen."

Über das legendäre Auftauchen von Spector bemerkt Murphy: „Es war fast, als sei er in einer Rauchwolke aus dem Fußboden emporgestiegen. Er hatte eine sehr spürbare Präsenz. Er schien einfach anzukommen, aber ohne den Raum zu betreten. Und das Interessante war, dass Spector bei John eine fast ebenso große Ehrfurcht auszulösen schien wie John bei mir. Es sprang auf, bot ihm seinen Stuhl an, betüttelte ihn und brachte ihm Tee oder Kaffee. Die anderen waren einfach ein Haufen überdrehter Jungs, die Fußballgeschichten erzählten oder was immer, aber Spector saß einfach nur da. Dann sagte Spector zu John, ganz ruhig: ‚John, ich glaube, wir sollten mal anfangen.' Worauf John aufsprang, den anderen buchstäblich die Teetassen aus den Händen nahm und voraus ins Studio marschierte – ‚Phil will uns jetzt haben!' – Ich war verblüfft, als ich sah, dass es jemanden gab, dem John Lennon gehorchen musste."

Als *Imagine* schließlich im September 1971 erschien, verzauberte das Titelstück die Welt mit seinem idealistischen Ruf nach universellem Altruismus. In den anderen Stücken fuhr John fort, sich mit seinen Selbstzweifeln und seiner trotz des verbreiteten Spotts nicht nachlassenden Verehrung für Yoko zu beschäftigen. Das Stück ‚How Do You Sleep?' ist ein massiver Angriff auf Paul McCartney. Ganz unabhängig vom Inhalt sprach *Imagine* das Publikum an, weil es melodisch war, üppig arrangiert und Balsam für die Ohren – Eigenschaften, die man dem Vorgänger *John Lennon/Plastic Ono Band* nicht unterstellt hatte.

John war sich natürlich nicht so sicher, das Richtige gemacht zu haben. Er kritisierte das Album oftmals als zu weich. 1974 beschrieb er seine Vorzüge so: „Ich selbst ziehe das ‚Mother'/‚Working Class Hero'-Muster *Imagine* vor… Ich glaube, alles, was man macht, ist entweder besser oder schlechter als irgendetwas anderes, ich meine, so scheinen wir Dinge zu kategorisieren… ‚Dieser Fisch schmeckt so gut wie der, den wir in Saint-Tropez hatten, aber nicht so lecker wie der, den Arthur vor Long Island gefangen hat, andererseits, erinnerst du dich noch an den Fish-and-Chips-Laden in Blackpool?'."

Gegenüber: Die Lennons entspannen sich im Mai 1971 in Cannes, wo bei den Filmfestspielen Yokos Werke *Fly* und *Apotheosis* gezeigt werden.

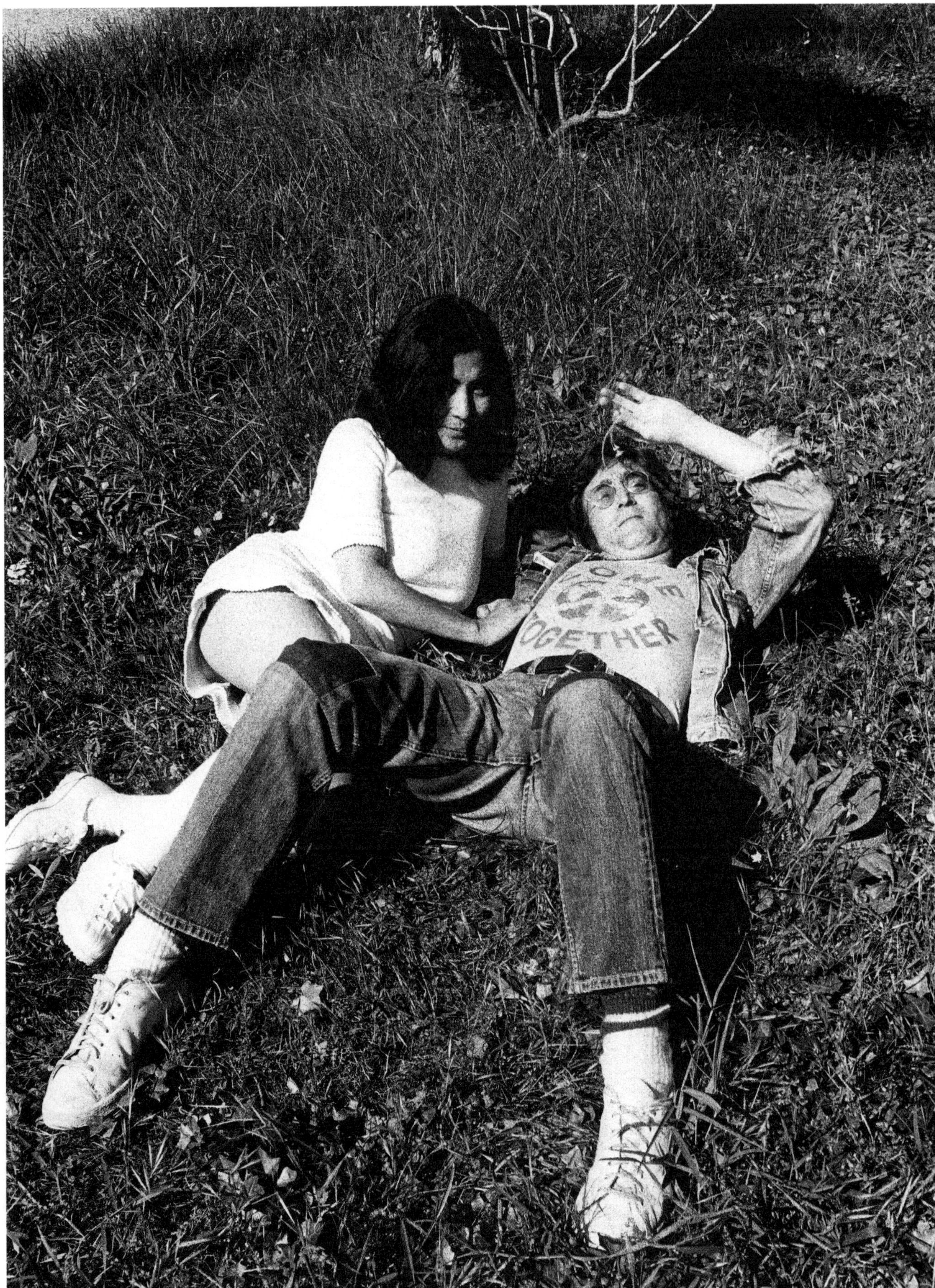

POWER TO THE PEOPLE

Während des „Bed-Ins" in Montreal, bei dem ‚Give Peace A Chance' entstand, machte sich John über die US-Regierung lustig, weil sie ihn für politisch militant hielt: „Ich glaube, vielleicht denken sie, ich könnte die Revolution anheizen. Ich will sie aber abkühlen lassen." In den nächsten 18 Monaten entfernte er sich jedoch zusehends vom Smiley-Button-Pazifismus und näherte sich der härteren Linie des Agitprops der Linken an.

Auch in diesem Fall verlieh er seiner augenblicklichen Leidenschaft mit einer spontanen Hymne Ausdruck. Der Slogan selbst war alt, aber Johns Adaption von „Power To The People" machte ihn alltagstauglich. Innerhalb von wenigen Jahren nahmen ihn nicht nur Sozialisten für sich in Anspruch, sondern auch fast jeder andere, vom Rechtskonservativen bis hin zum Werbetexter. Kurz gesagt: Er verlor an Bedeutung.

Im Januar 1971 war John mit Yoko aus Japan zurückgekehrt. Dort gab er im palastähnlichen Ambiente von Tittenhurst Park den Intellektuellen Tariq Ali und Robin Blackburn ein Interview für die linksgerichtete Untergrundzeitschrift *Red Mole*. Vor allem Ali hatte während der Studentenproteste 1968, die zu Johns Stück ‚Revolution' Anlass gegeben hatten, eine große Rolle gespielt. Damals konnte sich John nicht entscheiden, wie weit er revolutionäre Ideen unterstützte, vor allem, wenn sie dazu führten, dass Menschen verletzt würden. Eine Version von ‚Revolution' erschien auf dem „White Album" der Beatles, dort drückt sich John um eine Festlegung, indem er singt „count me out, in". Eine andere Version kam als B-Seite von ‚Hey Jude' auf den Markt, dort sagt er den Agitatoren ganz eindeutig „count me out".

Als er Ali und Blackburn zweieinhalb Jahre später eine Audienz gewährt, ist er endlich bereit, sich der Bewegung anzuschließen. In der Zwischenzeit hatten sowohl in Großbritannien als auch in den USA wieder konservative Parteien die Macht übernommen – Edward Heath mit den Tories bzw. Richard Nixon mit den Republikanern. Die jugendliche Opposition gegen die Regierung

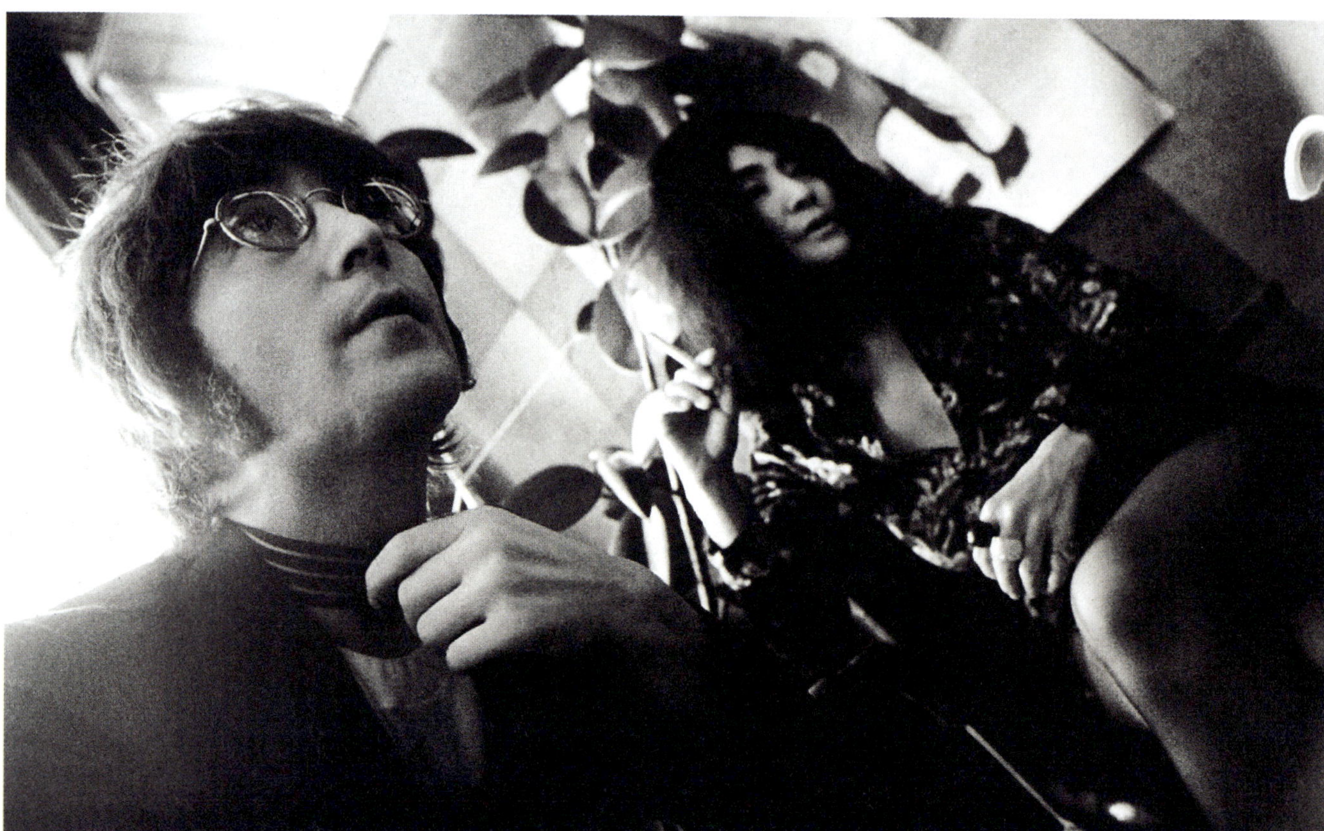

„MAN KANN DIE MACHT NICHT OHNE KAMPF ÜBERNEHMEN."

– John Lennon

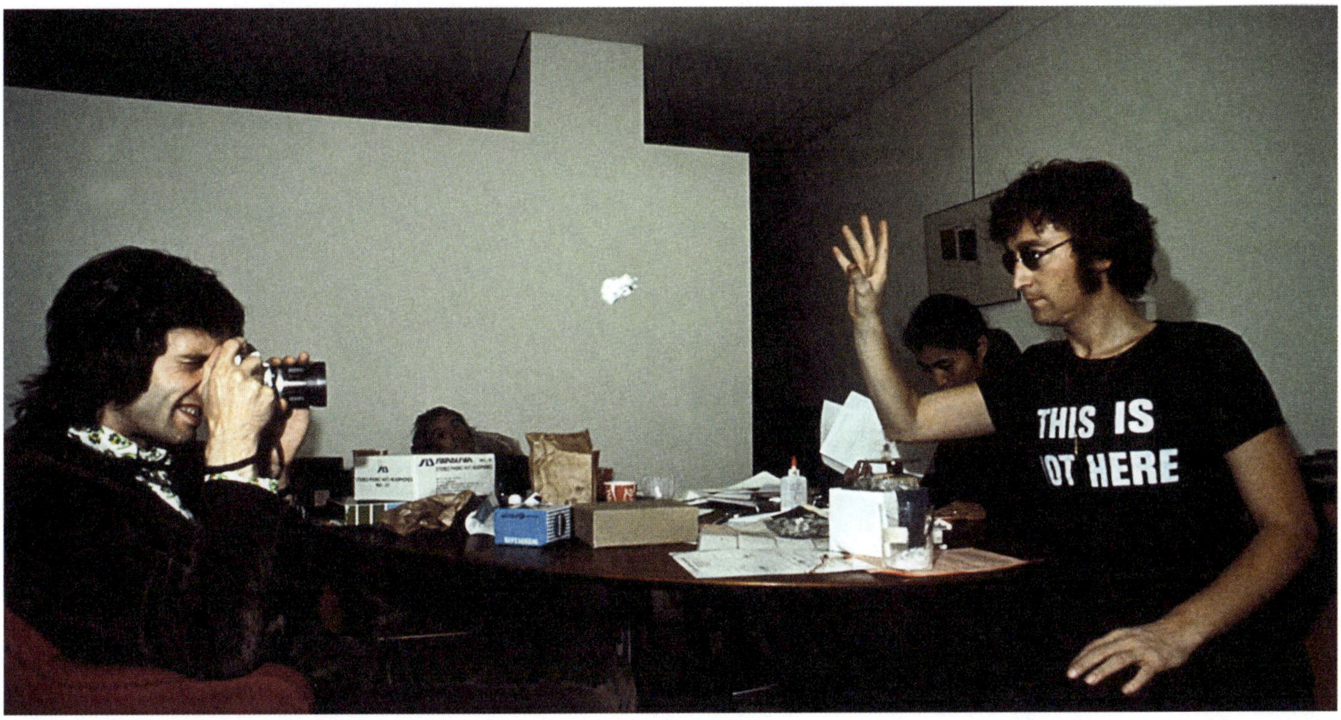

nahm schärfere Töne an. Lennon erzählt seinen Interviewern, dass er schon immer mit dem Herzen ein Sozialist und Mitglied der Arbeiterklasse gewesen sei. Er bereut, dass ‚Revolution' seine Loyalität nicht deutlich macht. Yoko plädiert für eine gewaltfreie Revolution, aber John hat Zweifel: „Man kann die Macht nicht ohne Kampf übernehmen." Er spricht voller Freude darüber, dass Beatles-Songs wie ‚All Together Now' und ‚Yellow Submarine' sowie sein ‚Give Peace A Chance' von Fußballfans, in Pubs oder bei Demonstrationen gesungen werden. „Deswegen", fährt er fort, „würde ich jetzt gerne Songs für die Revolution schreiben."

Die Männer vom *Red Mole* verließen Tittenhurst Park, zweifelsohne zufrieden mit dem Nachgeben des Superstars. John hielt sein Wort und machte sich gleich an ein Stück, das durch ihr Gespräch inspiriert war. ‚Power To The People' ist gleichermaßen ein Schlachtruf und eine Drohung. Die ausgebeuteten Arbeiter werden aufgefordert, auf die Straße zu gehen. Ihre kapitalistischen Ausbeuter werden gewarnt: „Wir müssen euch niedermachen." In einer anderen Strophe werden die Genossen und Brüder ermahnt, nicht die Rechte ihrer Frauen aus dem Blick zu verlieren. Es war Yoko, die John mit feministischen Gedanken vertraut gemacht hatte; 1971 gehörten sie keineswegs obligatorisch zur philosophischen Ausstattung des durchschnittlichen Straßenkämpfers.

Oben: Im Oktober 1971 war John zur Eröffnung von Yokos Ausstellung *This Is Not Here* in Syracuse, New York.

Gegenüber: John und Yoko werben im Kaufhaus Selfridges in London am 15. Juli 1971 für ihr Buch *Grapefruit*.

Schon am nächsten Tag, dem 22. Januar, stand er mit seinem Manifest im Studio, aber auch in diesem Fall war es Phil Spector, der für die entscheidenden Kontrapunkte sorgte. Zu dem tobenden Saxofon des begnadeten Sessionmusikers Bobby Keys fügte Spector einen kompletten Gospelchor hinzu, um den Ton gerechter Überzeugung zu erreichen. Dann legte er mehrere Tonspuren mit den marschierenden Füßen der Musiker darüber. Aber dann machte er aus dem ganzen Stück etwas, das viel leichtfüßiger war, viel geschmeidiger, mit mehr Funk als die ursprüngliche Komposition angedeutet hatte. Es war der erste Aufruf zur proletarischen Massenaktion, zu dem man tanzen konnte – eine Leistung, die Lenin nie vollbracht hatte, aber Lennon schon.

‚Power To The People' kam am 22. März in Amerika auf den Markt. Die ursprüngliche B-Seite von Yoko, ‚Open Your Box' wurde durch einen anderen ihrer Songs mit dem romantischeren Titel ‚Touch Me' ersetzt.

Lennon war nicht wirklich stolz auf ‚Power To The People' und betrachtete es als einen „Schuldgefühl-Song", den er geschrieben hatte, um die Radikalen zu besänftigen, die ihm ein schlechtes Gewissen als Reicher gemacht hatten. Er bezeichnete ihn sogar einfach als „Scheiße". Die Hauptaussage des Songs gewann jedoch erneute Relevanz, als Yoko ihn 1992 mit Filmaufnahmen der chinesischen Pro-Demokratie-Demonstrationen auf dem Tiananmen-Platz unterlegte.

POWER TO THE PEOPLE

Power to the people, power to the people
Power to the people, power to the people

Power to the people, power to the people
Power to the people, power to the people, right on

Say we want a revolution
We better get on right away
Well get you on your feet
And in to the street

Singin' power to the people, power to the people
Power to the people, power to the people, right on

A million workers workin' for nothin'
You better give 'em what they really own
We got to put you down
When we come into town

Singin' power to the people, power to the people
Power to the people, power to the people, right on

I got to ask you, comrades and brothers
How do you treat your own woman back home?
She got to be herself
So she can hear herself

Singin' power to the people, power to the people
Power to the people, power to the people, right on

Now, now, now, now

Oh well, power to the people, power to the people
Power to the people, power to the people, right on

Oh yeah, power to the people, power to the people
Power to the people, power to the people, right on

Power to the people, power to the people
Oh well, power to the people, power to the people
Oh well, power to the people, power to the people
Oh well, power to the people, power to the people
Oh well, power to the people, power to the people
Oh well, power to the people, power to the people

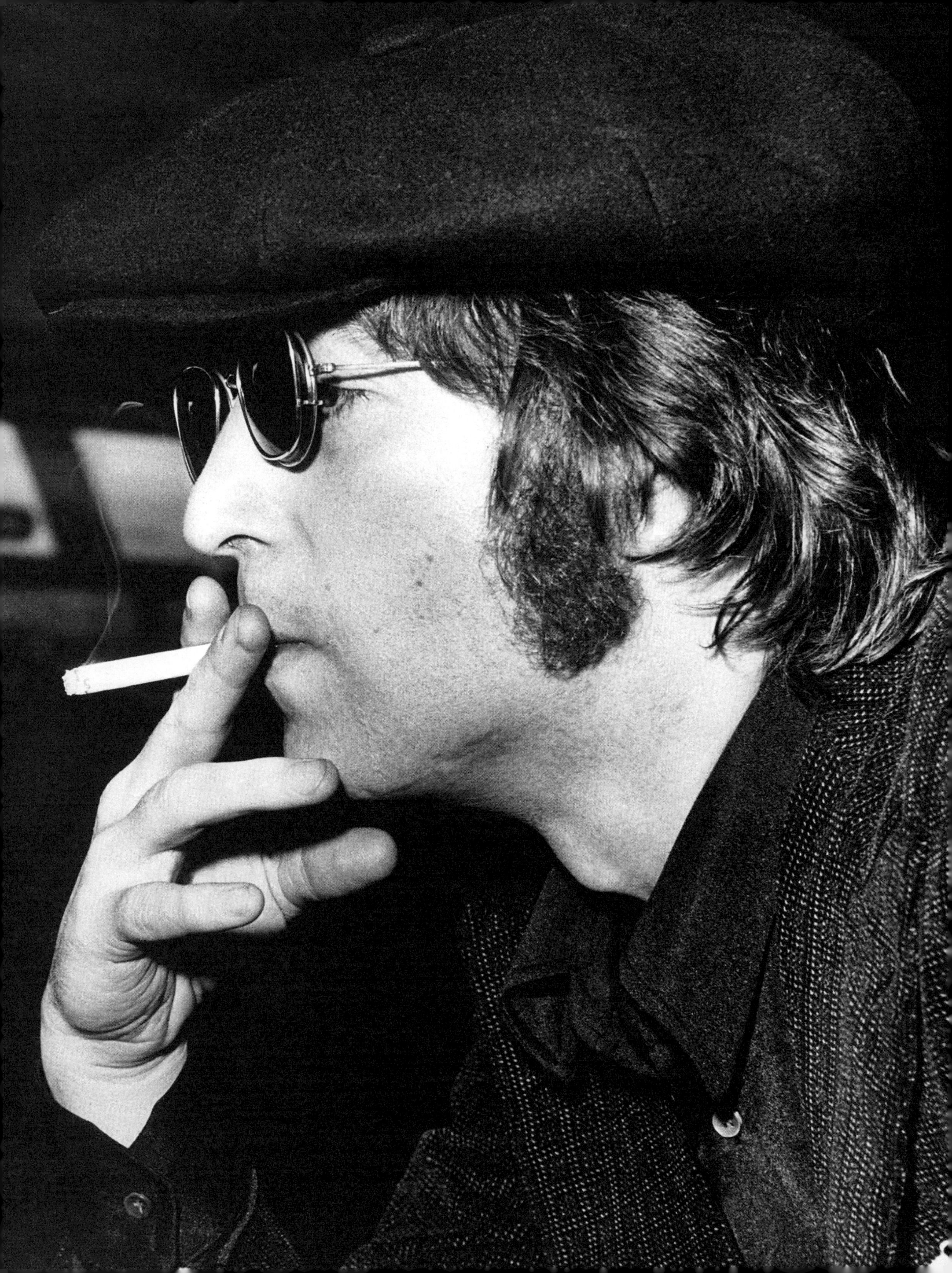

IMAGINE

,Let It Be' von Paul McCartney und ,Bridge Over Troubled Water' von Paul Simon hatten 1970 fast gleichzeitig eine pseudoreligiöse Note in die Hitparade gebracht. John machte aus seiner Verachtung für ,Let It Be' keinen Hehl, aber die dritte dieser Rock-Hymnen schrieb er dann selbst. ,Imagine' ist vielleicht das Lied von Lennon, einschließlich derer, die er mit den Beatles gemacht hat, das am meisten verehrt wird. Zumindest in dieser Hinsicht übertraf er Paul, dessen Soloarbeiten beim Publikum nie so beliebt wurden wie etwa sein ,Yesterday'.

Die ruhigen Anfangsnoten von ,Imagine' berühren immer noch Menschen aller Glaubensrichtungen zutiefst. Merkwürdigerweise hat nicht einmal der explizit auf das Diesseits gerichtete Text verhindern können, dass der Song ein Lieblingsstück bei allen modern angehauchten religiösen Veranstaltungen geworden ist.

Im Verlauf des Textes werden wir aufgefordert, uns ein Universum ohne Himmel oder Hölle vorzustellen und eine Welt, in der die Menschen für das Jetzt anstatt für das Jenseits leben. Die Religion wird wie die Nation als Ursache von Konflikten benannt. Können wir uns ein Leben ohne sie, ohne materiellen Besitz vorstellen, ein Leben in globaler Harmonie? Sein vorhergehendes Album hatte John mit der Erklärung beendet: „Der Traum ist vorbei". Dieses beginnt er, indem er einen neuen Traum ankündigt und uns einlädt, ihn mitzuträumen. Auch seine Kritik der nationalstaatlichen Grenzen sollte sich als fast hellseherisch erweisen. Die Einwanderungsbehörde der USA sollte sich als der Fluch seines Lebens erweisen, so wie der Kampf um die amerikanische Staatsbürgerschaft sich zur längsten Schlacht seines Lebens entwickelte.

Unten: John singt am 10. Dezember 1971 bei dem Benefizkonzert für den Aktivisten John Sinclair in Ann Arbor, Michegan.

Gegenüber: John und Yoko zu Hause in Tittenhurst Park, nahe London, im Juli 1971.

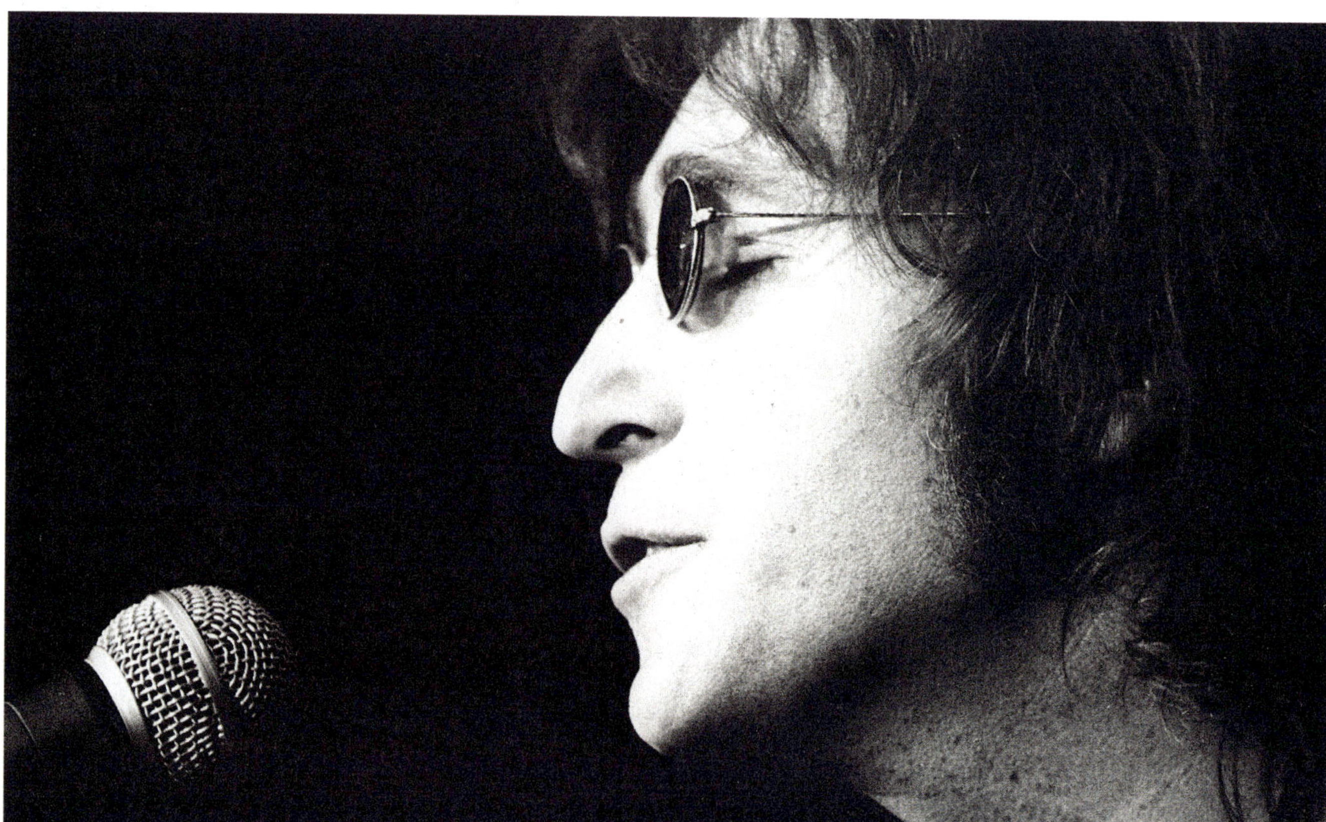

„IMAGINE ALL THE PEOPLE LIVING LIFE IN PEACE …"

– John Lennon

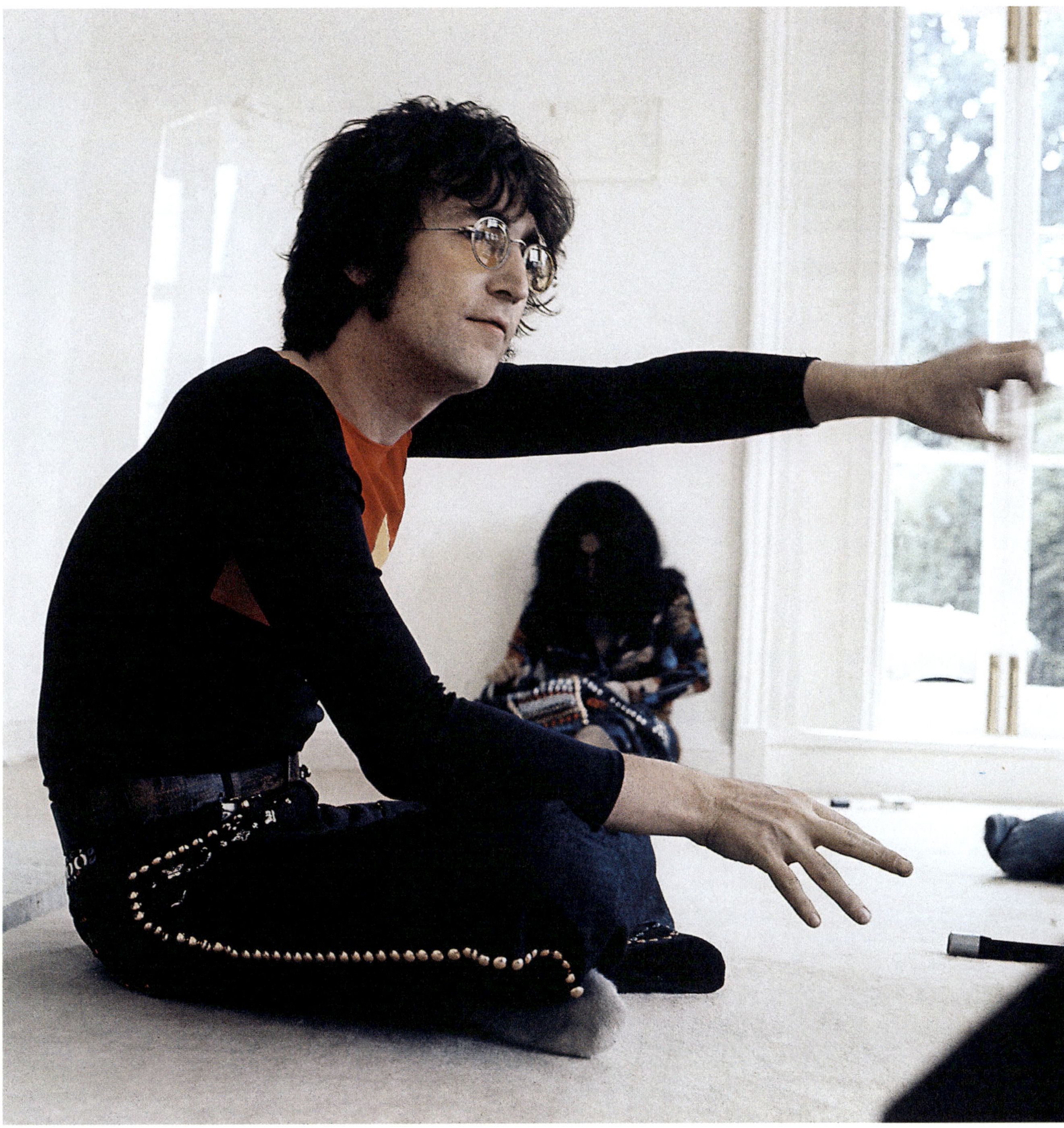

IMAGINE

Imagine there's no heaven
It's easy if you try
No hell below us
Above us only sky
Imagine all the people
Living for today...
Imagine there's no countries
It isn't hard to do
Nothing to kill or die for
And no religion, too
Imagine all the people
Living life in peace
You may say I'm a dreamer
But I'm not the only one
I hope someday you will join us
And the world will be as one
Imagine no possessions
I wonder if you can
No need for greed or hunger
A brotherhood of man
Imagine all the people
Sharing all the world
You may say I'm a dreamer
But I'm not the only one
I hope someday you will join us
And the world will live as one

,Imagine' geht auf den Gedichtband *Grapefruit* von Yoko zurück, der 1964 erschien. Dort lässt sie jedes Gedicht ähnlich beginnen. So fängt ,Tunafish Sandwich Piece' mit den Worten an: „Imagine one thousand suns in the sky at the same time …" ,Rubber Piece' beginnt mit „Imagine your body spreading rapidly all over the world like a thin tissue …" und ,Cloud Piece' wird sogar auf dem Cover der Lennon-LP zitiert: „Imagine the clouds dripping. Dig a hole in your garden to put them in." John sagte später, dass er Yoko als Mitautorin des Songs hätte nennen sollen. „Aber", sagte er dem *Playboy*, „dafür war ich nicht Manns genug … Mir ging es immer noch um meine eigene Sphäre." (Yoko wurde Jahre später schließlich doch als Co-Autorin genannt.)

Zudem inspirierte ihn ein Gebetbuch, das der amerikanische Komiker Dick Gregory ihm gegeben hatte. Das Buch sprach sich für „positives Beten" aus und empfahl, um etwas von Gott zu erhalten, müsse man es sich erst selbst vorstellen. Diese Idee beeindruckte John stark. Noch kurz vor seinem Tod sprach er sich für das „Projizieren unserer Ziele" aus. Wenn man sich eine positive Zukunft wünsche, solle man geistige Energie aufwenden und sich eine solche vorstellen. 1980 stellt er fest, dass diese Idee einst für abgedreht gehalten wurde, inzwischen aber von beinahe jedermann akzeptiert werde. Wenn man sich die Zukunft gewalttätig vorstelle, etwa wie in *Star Wars*, dann riskiere man, genau so etwas entstehen zu lassen.

Manche der Sessionmusiker berichten, Lennon habe das Potenzial des Songs gespürt. „,Imagine' war ein Stück von denen, die John uns vorspielte, bevor wir das gesamte Album machten", erinnert sich Alan White. „,Imagine' war ein sehr emotionales Stück, man musste es sehr feinfühlig spielen."

Nach der Veröffentlichung wurde es zuweilen als scheinheilig bezeichnet. Seht euch Lennon an, sagten Skeptiker, er sitzt im weißen Musikzimmer seines englischen Herrenhauses und stellt sich „keine Besitztümer" vor. Aber sein Traum, erfüllt von wehmütigem Existenzialismus, zapfte ein riesiges Gefühlsreservoir der Nachkriegszeit an. Johns Einschätzung war auf typische Weise verdreht. Er stand zu *John Lennon/Plastic Ono Band* und hielt das Album für „realer" als alles andere, das er je gemacht hatte. Aber die sanfteren Töne von ,Imagine' stellten einen Kompromiss oder sogar einen Verrat dar. „Imagine war ein aufrichtiges Statement", sagte er 1972 zu Roy Carr vom *New Musical Express*. „Es war ,Working Class Hero' mit Schokoglasur. Ich wollte in der Begrifflichkeit von Kindern denken." Als Paul McCartney so unvorsichtig war, ,Imagine' zu loben, feuerte Lennon: „Du glaubst also, ,Imagine' wäre nicht politisch? Es ist ,Working Class Hero' mit Zuckerguss für Konservative wie dich."

Unten: *Imagine* wurde im Ascot Sound Studio in Tittenhurst aufgenommen, wo auch das Video für das Titelstück entstand.

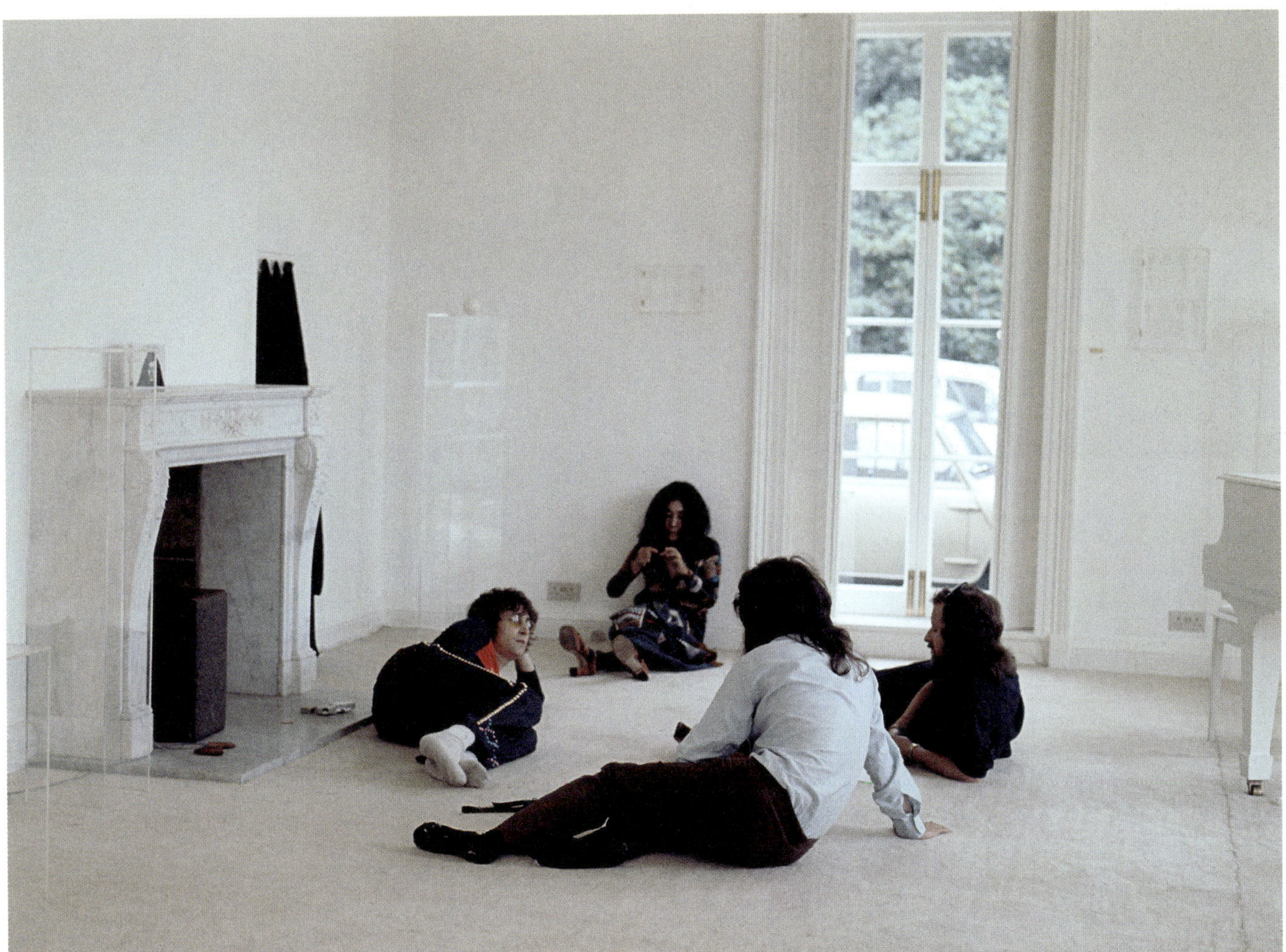

CRIPPLED INSIDE

Nach den klaustrophobischen Meditationen von *John Lennon/ Plastic Ono Band* neigte das Album *Imagine* eher dazu, über Mauern hinwegzublicken und die Außenwelt satirisch aufs Korn zu nehmen.

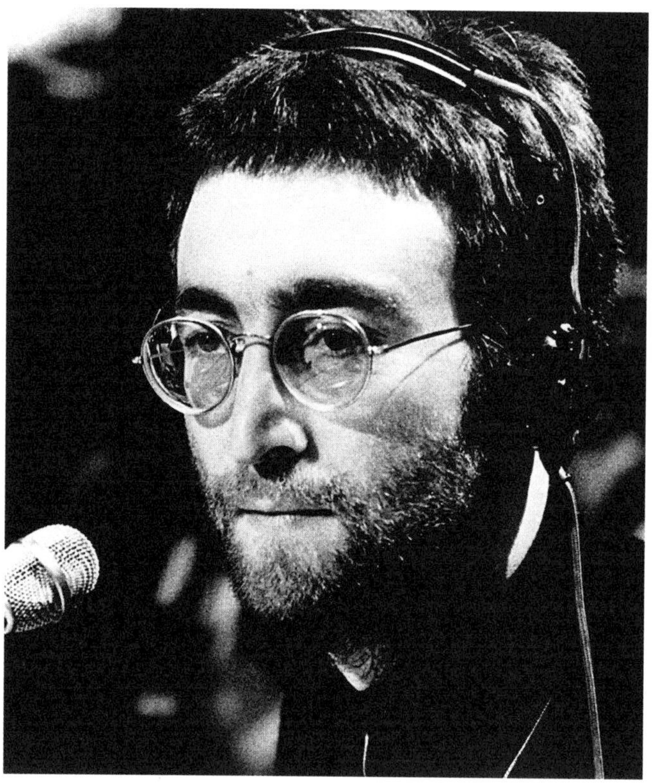

Auf jeden Fall war es musikalisch viel heller gestimmt. ‚Crippled Inside' ist zwar inhaltlich eher düster und ebenso selbstzerstörerisch wie seine Vorgänger, aber John präsentiert es als ausgesprochen heitere Übung. Der Text ist nicht mehr als eine Warnung davor, Äußerlichkeiten zu nutzen, um grundlegende Probleme zu verdecken. Aber er bietet ein ganzes Arsenal musikalischer Späße auf, um dieser Behauptung Glanz zu verleihen. Das Klavier legt sich im Ragtime-Rhythmus, der an amerikanische Varieteenummern oder Pubgesang erinnert, über die Slide-Gitarre von George, die wiederum an den Country-Funk-Stil denken lässt, der von The Band in den Mainstream der Rockmusik gebracht worden war. So ist ‚Crippled Inside' zumindest voller Charme.

Oben: *Imagine* war zwar sehr viel beliebter, aber Lennon selbst hatte eine Vorliebe für die eher düstere Stimmung des Vorgängeralbums.

You can shine your shoes and wear a suit
You can comb your hair and look quite cute
You can hide your face behind a smile
One thing you can't hide
Is when you're crippled inside

You can wear a mask and paint your face
You can call yourself the human race
You can wear a collar and a tie
One thing you can't hide
Is when you're crippled inside

Well now, you know that your cat has
nine lives, babe
Nine lives to itself
You only got one
And a dog's life ain't fun
Mama take a look outside

You can go to church and sing a hymn
You can judge me by the colour of my skin
You can live a lie until you die
One thing you can't hide
Is when you're crippled inside

Take it, cousin

Well now, you know that your cat has
nine lives, babe
Nine lives to itself
You only got one
And a dog's life ain't fun
Mama take a look outside

You can go to church and sing a hymn
Judge me by the colour of my skin
You can live a lie until you die
One thing you can't hide
Is when you're crippled inside

One thing you can't hide
Is when you're crippled inside
One thing you can't hide
Is when you're crippled inside

JEALOUS GUY

‚Jealous Guy' hatte seine Anfänge zwar einige Jahre zuvor als ‚Child Of Nature', wurde aber nie von den Beatles verwendet. Vielleicht war die Ähnlichkeit zu Pauls Titel ‚Mother Nature's Son' zu groß, den er bei der gleichen Session vorstellte und der dann auch auf dem „White Album" der Gruppe erschien.

In der Endfassung war ‚Jealous Guy' ein Schlüsselstück für den reiferen John Lennon, in dem er den Macho-Einstellungen eine Absage erteilte, mit denen er aufgewachsen war. In späten Interviews bekannte er sich zu seinen gewalttätigen Neigungen, glaubte aber, er habe diese Seite seiner Persönlichkeit unter Kontrolle gebracht. In seiner Jugend war er oft in Schlägereien verwickelt. Nach einem der ersten Presseberichte über John schlug er seinen alten Freund, den DJ des Cavern Club Bob Wooler, krankenhausreif, weil dieser ihm ein schwules Verhältnis zum Beatles-Manager Brian Epstein unterstellt hatte.

Schlimmer war noch, dass John auch eingestand, gegenüber Frauen Gewalt angewendet zu haben. Er sagte dem *Playboy*: „Ich war ein Schläger. Ich konnte mich nicht ausdrücken, und ich schlug zu. Deswegen rede ich andauernd über Frieden … Ich werde noch sehr viel älter werden müssen, bevor ich den Mut habe, öffentlich zuzugeben, wie ich früher Frauen behandelt habe." Meist war Eifersucht der Grund für seine Ausfälle. Das wird in seinem Beatles-Song ‚Run For Your Life' deutlich, in dem er sich selbst als „wicked guy" beschreibt, „with a jealous mind". Danach fügt er einen Vers aus dem Stück ‚Baby Let's Play House' seines Vorbilds Elvis Presley ein, in dem dieser sein Mädchen warnt, er sähe sie lieber tot als in den Armen eines anderen. John war wirklich grausam zu seiner Frau Cynthia.

‚Jealous Guy' beginnt mit der Andeutung, Johns neuester Übergriff sei ein Rückfall in seine böse Vergangenheit. Seine Beziehung zu Yoko war immer stürmischer, als das Paar zugab – angeblich hat er sie ihre vorhergehenden Liebhaber auflisten lassen. Aber in ‚Jealous Guy', einer seiner eingängigsten Melodien und eines der luftigsten Arrangements von Phil Spector, wird das alles durch die Eloquenz von Johns Reue davongespült.

Johns erste Ehefrau Cynthia bezweifelte jedoch, ob er sich wirklich jemals geändert hatte: „Er war wie ein verpupptes Insekt. Er musste ein Macho sein, um mit manchen der Typen fertig zu werden, auf die er in Liverpool traf. Er neigte dazu zu versuchen, wie ein harter Kerl auszusehen, damit die harten Kerle ihn in Ruhe ließen. Was John also [am Schluss] wurde, war das, was John im Innersten wirklich war."

In den Wintermonaten nach Johns Tod war die empfindsame Version von ‚Jealous Guy', die Roxy Music einspielten, weltweit ein Hit und eine der schönsten Hommagen an ihn als Komponist.

I was dreamin' of the past
And my heart was beating fast
I began to lose control
I began to lose control

I didn't mean to hurt you
I'm sorry that I made you cry
Oh no, I didn't want to hurt you
I'm just a jealous guy

I was feeling insecure
You might not love me anymore
I was shivering inside
I was shivering inside

Oh, I didn't mean to hurt you
I'm sorry that I made you cry
Oh no, I didn't want to hurt you
I'm just a jealous guy

I didn't mean to hurt you
I'm sorry that I made you cry
Oh no, I didn't want to hurt you
I'm just a jealous guy

I was trying to catch your eyes
Thought that you was trying to hide
I was swallowing my pain
I was swallowing my pain

I didn't mean to hurt you
I'm sorry that I made you cry
Oh no, I didn't want to hurt you
I'm just a jealous guy, watch out

I'm just a jealous guy, look out, babe
I'm just a jealous guy

IT'S SO HARD

Wenn das empfindsame ‚Jealous Guy' einen wilden Mann auf der Suche nach seiner sanfteren Seite zeigt, dann beweist das folgende Stück, dass Lennon nicht vergessen hatte, wie man Rock spielt. Es ist ein mahlender Blues-Boogie von der Sorte, die bei den Rockbands jener Zeit so überaus beliebt war, mit einigen unvergesslichen Saxofonpassagen und einem Sound, der an Lkw-Reifen auf knirschendem Kies erinnert.

Der Song hat als solcher keine wirkliche Aussage, er beschränkt sich auf Johns stoische Betrachtungen über alltägliche Anforderungen, die das Leben, die Liebe und die Arbeit an einen stellen. Lennon war nie jemand, der sich das Leben einfach machte, aber er nahm das Recht für sich in Anspruch, laut und anhaltend zu meckern, wenn es zu viel wurde. ‚It's So Hard' ist jedoch eher ein prahlendes Auftrumpfen als ein selbstmitleidiges Jammern. Und das dreckige Stampfen der Hauptaufnahmespuren wird auf zauberhafte Weise durch die Saiteninstrumente emporgehoben, die Spector in dem leichten, Hollywood-orientalischen Stil hinzufügte, den John und er so gut fanden.

Der Fotograf Kieron Murphy erinnert sich daran, dass er nach Tittenhurst Park eingeladen wurde, um sich das fertige *Imagine*-Album anzuhören. John machte sich über die Reaktion des Publikums Sorgen, da sein vorheriges Album kühl aufgenommen worden war. Aber ‚It's So Hard' heiterte ihn ebenso wie das folgende Stück ‚I Don't Want To Be A Soldier' ungemein auf, da auf ihnen die Saxofon-Legende King Curtis zu hören war, dessen Aufnahmen Spector in New York eingefügt hatte. „Er war wirklich stolz", berichtet Murphy. „Er sagte ‚Wir haben es geschafft, wir haben King Curtis bekommen!'" Ihm schien nicht klar zu sein, dass die Leute ihre eigenen Mütter umbringen würden, um auf einem seiner Alben mitzuspielen.

John hatte Grund genug, bescheiden zu sein. Lennon wird als einer der ersten Kenner des Rock'n'Roll in England „King" Curtis Ousley verehrt haben, dessen Tenorsaxofon auf ‚Yakety Yak' von The Coasters und Dutzenden anderen R&B-Klassikern des Labels so unverkennbar ist. Kurz vor den Sessions für *Imagine* hatte Curtis für Aretha Franklin gespielt und seine eigene Gruppe gegründet. Aber nur einen Monat später wurde Curtis am 15. August vor seinem Haus in New York von einem Obdachlosen erstochen. Vielleicht versteht man Johns Ehrfurcht besser, wenn man die Würdigung des Produzenten Jerry Wexler liest: „Über 1,85 groß, voller Kraft, cool, strahlend … Curtis war großmütig, unerschrocken und gewieft wie niemand sonst, den ich je kannte."

‚It's So Hard' scheint insofern ein guter Nachruf auf ihn zu sein.

Unten: Einst als nicht zu einem Popstar passend aus Bildern verbannt, wurde die Brille schließlich zu einem Markenzeichen Lennons. Auch die Zigaretten waren selten außer Reichweite.

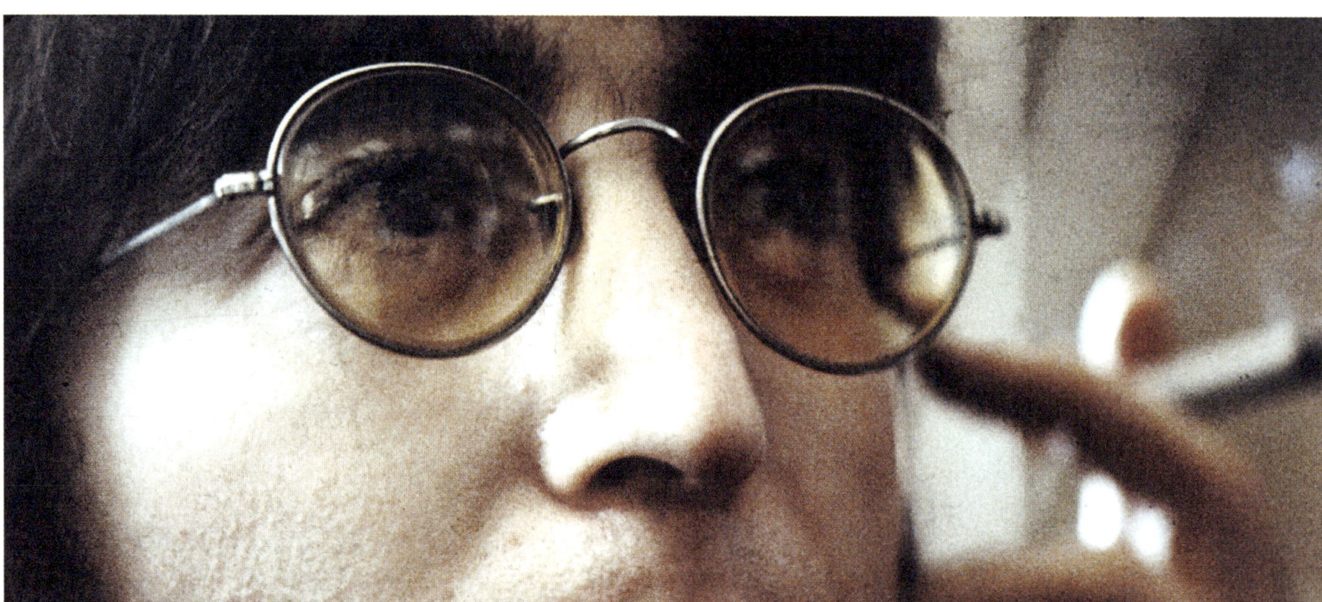

IT'S SO HARD

You gotta live
You gotta love
You gotta be somebody
You gotta shove
But it's so hard, it's really hard
Sometimes I feel like going down

You gotta eat
You gotta drink
You gotta feel something
You gotta worry
But it's so hard, it's really hard
Sometimes I feel like going down

But when it's good
It's really good
And when I hold you in my arms baby
Sometimes I feel like going down

You gotta run
You gotta hide
You gotta keep your woman satisfied
But it's so hard, it's really hard
Sometimes I feel like going down

I DON'T WANT TO BE A SOLDIER

Es ist schwer, sich einen ungeeigneteren Kandidaten für militärische Disziplin als John Lennon vorzustellen. Insofern muss man über die Aufrichtigkeit von ‚I Don't Want To Be A Soldier' keine weiteren Worte verlieren.

Der Song sprach vielleicht vor allem die jungen amerikanischen Fans an, für die Vietnam und die Wehrpflicht eine echte Bedrohung waren. Aber zu Johns Jugendzeit hatte es auch in Großbritannien mit dem National Service für junge Männer noch ein Überbleibsel der kriegsbedingten Wehrpflicht gegeben. Zu Johns großer Erleichterung nahm man von dem Vorhaben Abstand, kurz bevor er gezogen worden wäre. „Ich erinnere mich, als bekannt wurde, dass alle vor 1940 Geborenen gezogen werden sollten", erzählte er Barry Miles, „und ich dankte Gott dafür, weil ich immer vorgehabt hatte, nach Südirland zu gehen (das außerhalb der Gerichtsbarkeit des Vereinigten Königreichs lag). Ich wusste nicht genau, was ich tun würde, wenn ich dort ankam, aber ich hatte nicht die Absicht zu kämpfen." In seinem Interview im *Red Mole* behauptet er, mit der Einstellung groß geworden zu sein, „die Armee zu verachten, weil sie jedermann fortreißt und irgendwo tot zurücklässt."

Uniform trug John Lennon nur auf dem Cover von *Sgt. Pepper* und in seiner Rolle als Gefreiter Gripweed in Richard Lesters Film *How I Won The War*. Allerdings trug er während seiner radikalen Phase Anfang der Siebziger Tarnkleidung im Guerillero-Look. Aber Lennon vergaß – und vergab – nie, dass Elvis Presley beim Militär gewesen war. Auf die Nachricht von Presleys Tod im Jahr 1977 antwortete er lapidar: „Elvis starb, als er in die Armee ging."

Die Struktur des Songs ist an ein englisches Kindergedicht angelehnt, in dem es eine Aufzählung gibt: „Kesselflicker, Schneider, Soldat, Matrose. Reicher Mann, armer Mann, Bettler, Dieb." Auch der Rechtsanwalt und Kirchenmann werden als Berufe genannt, die er unbedingt meiden wollte. Phil Spectors Produktion lässt die Himmel widerklingen. Er zieht alle Register, darunter auch die Schreie von King Curtis' Saxofon und das Feuer von Rockgitarren. An den Gitarren waren unter anderem Joey Molland und Tom Evans von der Band Badfinger zu hören, die beim Apple-Lable der Beatles unter Vertrag standen. Das Schicksal der Band erwies sich als genauso traurig wie das von King Curtis – ihr Gründer Pete Ham und auch Tom Evans selbst erhängten sich später nach einer Reihe von geschäftlichen Misserfolgen. Ironischerweise schrieb dieses talentierte Paar das Stück ‚Without You', mit dem John Lennons enger Freund Harry Nilsson einen großen Hit landete.

Well, I don't wanna be a soldier mama
I don't wanna die
Well, I don't wanna be a sailor mama
I don't wanna fly
Well, I don't wanna be a failure mama
I don't wanna cry
Well, I don't wanna be a soldier mama
I don't wanna die
Oh, no
Oh, no
Oh, no
Oh, no

Well, I don't wanna be a rich man mama
I don't wanna cry
Well, I don't wanna be a poor man mama
I don't wanna fly
Well, I don't wanna be a lawyer mama
I don't wanna lie
Well, I don't wanna be a soldier mama
I don't wanna die
Oh, no
Oh, no
Oh, no
Oh, no
Hey

Well, I don't wanna be a soldier mama
I don't wanna die
Well, I don't wanna be a thief now mama
I don't wanna fly
Well, I don't wanna be a churchman mama
I don't wanna cry
Well, I don't wanna be a soldier mama
I don't wanna die
Oh, no
Oh, no
Oh, no
Oh, no
Oh, no
Oh, no
Hit it

Oh well, I don't wanna be a soldier mama
I don't wanna die
Well, I don't wanna be a sailor mama
I don't wanna fly
Well, I don't wanna be a failure mama
I don't wanna cry, no
I don't wanna be a soldier mama
I don't wanna die
Oh, no
Oh, no
Oh, no
Oh, no
Oh, no

GIMME SOME TRUTH

John Lennon war inzwischen ein aufmerksamer Beobachter der Weltpolitik geworden. Eine besondere Abneigung hegte er für „Tricky Dicky" Nixon, dessen Ausweitung des Vietnamkriegs ihn zum Feindbild für Liberale und Radikale auf der ganzen Welt gemacht hatte.

Das Gerüst von ‚Gimme Some Truth' war allerdings schon im Januar 1969 zu erkennen, als der Song bei den Beatles-Sessions in Twickenham, deren Material den Grundstock des Albums *Let It Be* bildeten, in Angriff genommen wurde. Deshalb steht zu vermuten, dass Johns Tirade gegen die Unaufrichtigkeit sich ursprünglich auf die internen Auseinandersetzungen der Beatles bezog. Insofern war es praktisch ein Parallelstück zu Pauls wehmütiger Klage auf *Abbey Road* ‚You Never Give Me Your Money'.

Es ist nicht bekannt, ob Nixon jemals Johns zornige Auslassungen gehört hat, aber die grundsätzliche Einstellung des Sängers war im Weißen Haus sehr wohl bekannt, wie aus vielen offiziellen Schriftstücken abzulesen ist. Auch wenn sie in diesem Fall nicht aufgepasst haben sollten, wurden sie vom amerikanischen Überpatrioten Elvis Presley auf die subversiven Neigungen Lennons hingewiesen, der die Regierung beschwor, etwas gegen den vorlauten Beatle zu unternehmen. Es ist eine unrühmliche Episode in der Laufbahn Presleys, aber andererseits hat Lennons Biograf Chris Hutchins recht, wenn er schreibt: „Wenn es Elvis gelungen wäre, ihn aus den USA verbannen zu lassen, wäre John heute noch am Leben."

I'm sick and tired of hearing things
From uptight, short-sighted, narrow-minded hypocritics
All I want is the truth
Just gimme some truth
I've had enough of reading things
By neurotic, psychotic, pig-headed politicians
All I want is the truth
Just gimme some truth

No short-haired, yellow-bellied, son of tricky dicky's
Gonna mother hubbard soft soap me
With just a pocketful of hope
Money for dope
Money for rope

No short-haired, yellow-bellied, son of tricky dicky's
Gonna mother hubbard soft soap me
With just a pocketful of soap
Money for dope
Money for rope

I'm sick to death of seeing things
From tight-lipped, condescending, mamas little chauvinists
All I want is the truth
Just gimme some truth now

I've had enough of watching scenes
Of schizophrenic, ego-centric, paranoiac, prima-donnas
All I want is the truth now
Just gimme some truth

No short-haired, yellow-bellied, son of tricky dicky's
Gonna mother hubbard soft soap me
With just a pocketful of soap
It's money for dope
Money for rope

Ah, I'm sick and tired of hearing things
From uptight, short-sighted, narrow-minded hypocrites
All I want is the truth now
Just gimme some truth now

I've had enough of reading things
By neurotic, psychotic, pig-headed politicians
All I want is the truth now
Just gimme some truth now

All I want is the truth now
Just gimme some truth now
All I want is the truth
Just gimme some truth
All I want is the truth
Just gimme some truth

OH MY LOVE

'Oh My Love' ist ein weiteres Stück, das John 1968 ursprünglich für das „White Album" der Beatles vorgesehen hatte. Veröffentlicht wurde es unter Nennung von Yoko als Co-Autorin.

Als sanftes Lied über das Erwachen zärtlicher Gefühle steht es schüchtern zwischen zwei Songs mit persönlichen Beschimpfungen. Zu denen, die Johns und Yokos Liebe aus nächster Nähe erlebten, gehört Paul McCartney. Er meinte: „In den Sechzigern dachte man, wenn ich mit diesem Menschen den Rest meines Lebens verbringen werde, so wie John und Yoko oder ich und Linda, dann sollte man ihm auch die ganze Zeit in die Augen blicken. John und Yoko verbrachten wirklich viel Zeit damit [er ahmt einen komisch intensiven Augenkontakt nach], und es wurde ziemlich abgedreht, sie sahen sich an und sagten: ‚Es wird alles gut, es wird alles gut, es wird alles gut'. [Das] kann recht ermüdend werden."

Unten: Paul und John zu einer Zeit, als sie noch auf einer Wellenlänge waren, bei den Aufnahmen für einen Shakespeare-Fernsehsketch im April 1964.

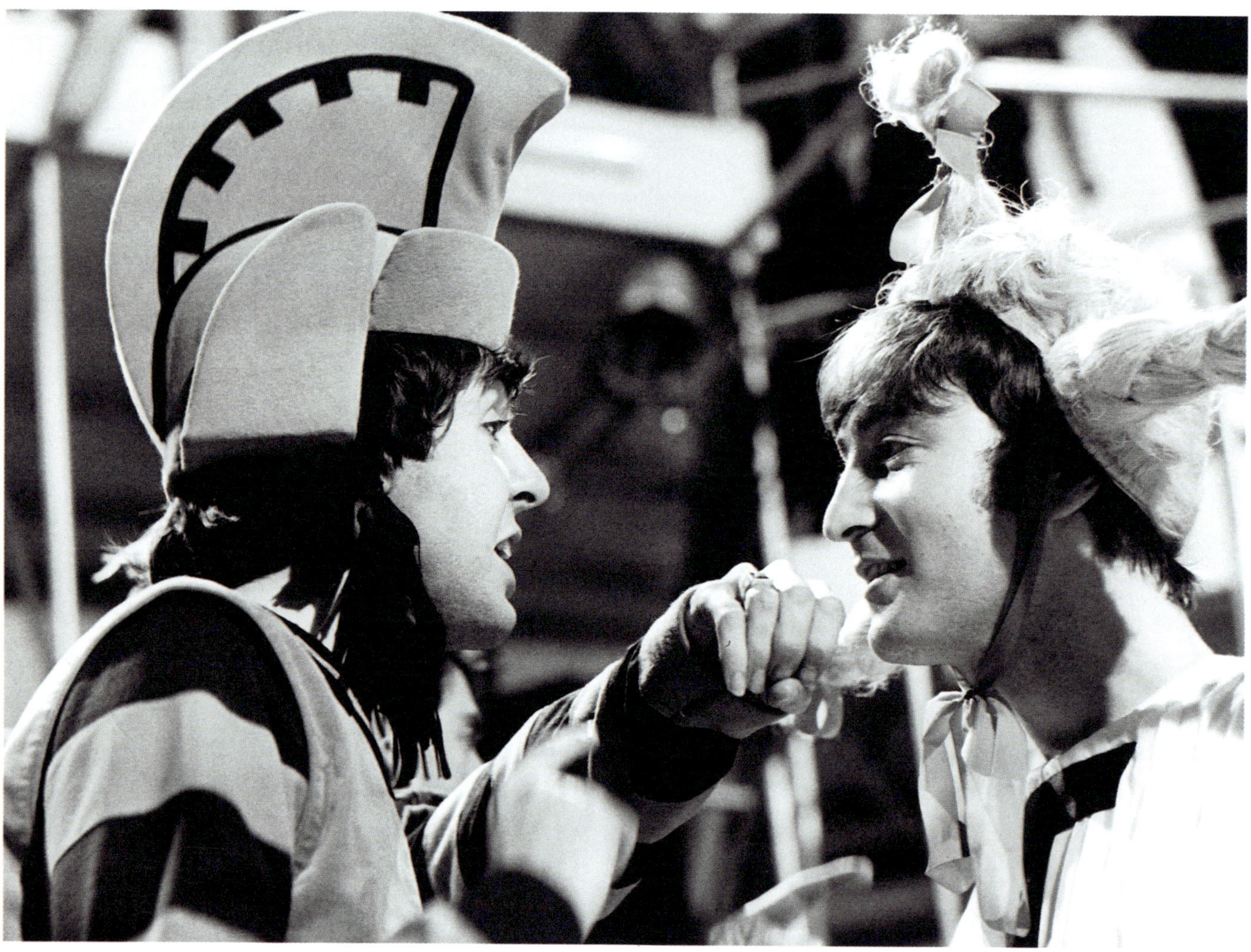

OH MY LOVE

Oh my love for the first
time in my life
My eyes are wide open
Oh my lover for the first
time in my life
My eyes can see
I see the wind, oh I see the trees
Everything is clear in my heart
I see the clouds, oh I see the sky
Everything is clear in our world
Oh my love for the first
time in my life
My mind is wide open
Oh my lover for the first
time in my life
My mind can feel
I feel sorrow, oh I feel dreams
Everything is clear in my heart
I feel life, oh I feel love
Everything is clear in our world

HOW DO YOU SLEEP?

Neben den zuckersüßen Arrangements hat *Imagine* auch einen guten Anteil ätzend scharfer Stücke. Zu den bittersten gehört Johns unverhohlener Angriff auf Paul McCartney, ‚How Do You Sleep?'.

Inmitten der juristischen Gefechte, in welche die ehemaligen Beatles verwickelt waren, war die Beziehung der alten Freunde auf einen absoluten Tiefpunkt gesunken.

Im Mai, einen Monat bevor die Aufnahmen für *Imagine* begannen, hatte Paul sein zweites Soloalbum veröffentlicht. Auf *Ram* fanden sich, so sah es John, viele Angriffe auf Yoko und ihn selbst.

Auf dem Cover von *Ram* gibt es ein Foto von zwei Käfern, die anscheinend „poppen". Und die Musik setzt mit Paul ein, der „Piss off, yeah" zu singen scheint. John unterstellte auch böse Absichten, wenn er Verse wie „We believe that we can't be wrong" las oder in ‚3 Legs' auf einen Freund angespielt wurde, der einen im Stich gelassen hat. Er hatte in Grenzen recht, aber wie Paul anmerkt: „Es ist nichts, es ist eigentlich so harmlos, nur kleine Spitzen." Er leugnet strikt, dass sie sich auf John und Yoko beziehen. Andererseits gibt er zu, dass John recht hatte, bei dem Vers „Too many people preaching fantasies" genau hinzuhören.

„Ich hatte das Gefühl, John und Yoko schrieben allen vor, was sie tun sollten. Und ich meinte, man müsste uns nicht vorschreiben, was wir tun sollten. Bei den Beatles war der Grundton gewesen, jeder so, wie er möchte. Freiheit. Plötzlich tauchte da ein bisschen der erhobene Zeigefinger auf; es ging mir auf die Nerven."

Die meisten Hörer fanden die Texte auf *Ram* vermutlich unschuldig, sogar nichtssagend. Johns Gegenangriff war aber alles andere als versteckt. Auf dem Originalcover der LP *Imagine* war sogar ein Foto von John mit einem Schwein zu sehen, ein parodistischer Verweis auf das Cover von *Ram*, auf dem sich Paul mit einem Schafbock gezeigt hatte. Alles recht kindisch. Aber bei ‚How Do You Sleep?' geht es richtig zur Sache. Zu sanften Streicherklängen beginnt der Song mit einer Parodie auf den Anfang von *Sgt. Pepper* und fährt dann fort mit einer Beschimpfung Pauls als baby-gesichtigem Leichtgewicht, dessen einzige Leistung das Stück ‚Yesterday' war. „Seitdem du weg bist", höhnt John in Anspielung auf Pauls zugegebene seichte neue Single, „bist du nur noch ‚Another Day'."

Diesen Vers hatte Allen Klein zu Johns Text beigesteuert, der New Yorker, der gegen den Widerstand von Paul gerufen worden war, um die Geschäfte der Beatles zu regeln. In diesem Fall wollte Klein jedoch John nicht zu größerer Gehässigkeit aufstacheln, er bewahrte ihn vielmehr vor einer Klage wegen übler Nachrede. Johns ursprünglicher Text hatte laut Biograf Albert Goldman behauptet, Paul habe die Melodie von ‚Yesterday' sowieso geklaut. Es ist fast liebenswert, wie das Album *Imagine* zwischen den höchsten Idealen der Bewusstseinserweiterung und kleingeistigem Schulhofgezänk wechseln kann. Wenn er Paul beschuldigte, „Kaufhausmusik" zu produzieren, konnte John sich breiter Zustimmung sicher sein. Andererseits war Lennon neidisch, weil Pauls Melodien immer noch allgemeinen Anklang fanden.

An einer anderen Stelle spottet John, die „Freaks" hätten mit der Behauptung recht, Paul sei tot. Damit spielt er auf eine Falschmeldung an, die 1969 von einem amerikanischen Radiosender in die Welt gesetzt worden war: Angeblich gab es unzählige „Indizien" in den Beatles-Texten und auf den LP-Covers, die bewiesen, dass McCartney ein Betrüger sei, der die Rolle des 1966 bei einem Autounfall verstorbenen echten Beatles übernommen habe. Dieses raffiniert in Szene gesetzte Gerücht erfreute sich weiter Verbreitung. So wurde beispielsweise gefragt, warum auf Pauls Sgt. Pepper-Uniform ein Abzeichen mit den Buchstaben „O.P.D." zu sehen sei. Das bedeute doch sicher „Officially Pronounced Dead" (Offiziell für tot erklärt). Und beendet John den Song ‚Strawberry Fields Forever' nicht mit den Worten „I buried Paul" (Ich habe Paul begraben)? (Leider übersehen die Verschwörungstheoretiker, dass auf dem Uniformabzeichen nicht die Buchstaben O.P.D., sondern O.P.P – für Ontario Provincial Police – stehen und dass Johns Text bei dem ‚Strawberry Fields Forever' mit den Worten „Cranberry sauce" endet.

‚How Do You Sleep?' führte sofort zu Auseinandersetzungen. Die Zeitschrift *Rolling Stone* verurteilte das Stück mit den Worten „entsetzlich und unentschuldbar… ein Song, der so gehässig und selbstbezogen ist, dass er das Opfer heiligt und den Ankläger erniedrigt." McCartney verzichtete auf jedwede musikalische Vergeltung. Auf seinem nächsten Album *Wild Life* erschien sogar mit ‚Dear Friend' ein Song, der wie ein Versöhnungsangebot an John wirkte. Aber er bemerkte doch: „Er sagt, das Einzige, was ich geleistet hätte, sei ‚Yesterday'. Er weiß, dass das falsch ist. Er weiß, und ich weiß auch, dass das nicht wahr ist."

Die nachfolgenden Ereignisse mögen Paul etwas getröstet haben. Als John sein letztes Album produzierte, sang er Lobeshymnen auf die Häuslichkeit und investierte in Tiere auf einem Bauernhof – nur zwei der Dinge, über die er sich bei McCartney lustig gemacht hatte. 1980 war Johns alter Groll bereits im Abklingen. Er sagte, ‚How Do You Sleep?' sei kein persönlicher Angriff gewesen. Er verglich das Stück mit Dylans rachsüchtigem ‚Like A Rolling Stone' – nur ein Ausbruch seines ganzen Zorns, ebenso sehr gegen sich selbst gerichtet wie gegen irgendjemand anderes. Nun, vielleicht. Vermutlich ist es eher so, dass ‚How Do You Sleep?' ein weiteres Beispiel für Johns Neigung war, erst zu schießen und dann Fragen zu stellen.

HOW DO YOU SLEEP?

So Sgt. Pepper took
you by surprise
You better see right
thru that mother's eyes
Those freaks was right
when they said you was dead
The one mistake you
made was in your head

Ah, how do you sleep?
Ah, how do you
sleep at night?

You live with straights
who tell you you was king
Jump when your
momma tell you anything

The only thing you
done was yesterday
And since you're gone
you're just another day

Ah, how do you sleep?
Ah, how do you sleep
at night?

Ah, how do you sleep?
Ah, how do you sleep
at night?

A pretty face may
last a year or two
But pretty soon they'll
see what you can do
The sound you make
is muzak to my ears
You must have learned
something in all those years

Ah, how do you sleep?
Ah, how do you sleep
at night?

HOW?

Mit seinem Erscheinen zwischen den revolutionären Breitseiten von ‚Power To The People' und *Some Time In New York City* stellte das Album *Imagine* eine Pause in Johns Karriere als Sprecher der Subkultur dar.

Wenn er öffentlich sprach, hatte John die Gabe, vollkommen überzeugt zu klingen. Andererseits neigte er zu Phasen des Zweifels. ‚How?' beschreibt eine solche Phase. Von der aufwendigen Orchestrierung abgesehen, hätte der Song besser in das vorhergehende Album gepasst, weil es alte Themen aufgreift – Angst vor der Zukunft, Richtungslosigkeit, emotionales Unvermögen.

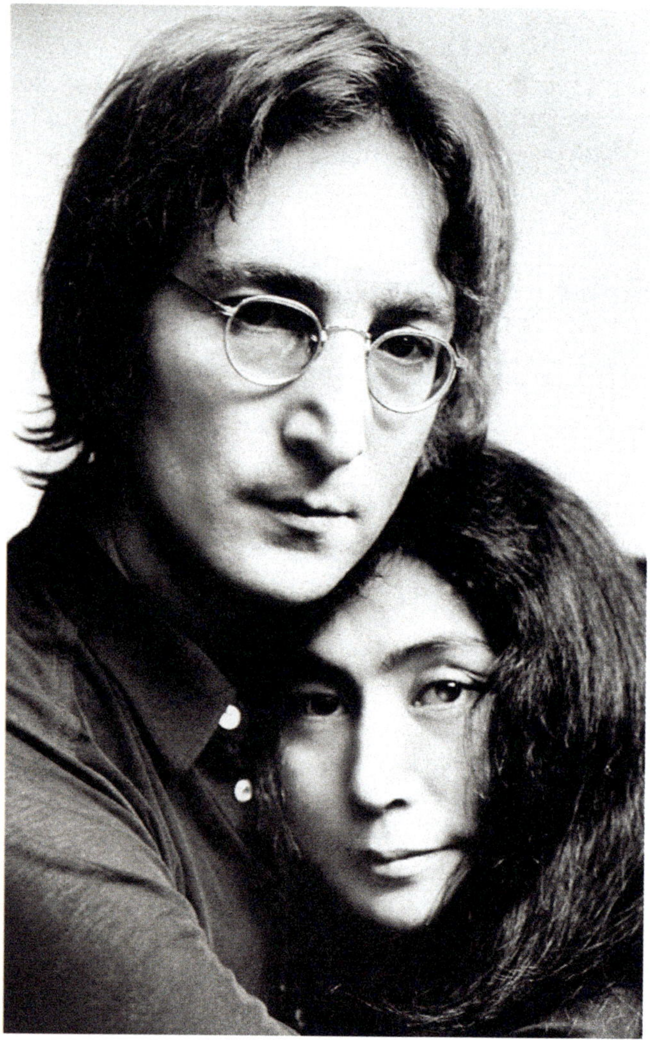

How can I go forward when I don't
know which way I'm facing?
How can I go forward when I don't
know which way to turn?
How can I go forward into something
I'm not sure of?
Oh no, oh no

How can I have feeling when I don't know if it's a feeling?
How can I feel something if I just don't know how to feel?
How can I have feelings when my feelings have always
been denied?
Oh no, oh no

You know life can be long
And you got to be so strong
And the world is so tough
Sometimes I feel I've had enough

How can I give love when I don't
know what it is I'm giving?
How can I give love when I just don't
know how to give?
How can I give love when love is
something I ain't never had?
Oh no, oh no

You know life can be long
You've got to be so strong
And the world she is tough
Sometimes I feel I've had enough

How can we go forward when we don't
know which way we're facing?
How can we go forward when we don't
know which way to turn?
How can we go forward into something
we're not sure of?
Oh no, oh no

OH YOKO!

Das Klavier, die Mundharmonika und das treibende Schlagzeug wirken zusammen, um dieses Stück zum freundlichsten des Albums zu machen. Der Refrain ist ein reiner Freudenschrei.

Durch seine Stellung am Ende des Albums wirkt ‚Oh Yoko!' wie eine nachträgliche Widmung von *Imagine* an Yoko. So ist es merkwürdig, dass Johns erste Proben des Stücks eher zögernd waren – fast die Arbeit eines nervösen Mannes, der um Bestätigung bittet. Verse wie „Mitten in der Nacht rufe ich deinen Namen" wirken wie fröhlicher Überschwang, wurden aber in einer düstereren Zeit von jemandem geschrieben, dem Angst nicht fremd war.

Es mag kaum überraschen, dass ‚Oh Yoko!' in der endgültigen Fassung ein sehr beliebtes Stück war und man John riet, es als Single zu veröffentlichen. John wehrte sich jedoch gegen den Vorschlag. Es sagte dem *Playboy:* „Ich war schüchtern und verlegen, vielleicht weil der Song nicht meinem Selbstbild entsprach, einem harten Rock'n'Roller mit einer scharfen Zunge."

So wurde ein Hit verpasst. Aber es sollte schlimmer, noch viel schlimmer kommen.

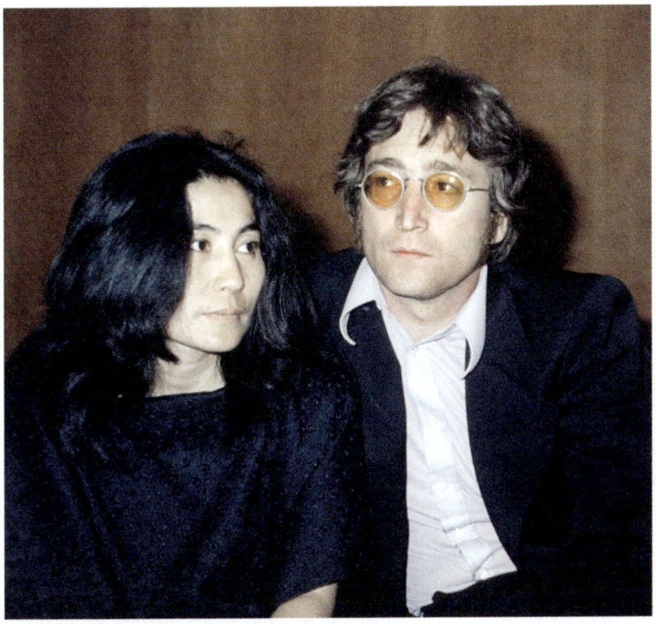

Oben: Die Lennons im Mai 1971.

Gegenüber: Trotz der großen Nähe des Paars zeigen Stücke wie ‚How?', dass John immer noch von Selbstzweifeln geplagt wurde.

In the middle of the night
In the middle of the night I call your name
Oh, Yoko
Oh, Yoko
My love will turn you on

In the middle of a bath
In the middle of a bath I call your name
Oh, Yoko
Oh, Yoko
My love will turn you on

My love
Will
Turn
You
On

In the middle of a shave
In the middle of a shave I call your name
Oh, Yoko
Oh, Yoko
My love will turn you on

In the middle of a dream
In the middle of a dream I call your name
Oh, Yoko
Oh, Yoko
My love will turn you on

My love
Will
Turn
You
On

In the middle of a cloud
In the middle of a cloud I call your name
Oh, Yoko
Oh, Yoko
My love will turn you on
Oh, Yoko
Oh, Yoko
Oh, Yoko
Oh, Yoko

Kapitel Vier

SOME TIME

19 72

IN NEW YORK CITY

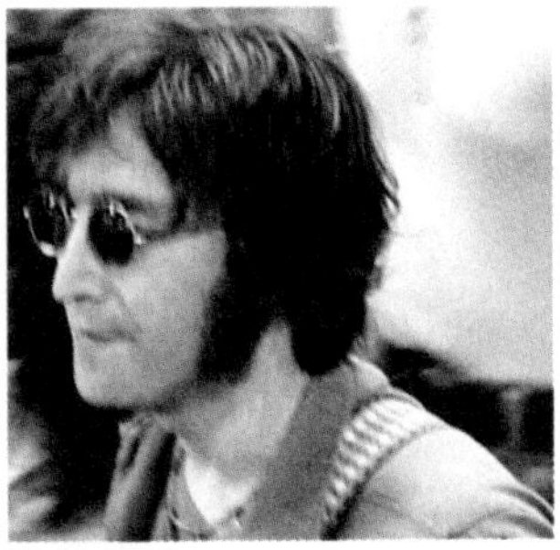

‚Woman Is The Nigger Of The World'
‚Attica State'
‚New York City'
‚Sunday Bloody Sunday'
‚The Luck Of The Irish'
‚John Sinclair'
‚Angela'

Single
(nicht auf dem Album enthalten)
‚Happy Xmas (War Is Over)'

Aufnahme
Februar bis März 1972 bei Record Plant, New York City.
‚Happy Xmas (War Is Over)' Oktober 1971 bei Record Plant, New York City.

Produziert von
John Lennon, Yoko Ono, Phil Spector.

Musiker
John Lennon (Gesang, Gitarren), Yoko Ono (Schlagzeug, Gesang), Jim Keltner (Schlagzeug, Membranophon). Elephant's Memory: Stan Bronstein (Flöte, Saxofon), Wayne ‚Tex' Gabriel (Gitarre), Richard Frank jr. (Schlagzeug, Percussion), Adam Ippolito (Keyboards, Klavier), Gary Van Scyoc (Bass), John La Bosca (Klavier). ‚Happy Xmas (War Is Over)': Harlem Community Choir (Gesang), Nicky Hopkins (Keyboards, Röhrenglocken und Glockenspiel), Hugh McCracken (Gitarre), Chris Osbourne (Gitarre), Teddy Irwin (Gitarre), Stuart Scharf (Gitarre), May Pang (Begleitgesang).

Als John am 3. September 1971 von England nach New York flog, konnte man nicht wissen, dass er nie in sein Heimatland zurückkehren würde. Die US-Regierung versuchte immer wieder, sein Visum zu widerrufen und ihm eine unbefristete Aufenthaltserlaubnis zu verweigern, er hielt sie aber lange genug hin, um seinen Willen durchzusetzen. Ein unangenehmer Nebeneffekt dieser Auseinandersetzung lag darin, dass er Angst hatte, die USA zu verlassen, weil er vielleicht nicht wieder hätte einreisen können. Die alles überschattende Ironie von Lennons Leben war jedoch, dass er New York liebte und sich dort niederlassen wollte, weil er glaubte, diese Stadt werde ihm Frieden bescheren.

Es gab auch noch andere Dinge, die ihn anzogen. „Ein großes Liverpool" war Johns liebevolle Bezeichnung für New York City. Wenn man vom Glamour Manhattans absah, waren die Parallelen unverkennbar: Es waren beides alte, hartgesottene Hafenstädte, in denen Hafenarbeiter mit irischen Gesichtszügen einen merkwürdig ähnlichen Akzent sprachen („Youse guys over dere, shift dis.") Lennon hörte nie auf, die beiden Städte zu vergleichen, und er fühlte sich in beiden zu Hause.

Zuerst war die Reise im September nur eine unter vielen im nomadischen Leben des Paars. Sie versuchten immer noch, das Sorgerecht für Kyoko zu erlangen und mieteten sich in einer luxuriösen Suite des eleganten St. Regis Hotel an der 55th Street ein. Einige Wochen später zogen sie in eine winzige Wohnung im viel angesagteren Viertel Greenwich Village.

Die Probleme mit der Aufenthaltserlaubnis sorgten dafür, dass John in New York blieb, auch wenn die Auseinandersetzung um Kyoko in den Hintergrund trat. Aber die Situation war ihm recht. Plötzlich fand er sich im Herzen der Dinge wieder. Zudem fühlte er sich akzeptiert. „New York bleibt das Zentrum des Universums für mich", sagte er. Bald hatte er Freunde unter den politisch Radikalen wie Jerry Rubin und Abbie Hoffman, die zu den als Chicago Seven Angeklagten gehörten. Sie waren Yippies (das heißt, Mitglieder der Youth International Party) und ihre Neigungen entsprachen Johns Vorstellungen sehr viel eher als der asketische Marxismus europäischer Denker wie Tariq Ali und Robin Blackburn.

John hielt in Greenwich Village Hof. White Panthers schauten mal rein, und Black Panthers schickten schöne Grüße. Seine friedensbewegte Weihnachtssingle ‚Happy Xmas (War Is Over)' passt schon nicht mehr zu Johns neuer Grundstimmung, in diesen Jahren war bei ihm das Peace-Zeichen der geballten Faust gewichen.

Er nahm an Demonstrationen teil und setzte für Fotos einen Schutzhelm auf, wie ihn japanische Studenten bei Straßenschlachten trugen. Anstatt sich für den Frieden zu engagieren, griff er zum Megafon und verherrlichte die IRA. Wie viele New Yorker übertrieb er seine weit zurückliegende irische Abstammung ebenso wie seine Nähe zum Liverpooler Proletariat.

Wie man später erfuhr, gehörten zu Johns Feinden inzwischen Richard Nixon, J. Edgar Hoover und Elvis Presley. Ironisch daran ist, dass John ein klassischer amerikanischer Patriot hätte werden können, weil er ein ungemein dankbarer Einwanderer war. „Ich bedaure zutiefst, dass ich nicht als Amerikaner auf die Welt gekommen bin", sagte John. Er konnte spüren, wie die beeindruckende Kraft New Yorks jede Art von Mensch und jede menschliche Aktivität in sich aufnehmen konnte. Seine Verachtung für den Provinzialismus Großbritanniens wuchs noch angesichts der Antipathie, die man dort Yoko entgegenbrachte.

Aus diesem neuen Gefühl entstand ein eher schlechtes Album. *Some Time In New York City* setzte sich mit einer Reihe von aktuellen Fragen auseinander (Feminismus, Nordirland, Aktivismus der Schwarzen), allerdings eher mit verbissener Ernsthaftigkeit als mit künstlerischer Inspiration. Zudem war es nicht allein Johns Werk – Yoko steuerte eigene Stücke bei. Obwohl diese Songs (‚Sisters', ‚Born In A Prison' und ‚We're All Water') orthodoxer waren als ihre vorigen Stücke, waren sie nur bedingt publikumstauglich. John konnte aus der professionellen New Yorker Musikwelt frei auswählen; stattdessen entschied er sich für eine radikale Bar-Band, Elephant's Memory, deren ungeschliffene Energie ihn beeindruckt hatte. Unheilvoller war jedoch, dass Phil Spectors Rolle nur darauf beschränkt war, die letzte Abmischung vorzunehmen.

Es gab eine Bonus-Platte, *Live Jam*, die bei zwei Gelegenheiten aufgenommen worden war. Die erste war ein Auftritt der „Plastic

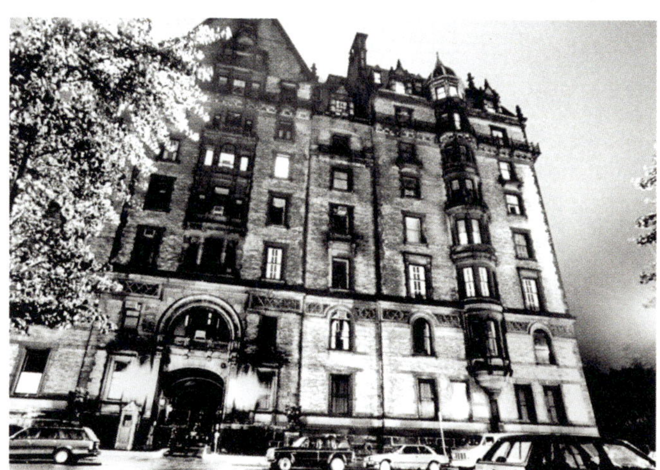

Oben: Das Dakota an der Ecke 72nd Street und Central Park West. Hier wohnten die Lennons ab 1973, vor dem Eingang wurde John 1980 ermordet.

„ICH BEDAURE ZUTIEFST, DASS ICH NICHT ALS AMERIKANER AUF DIE WELT GEKOMMEN BIN."

– John Lennon

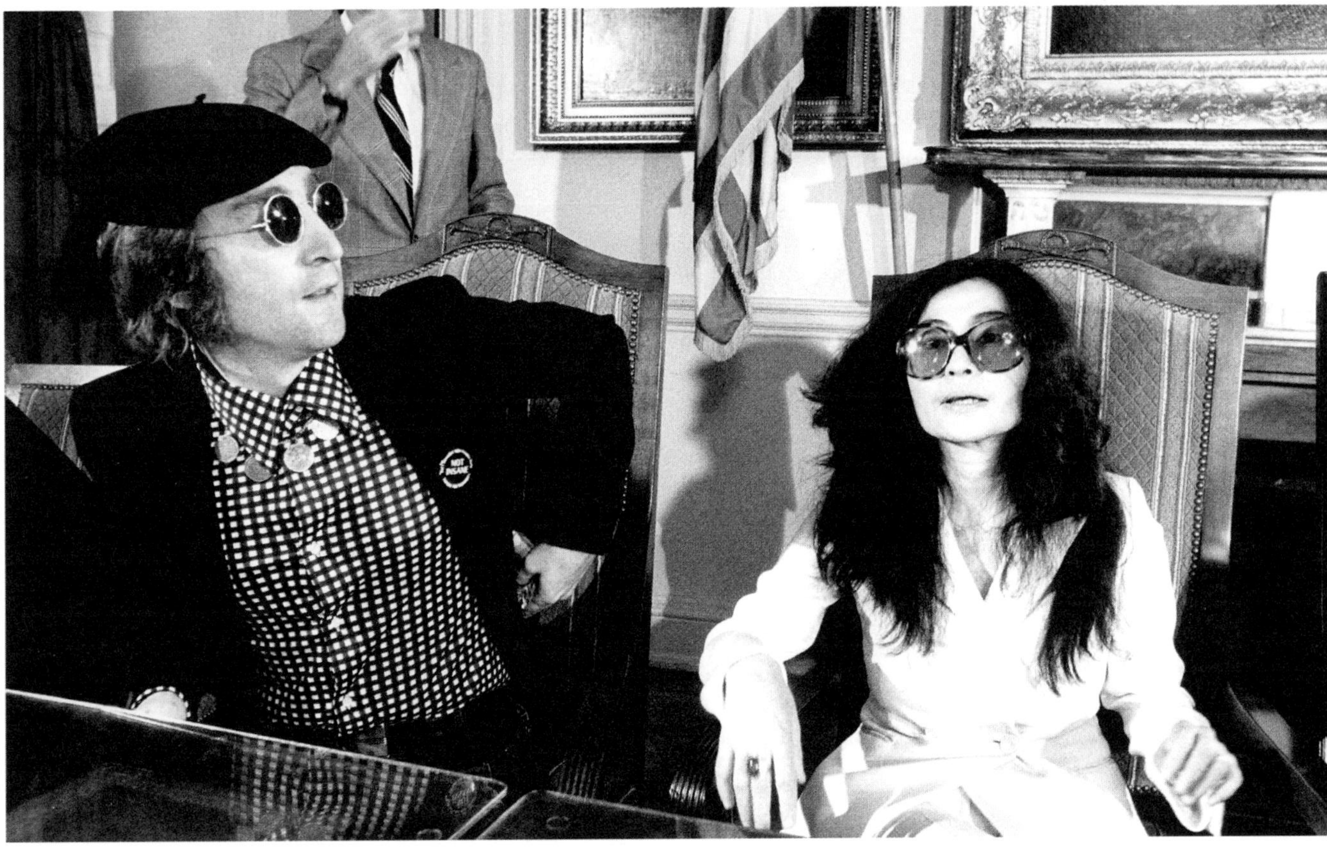

Ono Supergroup" im Londoner Lyceum im Dezember 1969. Das Konzert wurde als „Peace for Christmas" beworben, und zu John und Yoko gesellten sich unter anderem George Harrison, Eric Clapton und Keith Moon. Sie spielten eine eindrucksvolle Version von ‚Cold Turkey', auf die eine anstrengende, 15 Minuten dauernde Version von ‚Don't Worry Kyoko' folgte, die man sich nicht zwingend anhören muss. Inmitten des Chaos müht sich eine Bläsergruppe stoisch ab. Die übrigen Stücke stammen von Johns Überraschungsauftritt bei Frank Zappas Konzert im Fillmore East im Juni 1971. Davon ist ‚Well (Baby Please Don't Go)' bei Weitem am besten, die Coverversion einer alten B-Seite der Olympics, die John einleitet als „ein Song, den ich damals im Cavern Club in Liverpool gesungen habe". Yoko heult in einem absonderlichen, aber interessanten Kontrapunkt dazu. Drei weitere Stücke – ‚Jamrag', ‚Scumbag' und ‚Au' – sind zermürbend und ziellos.

Some Time In New York City kam im Juni 1972 in Amerika auf den Markt, in Großbritannien drei Monate später. Das Cover war ein Pastiche der *New York Times*, das Johns Vorliebe für „Schlagzeilen"-Songs deutlich macht. Die Rezensionen der LP waren fast alle negativ, und John sah sich wieder in die Defensive gedrängt. Zu Roy Carr sagte er: „Ich hab versucht, meine Songs nicht so kompliziert zu machen, damit die Leute sie verstehen können. Jetzt greifen sie mich offen an, weil ich simple Texte schreibe. ‚I Want To Hold Your Hand', das war simpel. Wenn ich wieder gelobt werden will, kann ich Sachen wie ‚I Am The Walrus' schreiben und Songs voller Surrealismus … In einer Kritik stand: ‚Bitte schreib uns etwas Bildhaftes, nicht so, wie du es jetzt ausdrückst.' Nun, solchen Leuten kann ich nur sagen, sie sollten sich betrinken oder was sie sonst so machen … legt euch auf ein Bett … macht euch eure eigenen verdammten Bilder."

Aber die Welt summte immer noch ‚Imagine' und hatte für *Some Time In New York City* nichts übrig. Die Platte verkaufte sich schlecht und war bald in Secondhandläden zu finden. Johns „Schlagzeilen" hatten die Direktheit, die er anstrebte, aber keine Dauerhaftigkeit. Es waren bald, um die Rolling Stones zu zitieren, die „Zeitungen von gestern". Im Jahr 1975 konzidierte John, seine eigentlich Aufgabe sei das Dichten, nicht der Journalismus. Durch seinen unsicheren Versuch, die Massen zu erreichen, war es ihm nur gelungen, weniger Menschen anzusprechen als je zuvor.

Oben: John und Yoko im August 1972 bei einer Pressekonferenz vor den Proben für Benefizkonzerte im Madison Square Garden.

HAPPY XMAS (WAR IS OVER)

Die Beatles hatten jedes Jahr eine Weihnachtsschallplatte für ihren Fanklub gemacht, meist eine muntere Sammlung von kleinen Musikstücken und Witzchen. John wollte aber etwas mit mehr Gehalt anbieten. Er hatte schon eine Reihe von maßgeschneiderten Hymnen geschrieben: ‚All You Need Is Love', ‚Give Peace A Chance' und ‚Power To The People'. Ein Wunsch war aber unerfüllt geblieben.

Er gestand: „Ich wollte immer ein Weihnachtsstück schreiben. Etwas, das ewig halten würde." Mit ‚Happy Xmas (War Is Over)' ist ihm das gelungen. In seiner Heimat wurde es zu einem beliebten Familienlied in der Weihnachtzeit – das letzte populäre Lied zum Mitsingen, für das er verantwortlich zeichnete.

In Phil Spector hatte er schon den perfekten Komplizen, weil der kleine, verhuschte Produzent ein Großmeister darin war, Rock'n'Roll mit Lametta zu behängen. 1963 hatte Spector seine ganzen Hitmacher versammelt, darunter die Ronettes, die Crystals und andere mehr, um mit ihnen frisierte Versionen von ‚White Christmas', ‚Frosty The Snowman' und so weiter aufzunehmen. Die kitschigen Stücke wurden alle in Spectors exzessiv symphonischem Teenie-Stil aufgenommen und ergaben zusammen eines der wunderbarsten Alben der Popgeschichte, *A Christmas Gift For You*, das auch als *Phil Spector's Christmas Album* bekannt ist.

‚Happy Xmas (War Is Over)' war Johns erste New Yorker Aufnahme, sie entstand im Oktober 1971, dem ersten Monat, den er voll und ganz als Einwohner Amerikas verbrachte. Er bat Spector zuerst, den Hintergrund von ‚Try Some, Buy Some' wieder einzusetzen, einer Single, die George Harrison geschrieben und Phils Ehefrau Ronnie Spector (von den Ronettes) kurz zuvor aufgenommen hatte. Die Berichte unterscheiden sich etwas, aber John erinnert sich an die Session als ein „schönes" Erlebnis. Spector lud Kinder vom Harlem Community Choir zum Singen ein, um das erhebende Gefühl des Songs zu steigern.

Der Refrain war nicht neu. Im Dezember 1969 hatten John und Yoko als Höhepunkt ihrer Friedenskampagne in elf Großstädten auf der ganzen Welt Reklametafeln bezahlt, auf denen zu lesen war: „War Is Over! If You Want It. Happy Christmas from John & Yoko." Die Weihnachtswünsche waren unter anderem am Times Square, Piccadilly Circus, Sunset Strip und den Champs-Elysées zu lesen. Sie wurden in die jeweiligen Landessprachen übersetzt und von einer zweiten Nachricht gefolgt, die schlicht lautete „We Want It." Diese kargen, Aufmerksamkeit erregenden öffentlichen Statements waren in sich schon eine Art Performance-Kunst.

Yoko erinnert sich an das gemeinsame Schreiben des Stücks als spontan und einen „sehr intensiven Augenblick … Ich war es nicht gewöhnt, mit jemandem zusammen ein Stück zu machen, ich glaube, ihm fiel es etwas leichter, weil er es schon zuvor gemacht hatte … John ist so schnell, und ich bin so schnell, also war es wie ein kleiner Sturm, schon nach zwei Minuten vorbei."

Da das Unheil in Indochina noch kein Ende genommen hatte, meinte das Paar, ihre Aufforderung sei immer noch relevant. Am wichtigsten war das „If You Want It", weil dieser Teil an das Thema von ‚Imagine' erinnerte: Die Zukunft hängt von unserer kollektiven Fähigkeit ab, sie sich uns vorzustellen. In seinem *Playboy*-Interview im Jahr 1980 wiederholte John seinen Glauben an das „Projizieren von Zielen". Frieden, so sagte er, sei unsere Verantwortung, die wir nicht einfach an eine externe Instanz abgeben könnten. „Wir tragen genauso die Verantwortung wie der Mann, der auf den Knopf drückt … Solange die Menschen glauben, dass irgendjemand ihnen etwas antut, ohne dass sie Einfluss darauf hätten, so lange haben sie keinen Einfluss darauf."

‚Happy Xmas (War Is Over)' kam am 1. Dezember in den USA auf den Markt, die Reaktion war enttäuschend. In Großbritannien wurde die Veröffentlichung ein Jahr verzögert, es gab Gerüchte über Auseinandersetzungen wegen Yokos Nennung als Co-Autorin. Dann wurde es aber ein Top-5-Hit, da es der Vorliebe des Heimatmarkts für derartige Weihnachtssingles entsprach. Der Song erfreute sich der gleichen anhaltenden Beliebtheit wie die beiden anderen Weihnachtsgaben dieser Zeit, Slades ‚Merry Xmas Everybody' und ‚I Wish It Could Be Christmas Every Day' von Wizzard. Kaum eine Jukebox in einem englischen Pub, die nicht alle drei Hits in der Vorweihnachtszeit abnudelte.

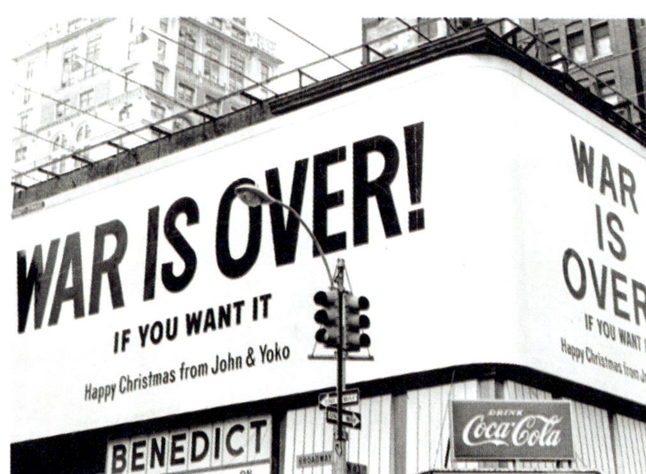

Oben: Eines der Plakate vom Dezember 1969 – dieses Beispiel stammt aus New York –, die ihren musikalischen Ausdruck in der 1971er-Single ‚Happy Xmas' fanden.

HAPPY XMAS (WAR IS OVER)

Happy Christmas, Kyoko
Happy Christmas, Julian

So this is Christmas
And what have you done?
Another year over
And a new one just begun

And so this is Christmas
I hope you have fun
The near and the dear ones
The old and the young

A very merry Christmas
And a happy new year
Let's hope it's a good one
Without any fear

And so this is Christmas
For weak and for strong
(War is over if you want it)
The rich and the poor ones
The road is so long
(War is over now)

And so happy Christmas
For black and for white
(War is over if you want it)
For yellow and red ones
Let's stop all the fight
(War is over now)

A very merry Christmas
And a happy new year
Let's hope it's a good one
Without any fear

And so this is Christmas
And what have we done?
(War is over if you want it)
Another year over
A new one just begun
(War is over now)

And so happy Christmas
We hope you have fun
(War is over if you want it)
The near and the dear one
The old and the young
(War is over now)

A very merry Christmas
And a Happy New Year
Let's hope it's a good one
Without any fear

War is over
If you want it
War is over now

Happy Christmas!
Happy Christmas!
Happy Christmas!

WOMAN IS THE NIGGER OF THE WORLD

Nachdem er sich in New York City niedergelassen hatte, wurde John noch empfänglicher für feministisches Gedankengut, weil hier seit den späten Sechzigern die Wiege der Frauenbewegung gestanden hatte. Eine schöne Zeichnung von John aus dem Jahr 1972, „New York Woman", zeigt eine nackte Afroamerikanerin neben den Wolkenkratzern Manhattans, die einen rundlichen, kahlköpfigen Mann mit Zigarre auf ihrer Handfläche hält.

Seine wichtigste Mentorin auf dem Gebiet war natürlich Yoko, die Co-Autorin dieses Songs. „Woman is the nigger of the world" ist ein Aphorismus Yokos, der auf die universelle Benachteiligung des weiblichen Geschlechts verweist. Erstmals verwendete sie ihn in einem Porträt, das in der britischen Frauenzeitschrift *Nova* über sie erschien. Später enthüllte sie, dass die Idee auf ihre ersten Erlebnisse mit John zurückging. Die Beatles hätten zwar eine neue Sensibilität in die Popmusik gebracht, aber als Privatpersonen blieben sie vier traditionelle Männer aus Liverpool. John seinerseits bestätigte, dass Yoko die erste Frau war, die er kennengelernt hatte, die von ihm Gleichstellung forderte – ganz besonders kühn angesichts der Tatsache, dass er ein berühmter Rockstar war. Seine Einstellung lautete: „Aber ich bin doch König John von England!" Yoko war also das Kind, das dem Kaiser sagte, er sei nackt.

‚Woman Is the Nigger Of The World' wurde Februar/März 1972 aufgenommen und noch vor *Some Time In New York City* als Single veröffentlicht. Spector und die Band Elephant's Memory machten den Song zu einem starken Stück, dass sich auch wieder durch einige meisterhafte Saxofonpassagen auszeichnete, die diesmal von Stan Bronstein stammten. Aber John meinte, sein Text würde der Kraft von Yokos Titel nicht gerecht. Wie bei mehreren seiner politischen Lieder wirkt der Text ein wenig wie aus zweiter Hand, als ob John lediglich von anderen übernommene Meinungen wiedergäbe. Ihm fehlt der Funken individuellen Genies, wie er zum Beispiel in ‚Strawberry Fields Forever' zu erkennen ist. Aber er ist dennoch bildstark, aussagekräftig und hinreichend einflussreich.

Natürlich kam es zu Debatten. Es gab einige Feministinnen, die den Song kritisierten, da er Frauen als schwach und passiv darstelle. Bevor John den Song während der TV-Show von Dick Cavett im Mai vorstellte, entschuldigte sich dieser im Vorhinein beim bürgerlichen Publikum der USA, falls er zu Missfallen Anlass geben sollte. Später stellte er selbstironisch fest, die meisten der tatsächlichen Beschwerden hätten seine Entschuldigung und nicht den Song selbst moniert. Als größtes Problem, dass die Medien tatsächlich mit der Single hatten, stellte sich nicht der feministische Inhalt heraus, sondern die Verwendung des N-Wortes. Deshalb spielten die meisten Radiosender ihn gleich gar nicht.

Zu Johns Erleichterung unterstützte ihn der schwarze Abgeordnete Ron Dellums: „Wenn man ‚Nigger' als jemanden definiert, dessen Lebensweise von anderen bestimmt wird, dessen Möglichkeiten von anderen bestimmt werden, dessen Rolle in der Gesellschaft von anderen bestimmt wird, dann ist die gute Nachricht, dass man in dieser Gesellschaft nicht schwarz sein muss, um Nigger zu sein. Die meisten Menschen in Amerika sind Nigger." Vielleicht erregt der Song aber heute sogar noch mehr Ärger als 1972.

Unten: Hinter der Bühne im Madison Square Garden am 30. August 1972. Es sollte das letzte vollständige Konzert in Johns Leben sein.

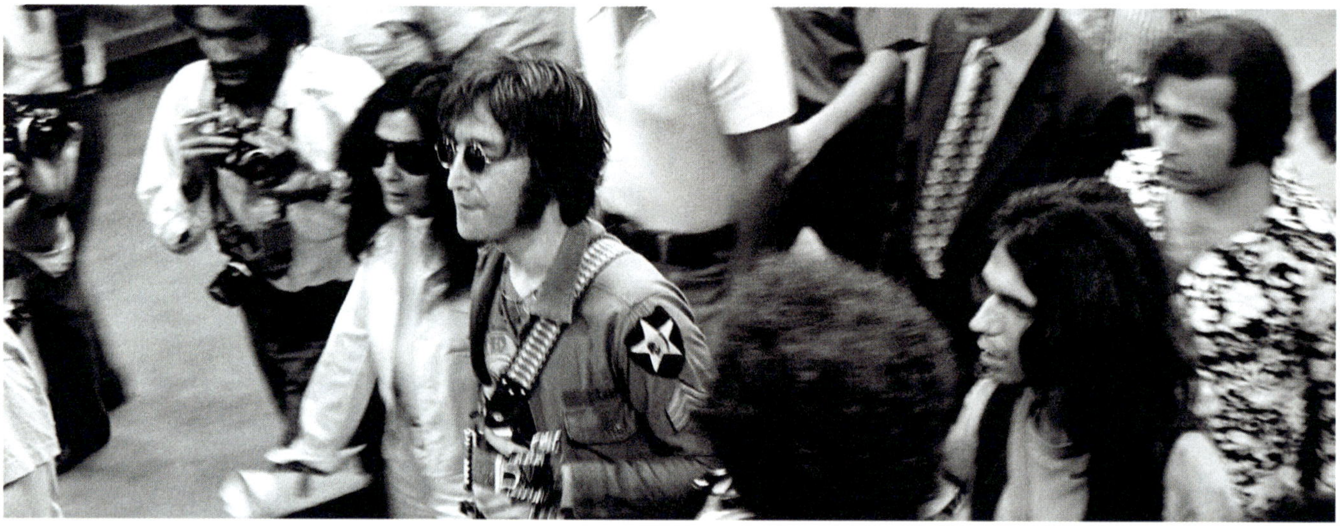

WOMAN IS THE NIGGER OF THE WORLD

Woman is the nigger of the world
Yes she is... think about it
Woman is the nigger of the world
Think about it... do something about it

We make her paint her face and dance
If she won't be a slave, we say that she don't love us
If she's real, we say she's trying to be a man
While putting her down we pretend that she is above us
Woman is the nigger of the world... yes she is
If you don't believe me take a look at the one you're with
Woman is the slave of the slaves
Ah yeah... better scream about it, yeah

We make her bear and raise our children
And then we leave her flat for being a fat old mother hen
We tell her home is the only place she should be
Then we complain that she's too unworldly to be our friend
Woman is the nigger of the world... yes she is
If you don't believe me take a look at the one you're with
Woman is the slave to the slaves
Yeah... all right... hit it

We insult her every day on TV
And wonder why she has no guts or confidence
When she's young we kill her will to be free
While telling her not to be so smart
we put her down for being so dumb
Oh well woman is the nigger of the world... yes she is
If you don't believe me take a look at the one you're with
Woman is the slave to the slaves
Yes she is... if you believe me better scream about it

We make her paint her face and dance
We make her paint her face and dance
We make her paint her face and dance
We make her paint her face and dance
We make her paint her face and dance
We make her paint her face and dance

ATTICA STATE

Am 9. October 1971 veranstaltete John in einem Hotel in Syracuse, New York, eine Party, um sowohl seinen 31. Geburtstag als auch die Eröffnung von Yokos neuer Austellung „This Is Not Here" in der Stadt zu feiern.

Das Album *Imagine* war gerade 24 Stunden vorher erschienen. Teil der Party war eine sechsstündige Jamsession mit Gästen wie Phil Spector, Ringo Starr und dem Dichter Allen Ginsberg. John nutzte die Gelegenheit, um einen neuen Song zu erarbeiten, der sich mit dem Blutbad in der Attica Correctional Facility im Staat New York beschäftigte, das kurz zuvor stattgefunden hatte.

Am 13. September war in diesem Gefängnis eine Revolte ausgebrochen, als 1200 Insassen, die meisten von ihnen Schwarze, 50 Geiseln nahmen, um ihren Forderungen nach besseren Haftbedingungen und einer Amnestie Nachdruck zu verleihen. Armee und Polizei stürmten das Gefängnis – 32 Häftlinge und zehn Wärter fanden den Tod. John warf dem Gouverneur des Staats New York, Nelson Rockefeller, die brutale Reaktion der Obrigkeit vor.

Yoko und John betonten zwar, ihre Sympathien gälten ebenso sehr den Angehörigen der Wärter, aber sie zeigten sich doch bei einer Wohltätigkeitsveranstaltung zugunsten der Familien der toten Häftlinge, die am 17. Dezember im Apollo Theatre in Harlem stattfand. Zu den anderen Künstlern, die die Veranstaltung unterstützten, gehörte auch Aretha Franklin.

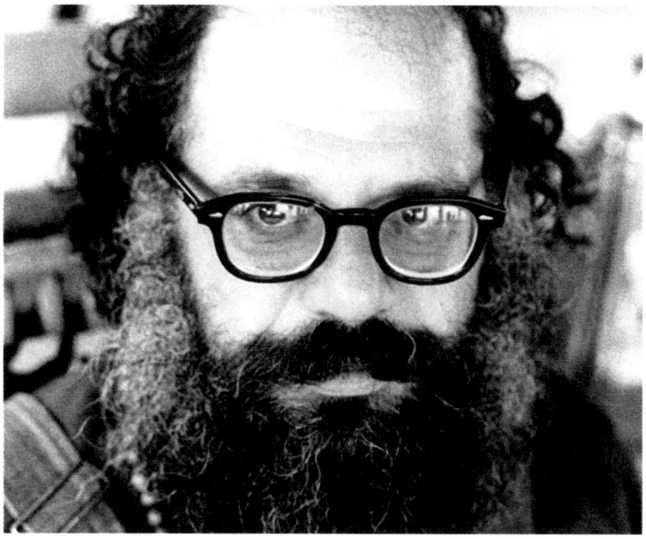

Oben: Der Beat-Poet Allen Ginsberg war bereits ein Vertrauter Bob Dylans und wurde in Johns radikaler Zeit auch dessen Mitstreiter.

What a waste of human power
What a waste of human lives
Shoot the prisoners in the towers
Forty-three poor widowed wives
Attica State, Attica State
We're all mates with Attica State

Media blames it on the prisoners
But the prisoners did not kill
Rockefeller pulled the trigger
That is what the people feel
Attica State, Attica State
We're all mates with Attica State

Free the prisoners, jail the judges
Free all prisoners everywhere
All they want is truth and justice
All they need is love and care
Attica State, Attica State
We're all mates with Attica State

They all live in suffocation
Let's not watch them die in sorrow
Now's the time for revolution
Give them all a chance to grow
Attica State, Attica State
We're all mates with Attica State

Come together, join the movement
Take a stand for human rights
Fear and hatred clouds our judgement
Free us all from endless night
Attica State, Attica State
We're all mates with Attica State

Attica State, Attica State
We all live in Attica State
Attica State, Attica State
Attica, Attica, Attica State

NEW YORK CITY

1980 beschrieb Lennon ‚New York City' als „ein Stück Journalisten-Schreibe". Es ist im Grunde eine Fortsetzung von ‚The Ballad Of John And Yoko' aus dem Jahr 1969: eine einfache Aufzählung seiner letzten Erlebnisse, allerdings mit einer überschäumenden Energie vorgetragen, die zeigt, wie sehr ihn der Big Apple wieder hatte aufleben lassen.

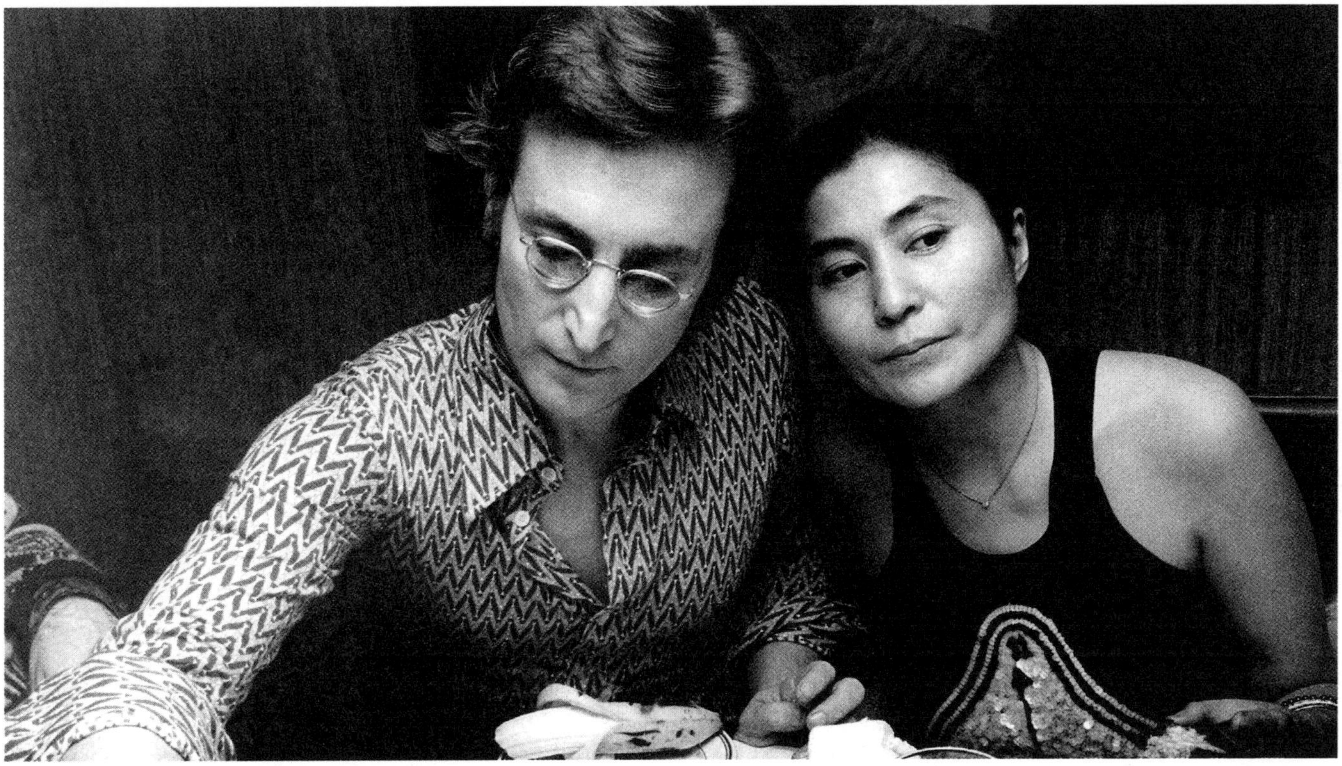

Unter den Episoden, über die er berichtet, sind sein Konzert mit Frank Zappa im Fillmore East, die Wohltätigkeitsveranstaltung im Apollo für die Opfer des Attica-Aufstands und ein Besuch im New Yorker Club Max's Kansas City. Außerdem beschreibt er ein Treffen mit dem Straßenmusiker David Peel, der am liebsten im Washington Square Park auftrat. Hier hörte er am gleichen Tag, als er Frank Zappa kennenlernte, wie Peel ‚The Pope Smokes Dope' sang, eine Huldigung an Lennon und seine kriminelle Vergangenheit. (Peels eigenes Album hatte den Titel *Have A Marijuana.*) Von seinem Yippie-Freund Jerry Rubin ermuntert, traf er Peel in der folgenden Woche wieder und spielte mit ihm in East Village, nur um – zur Freude des romantischen Rebellen John – von der Polizei verscheucht zu werden.

John produzierte dann Peels Album *The Pope Smokes Dope* und veröffentlichte es auf dem Apple-Label. Lennon, Peel und Rubin verkündeten, sie seien die „Rock Liberation Front". Das FBI wiederum, das ein Dossier über John anlegte, fügte dort versehentlich ein Foto von Peel anstatt von John ein.

‚New York City' ist ein solides, mitreißendes Rock-Stück und insofern der beste Zeuge der Verteidigung im Fall *Some Time In New York City.* An anderen Stellen merkt man, dass John seinem neuen Material nicht richtig vertraute, und vermutlich verlor auch Phil Spector das Interesse. Elephant's Memory mögen zwar keine vielseitige oder subtile Band gewesen sein, durch eine Nummer wie diese konnten sie jedoch vorzüglich durchstürmen. John sprach ihr Blechbläser-Sound vor allen deswegen an, weil er wenig mit den Beatles gemeinsam hatte.

Oben: Die Lennons 1972 in einem Restaurant in New York.

NEW YORK CITY

Standin' on the corner
Just me and Yoko Ono
We was waitin' for Jerry to land
Up come a man with a guitar in his hand
Singin' "Have a marijuana if you can"
His name was David Peel
We found that he was real
He sang "The Pope smokes dope every day"
Up come the policeman shoved us up the street
Singin' "Power to the people today"

New York City
New York City
New York City
¿Qué pasa, New York?
¿Qué pasa, New York?
Hey, hey

Well, down to Max's City
Put down the nitty gritty
With the Elephant's Memory Band
Played somethin' down
As the news spread around
About the Plastic Ono Elephant's Mem'ry Band
We made some funky boogie
And laid some tutti frutti
Singin' "Long Tall Sally's a man"
Up come the preacher man tryin' to be a teacher
Singin' "God's a red herring in drag"

New York City
New York City
New York City
¿Qué pasa, New York?
¿Qué pasa, New York?
Uh-huh

Woo-hoo-hoo

Hey, New York City
All right, New York City
New York City
¿Qué pasa, New York?
¿Qué pasa, New York?
Hey, hey

Well, we did the Staten Island Ferry
Makin' movies for the telly
Played the Fillmore and Apollo for freedom
Tried to shake our image
Just a-cyclin' through the Village
But found out that we had left it back in London
Well, nobody came to bug us
Hustle us or shove us
We decided to make it our home
The man wants to shove us out
We gonna jump and shout
Statue of Liberty said "Come"

New York City
New York City
New York City
¿Qué pasa, New York?
¿Qué pasa, New York?
Hey, hey

Ah, ah, boogie
Woo-oo-oo, oo, oo-oo
Hey, boogie, boogie

Hey, New York City
Back in New York City
Hey, New York City
¿Qué pasa, New York?
¿Qué pasa, New York?
Hey, City
Down in the City
Hey, New York City
¿Qué pasa, New York?
¿Qué pasa, New York?

Yeah, too awesome

Ah, boogie
Yeah

¿Qué pasa, New York?
¿Qué pasa, New York?
Yeah,
What a bad, bad city
Bad ass city
Bad ass city

¿Qué pasa, New York?
¿Qué pasa, New York?
Yeah, boogie, boogie
I want some boogie

SUNDAY BLOODY SUNDAY

Am 11. August 1971 nahm John an einer Demonstration in London teil, um die Regierung aufzufordern, ihre Truppen aus Nordirland abzuziehen. Es war einer seiner letzten öffentlichen Auftritte als Einwohner von Großbritannien. Seit 1969 war es wieder zu Gewalt in der nordirischen Provinz des Vereinigten Königreichs gekommen, in der sich die katholische Minderheit (die „Nationalists", die eine Vereinigung mit der Republik Irland anstrebten) und die protestantische Mehrheit (die „Loyalists", die entschieden für den Verbleib in Großbritannien eintraten) erbittert gegenüberstanden.

Ursprünglich waren die Truppen geschickt worden, um die sich bekriegenden Gruppen voneinander zu trennen, aber die Katholiken betrachteten sie bald als Besatzungsarmee. Manche Nationalisten unterstützten die wiederauferstandene Irish Republican Army (IRA).

Etwa sechs Monate später marschierten ungefähr 10 000 Menschen am Sonntagnachmittag des 30. Januar 1972 durch das katholische Viertel Bogside in Derry. Sie protestierten unter anderem gegen die neue Politik der Internierung, also Inhaftierung ohne Prozess, von Terrorismusverdächtigen. Es kam zu Gewalttätigkeiten, und britische Fallschirmspringer eröffneten das Feuer. 13 Zivilisten starben. Das Massaker erhielt sofort den Namen „Bloody Sunday", um an ein ähnliches Blutbad im Jahr 1920 zu erinnern.

Lennon war zu dieser Zeit schon in New York und war entsetzt von den Nachrichten. Seine radikalen politischen Neigungen und das Bewusstsein seiner irischen Wurzeln hatten ihn für die Sache der Nationalisten eingenommen. Innerhalb weniger Tage schrieb er ein zornerfülltes Lied über den Vorfall. Der Titel geht vermutlich auf den Film von John Schlesinger *Sunday Bloody Sunday* aus dem Jahr 1971 zurück. Im Text schimpft Lennon über die „englischen Schweine und die kleinen Schotten" (die Engländer hatten schottische Protestanten ermuntert, sich in Irland anzusiedeln) sowie über „Konzentrationslager" und er betet, die Falls Road, das katholische Viertel von Belfast, solle für „immer frei" sein.

Sogar Paul McCartney, der sonst als der weniger politische der beiden galt, war empört. Fast zur gleichen Zeit, da John ‚Sunday Bloody Sunday' schrieb, nahm Paul in London ‚Give Ireland Back To The Irish' auf, dessen untypisch scharfer Text an seine eigene irische Abstammung erinnert, aber auch seinen britischen Patriotismus betont.

John sagte, er schriebe Songs wie ‚Sunday Bloody Sunday', weil er seine Sicht der Dinge genauso schlicht ausdrücken wolle wie der Rock'n'Roll selbst: „Jetzt gilt also: awop bop a loobop, raus aus Irland." In dem Interview erklärte er Roy Carr: „Ich bin hier in New York, und ich höre, dass in Irland 13 Menschen erschossen worden sind, und ich reagiere sofort. Und da ich der bin, der ich bin, reagiere ich mit Blues: vier Takte pro Zeile und einer Gitarrenpassage in der Mitte … Jetzt ist das alles vorbei. Es ist weg. Meine Songs sollten nicht auseinandergepflückt werden wie die Mona Lisa. Wenn die Leute auf der Straße darüber nachdenken, dann reicht das."

Johns Empörung über den Mord unschuldiger Menschen war vollkommen echt, aber Kommentare zum Tagesgeschehen waren keine Kunst für die Ewigkeit. Und simplifizierende Refrains sind auch nicht immer angemessen angesichts der Komplexität historischer Probleme. Im Lauf der Zeit ist Lennon's ‚Sunday Bloody Sunday' fast vergessen worden – seit 1983 ist der durchdachtere gleichnamige Song von U2 an seine Stelle getreten.

„JETZT GILT ALSO: AWOP BOP A LOOBOP, RAUS AUS IRLAND."

– John Lennon

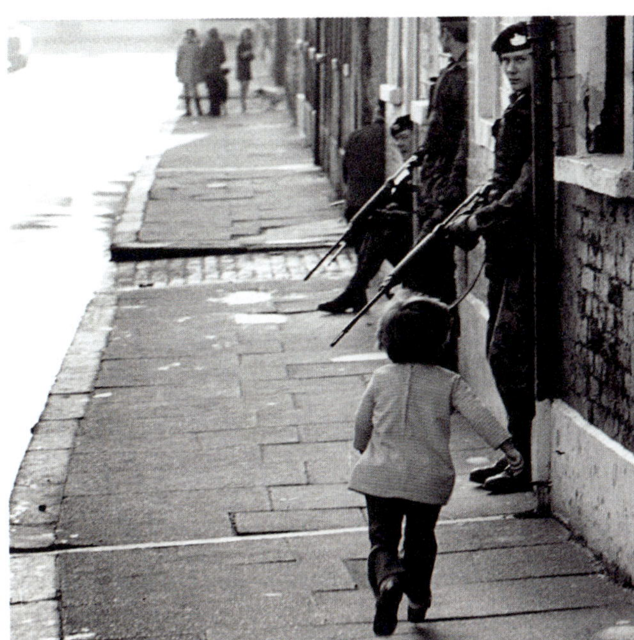

Oben: Straßenszene im nordirischen Belfast zum Höhepunkt der Unruhen 1972.

Well it was Sunday Bloody Sunday
When they shot the people there
The cries of thirteen martyrs
Filled the free Derry air
Is there any one amongst you
Dare to blame it on the kids?
Not a soldier boy was bleeding
When they nailed the coffin lids!

Sunday bloody Sunday
Bloody Sunday's the day!

You claim to be majority
Well you know that it's a lie
You're really a minority
On this sweet Emerald Isle
When Stormont bans our marches
They've got a lot to learn
Internment is no answer
It's those mother's turn to burn!

Sunday Bloody Sunday
Bloody Sunday's the day!

Sunday Bloody Sunday
Bloody Sunday's the day!

You Anglo pigs and Scotties
Sent to colonize the north
You wave your bloody Union Jacks
And you know what it's worth!
How dare you hold to ransom
A people proud and free
Keep Ireland for the Irish
Put the English back to sea!

Sunday Bloody Sunday
Bloody Sunday's the day!

Sunday Bloody Sunday
Bloody Sunday's the day!

Yes it's always Bloody Sunday
In the concentration camps
Keep Falls Road free forever
From the bloody English hands
Repatriate to Britain
All of you who call it home
Leave Ireland to the Irish
Not for London or for Rome!

Sunday Bloody Sunday
Bloody Sunday's the day!
(Do it, do it, do it, do it, do it, do it,
do it, do it, do it, do it, do it, do it)

Sunday Bloody Sunday
Bloody Sunday's the day!

Sunday Bloody Sunday
Bloody Sunday's the day!

Sunday Bloody Sunday
Bloody Sunday's the day!

Sunday Bloody Sunday
Bloody Sunday's the day!

SUNDAY BLOODY SUNDAY

THE LUCK OF THE IRISH

Einige Tage nach dem Bloody Sunday demonstrierten am 5. Februar Lennon und 5000 andere Teilnehmer vor der New Yorker Vertretung der britischen Fluggesellschaft BOAC. John trug ‚The Luck Of The Irish' vor, das er im vorhergehenden November geschrieben hatte.

Ausnahmsweise war John davon angetan, wie die Polizei sich bei einer Demonstration verhielt – die meisten Polizisten, nahm er an, waren auch irisch-stämmig.

In einer Rede an die Menschenmenge betonte John seine eigenen irischen Wurzeln. So wie auch im Song Liverpool genannt wird, erklärt er auch hier die inoffizielle Bezeichnung seiner Heimatstadt als „Hauptstadt Irlands" wegen der unzähligen Iren, die dorthin ausgewandert waren. Aber „die irische Frage", wie sie von Generationen verständnisloser englischer Politiker bezeichnet wurde, erregte in John tiefes Misstrauen. Es war eine Sache, sich sentimental mit dem altmodischen Republikanismus zu identifizieren, aber eine ganze andere, die neuen, hartgesottenen Paramilitärs zu unterstützen. Im Lauf der Zeit wirkten die Vertreter der IRA weniger wie die Verteidiger eines Gettos, sondern eher wie Terroristen. Im Grunde war John ein liberaler Pazifist und mehr an Bürgerrechten als am bewaffneten Kampf interessiert.

Leider war ‚The Luck Of The Irish' für keine diese Ansichten ein geeigneter Ausdruck. Vereinfachende Polemik fügt sich zu Klischees der Tourismusbranche („Lasst uns wie Kobolde über Regenbogen wandeln") in einer lahmen Imitation eines Folk-Songs. Teilweise trillert Yoko den Text, was eher peinlich als aufgeklärt wirkt.

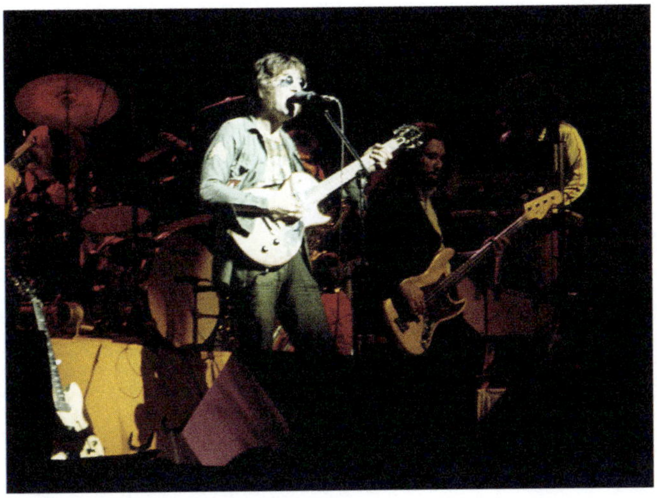

Oben: Mit Elephant's Memory auf der Bühne im Madison Square Garden.

If you had the luck of the Irish
You'd be sorry and wish you were dead
You should have the luck of the Irish
And you'd wish you was English instead!

A thousand years of torture and hunger
Drove the people away from their land
A land full of beauty and wonder
Was raped by the British brigands! Goddamn!
Goddamn!

If you could keep voices like flowers
There'd be shamrock all over the world
If you could drink dreams like Irish streams
Then the world would be high as the mountain
of morn

In the 'Pool they told us the story
How the English divided the land
Of the pain and the death and the glory
And the poets of auld Ireland

If we could make chains with the morning dew
The world would be like Galway Bay
Let's walk over rainbows like leprechauns
The world would be one big Blarney Stone

Why the hell are the English there anyway?
As they kill with God on their side
Blame it all on the kids the IRA
As the bastards commit genocide!
Aye! Genocide!

If you had the luck of the Irish
You'd be sorry and wish you were dead
You should have the luck of the Irish
And you'd wish you was English instead!
Yes you'd wish you was English instead!

JOHN SINCLAIR

John Sinclair war eine der führenden Figuren der amerikanischen Alternativkultur der Sechziger. Der linksgerichtete Autor und ehemalige *beat poet* war Manager der umstrittenen Detroiter Rockband MC5 und politischer Organisator der White Panthers, einem Gegenstück der Studenten und Hippies zu der Gettobewegung der Black Panthers. Er fasste sein Programm gerne mit den Worten zusammen „Rock and Roll und Marihuana und Vögeln auf offener Straße".

Wenn der Vietnamkrieg ein Kristallisationspunkt der Opposition war, dann steigerte die behördliche Unterdrückung des alternativen Lebensstils – vor allem des Rauschmittelgebrauchs – die jugendliche Aufsässigkeit noch zusätzlich. 1970 hatte das schlechter werdende gesellschaftliche Klima einen Teil der Woodstock-Generation in eine ernsthaftere Militanz getrieben. Sinclair wurde für seinen Einsatz mit zehn Jahren Gefängnis belohnt, weil er einem Zivilfahnder zwei Joints gegeben hatte. Lennon dachte an seine eigene Verurteilung wegen Marihuanas 1968 in England und sah John Sinclairs Schicksal als weiteren Beweis für den Einsatz der Rauschgiftgesetze durch das Establishment, um seine Feinde unter Druck zu setzen.

Am 10. Dezember 1971 traten John und Yoko bei einer Demonstration für Sinclair in Ann Arbor, Michigan, auf. Unter seinen Stücken waren ‚The Luck Of The Irish' und das speziell für diese Veranstaltung geschriebene ‚John Sinclair'. Zur allgemeinen Überraschung wurde Sinclair drei Tage später freigelassen, obwohl er erst 27 Monate seiner Strafe abgesessen hatte. Der unmittelbare Anlass war eine vorausgegangene Änderung der Drogengesetze, aber den Behörden war sicher auch klar, dass die Angelegenheit Aufmerksamkeit erregen könnte. Nur selten, wenn überhaupt, scheint ein Protestsong in so kurzer Zeit eine solche Veränderung bewirkt zu haben. Als er endlich frei war, rief Sinclair John Lennon in New York an und bedankte sich bei ihm für seinen Beitrag.

Obwohl der Song kein Klassiker ist, hat er einen mitreißend dringlichen Ton und eine sehr bissige Passage über die Verwicklung der CIA in den Drogenhandel in Asien. Was den Strophen an Eleganz mangeln mag, machen sie durch ehrlichen Zorn wieder wett. Das Konzert inspirierte John zu dem Plan einer Protesttour durch die gesamten USA – er hoffte, auch Bob Dylan an Bord zu bekommen –, die vor dem Parteitag der Republikaner enden sollte. Der Plan wurde nicht umgesetzt, aber die Gerüchte darüber verstärkten die Antipathie der Behörden gegenüber Lennon, und sie erhöhten ihre Bemühungen, ihn ausweisen zu lassen.

Gegenüber: Der radikale Aktivist John Sinclair kurz vor seiner Verhaftung 1969. Lennon setzte sich für den Inhaftierten ein.

It ain't fair, John Sinclair
In the stir for breathing air
Won't you care for John Sinclair
In the stir for breathing air
Let him be
Set him free
Let him be like you and me

They gave him ten for two
What else can the judges do
You got to, got to, got to, got to, got to,
got to, got to, got to, got to, got to, got to,
got to, got to got to
Got to set him free

If he'd been a soldier man
Shooting gooks in Vietnam
If he was the CIA
Selling dope and making hay
He'd be free
They'd let him be
Breathing air like you and me
Back home

They gave him ten for two
What else can the judges do
Got to, got to, got to, got to, got to,
got to, got to, got to, got to, got to,
got to, got to, got to, got to
Got to set him free
Free

They gave him ten for two
They got old Lee Otis too
Got to, got to, got to, got to, got to,
got to, got to, got to, got to, got to,
got to, got to, got to
Got to set him free

Was he jailed for what he done
Representing everyone
Free John now if we can
From the clutches of the man
Let him be
Lift the lid
Bring him to his wife and kids, all right

They gave him ten for two
What else can the bastards do
Got to, got to, got to, got to, got to, got to,
got to, got to, got to, got to, got to, got to,
got to, got to
Got to set him free

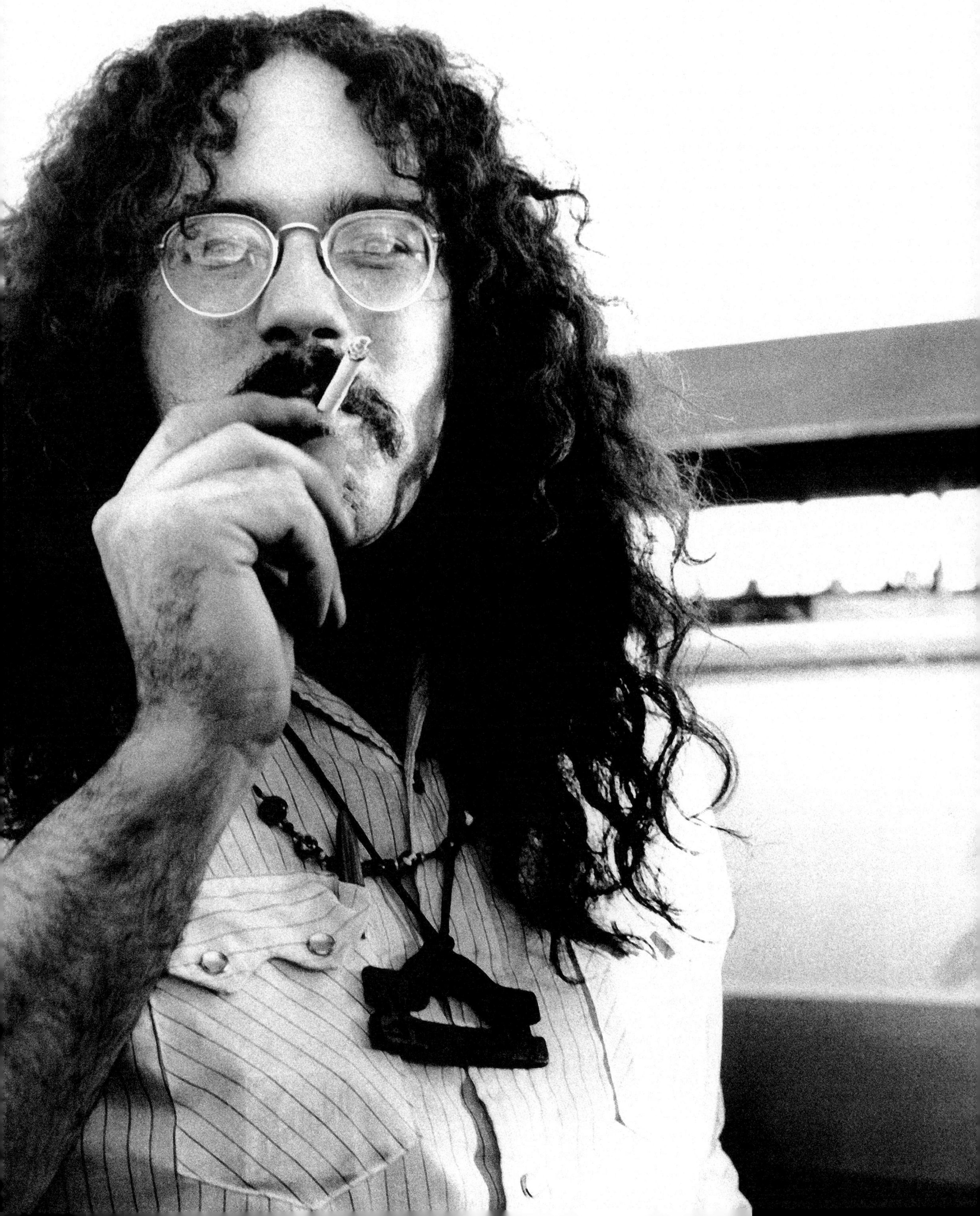

ANGELA

John war beeindruckt, als Bob Dylan im November 1971 mit ‚George Jackson' wieder eine sozialkritische Single vorlegte. In diesem Song beklagt Dylan den Tod von Jackson, einem Black Panther, der wegen Raubes eine Strafe, deren Spanne von einem Jahr bis lebenslänglich betrug, in San Quentin absaß.

Ein Jahr zuvor hatten Unterstützer von Jackson im Gericht von Marin County Geiseln genommen, um ihn freizupressen. Der Versuch endete in einem tödlichen Feuergefecht. Ein anderes Mitglied der Black Panthers, die Dozentin an der UCLA Angela Davis, wurde als Helferin der Geiselnehmer wegen Geiselnahme, Verschwörung und Mord angeklagt. Nach einem Jahr auf der Flucht wurde sie gegen Ende des Jahr 1970 gefangen genommen. Jackson selbst wurde im August 1971 während eines „Fluchtversuchs" erschossen, der von manchen für fingiert gehalten wird.

Jetzt waren Freunde der inhaftierten Angela Davis an John mit der Bitte herangetreten, einen Song zu der Kampagne für ihre Freilassung beizusteuern. Das so entstandene ‚Angela' wird vor allem von Yoko gesungen und zählt nicht zu den gelungensten Beispielen für die Zusammenarbeit des Paars. Es könnte sogar eines der schlimmsten sein, und das auf einem Album, das durchaus ernst zu nehmende Konkurrenten für diesen Titel aufzuweisen hat. Außerdem lief ihm Mick Jaggers Hommage an Davis ‚Sweet Black Angel' auf dem epochalen Album *Exile On Main Street* der Rolling Stones mühelos den Rang ab.

Der Vergleich ist bezeichnend, weil an vorderster Front der Rockmusik inzwischen nicht mehr die Beatles oder Ex-Beatles standen. Das definitive Rock-Album der frühen Siebzigerjahre stammte vielmehr von ihren Zeitgenossen der Sechziger, den Stones. Gleichzeitig eroberte mit Led Zeppelin eine jüngere britische Band Amerika. Großbritannien hatte wiederum mit T. Rex seine „neuen Beatles" gefunden, und ein anderer Neuling, David Bowie, nahm sein bahnbrechendes Album *The Rise And Fall Of Ziggy Stardust And The Spiders from Mars* auf. Wie auch immer: Während John Lennon *Some Time In New York City* aufnahm, wurde die Zukunft ohne ihn gemacht. Seine offen politische Musik hatte ihm wenig eingetragen, weder künstlerisch noch finanziell. Auf der Suche nach neuer Inspiration würde er sich wieder nach innen wenden müssen.

Das Problem war jedoch, dass auf den ersten Blick dort nicht mehr viel übrig geblieben zu sein schien.

Unten: Angela Davis von den Black Panthers. Ihre Inhaftierung war der Anlass eines weiteren Protestlieds von Lennon.

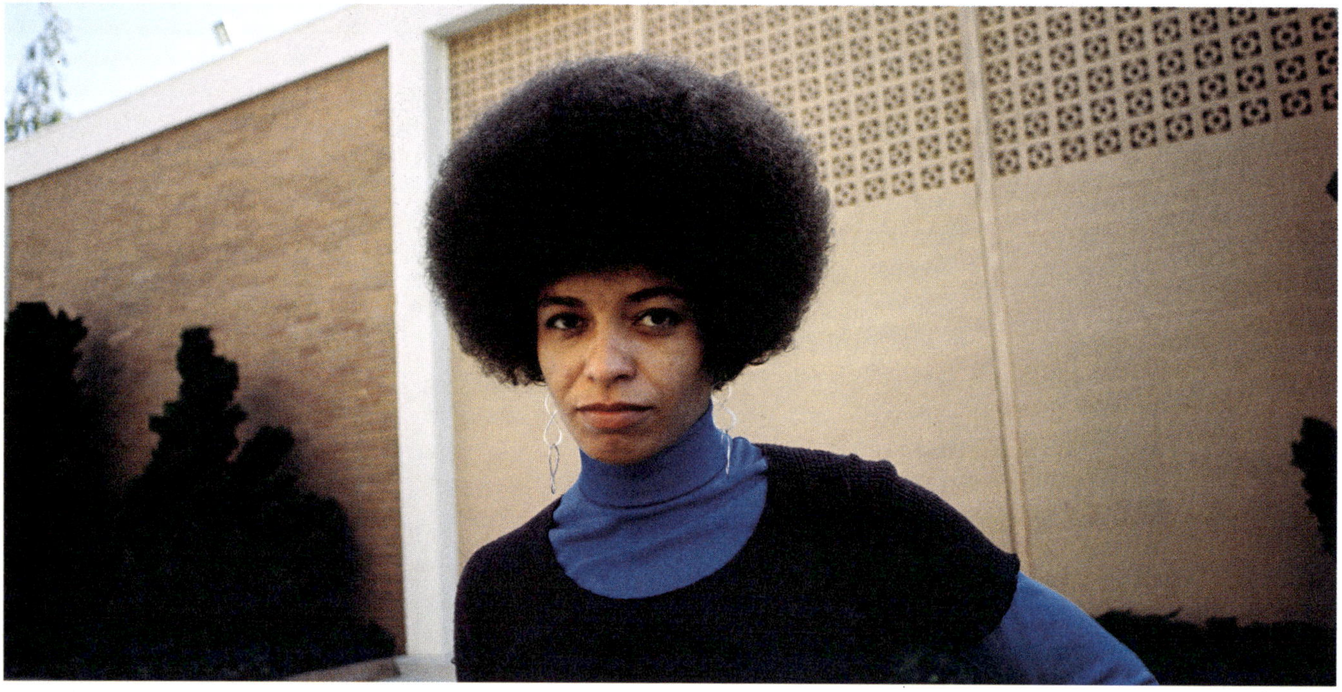

ANGELA

Angela, they put you in prison
Angela, they shot down your man
Angela, you're one of the millions of political prisoners in the world

Sister, there's the wind that never dies
Sister, we're breathing together
Sister, our love and hopes forever
Keep on moving oh so slowly in the world

They gave you sunshine
They gave you sea
They gave you everything but the jailhouse key
They gave you coffee
They gave you tea
They gave you everything but equality

Angela, can you hear the earth is turning?
Angela, the world watches you
Angela, you soon will be returning to your sisters and brothers in the world
Sister, you're still a people teacher
Sister, your word reaches far
Sister, there's a million different races
But we all share the same future in the world

They gave you sunshine
They gave you sea
They gave you everything but the jailhouse key
They gave you coffee
They gave you tea
They gave you everything but equality

Angela, they put you in prison
Angela, they shot down your man
Angela, you're one of the millions of political prisoners in the world

Kapitel Fünf

MIND

19 73

GAMES

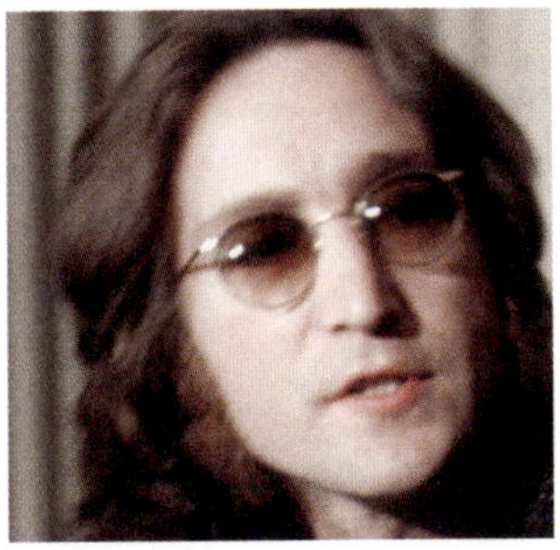

‚Mind Games‘
‚Tight A$‘
‚Aisumasen (I'm Sorry)‘
‚One Day (At A Time)‘
‚Bring On The Lucie (Freda Peeple)‘
‚Nutopian International Anthem‘
‚Intuition‘
‚Out The Blue‘
‚Only People‘
‚I Know (I Know)‘
‚You Are Here‘
‚Meat City‘

Aufnahme
Juli/August 1973 im Studio Record Plant, New York City.

Produziert von
John Lennon.

Musiker
John Lennon (Gesang, Gitarren, Clavinet, Percussion), David Spinozza (Gitarre), Ken Ascher (Klavier, Orgel, Mellotron), Jim Keltner (Schlagzeug), Rick Marotta (Schlagzeug), Gordon Edwards (Bass), Arthur Jenkins (Percussion), Sneaky Pete Kleinow (Pedal-Steel-Gitarre), Michael Brecker (Saxofon), Something Different Choir (Begleitgesang).

Im Rückblick wirkt die Geschichte Lennons in den Siebzigern wie von schicksalhaften Marksteinen erfüllt. So gab er am 30. August 1972 zum Beispiel zwei Konzerte mit Elephant's Memory im Madison Square Garden, die sich später als die letzten vollständigen Konzerte erwiesen, die er in seinem Leben spielte.

„SEINE SONGS WAREN UNGLAUBLICH, ABER SEINE STELLUNG ALS DER ‚TOP POP-STAR' GING DEN BACH RUNTER."

– Yoko Ono

Erfreulicherweise waren es gute Auftritte, die Geld für One To One einbrachten, eine Wohltätigkeitsorganisation für behinderte Kinder. Eine solche wohltätige Geste mag Johns Art gewesen sein, das eigene Image bei den Behörden zu verbessern. Andererseits waren die paramilitärischen Klamotten, die er auf der Bühne trug, eine Erinnerung daran, dass er immer noch eher ein Kämpfer war als der glückselige Friedensbewegte vorhergehender Jahre.

In der Zwischenzeit hatte John in seinem Kampf mit der US-amerikanischen Einwanderungsbehörde unterstützende Zeugnisse von vielen Amerikanern vorlegen können. Um nur einige zu nennen: Norman Mailer, Fred Astaire, Kurt Vonnegut und Tony Curtis. Die *New York Post* schrieb: „Er hat diese Stadt besser gemacht, einfach nur dadurch, dass er aufgetaucht ist." Bei der Ausweisungsanhörung wurde sogar ein handschriftlicher Brief von Bob Dylan vorgelegt: „John und Yoko fügen der sogenannten KUNST-INSTITUTION dieses Landes eine großartige Stimme und großen Antrieb hinzu. Sie inspirieren, sie transzendieren, sie stimulieren und helfen auf diese Weise anderen, das reine Licht zu sehen, und beenden dadurch diesen dumpfen, nichtssagenden Geschmack kleinlicher Gewinnsucht, der von den übermächtigen Massenmedien als Kunst von Künstlern ausgegeben wird. Ein Hurra auf John und Yoko. Lasst sie hier bleiben und hier leben und atmen."

John sah das Ganze bitter: „Die Konservativen sind glücklich, weil sie etwas gegen mich unternehmen und gegen das, was ich repräsentiere. Und die Liberalen sind glücklich, weil ich noch nicht wirklich rausgeschmissen worden bin. Also sind alle glücklich." Seine Aussichten standen zeitweilig besser, als aus England bekannt wurde, dass Sergeant Pilcher von Scotland Yard verhaftet worden war. Der Mann, der 1968 für Johns Verhaftung wegen Marihuanabesitzes verantwortlich gewesen war, stand jetzt selbst wegen Justizbeugung vor Gericht, was Zweifel an der Statthaftigkeit von Johns ursprünglicher Verurteilung aufkommen ließ.

Ob es nun rein zweckdienliche Gründe hatte oder auf eine tiefgreifendere Veränderung seiner Einstellungen zurückging, Lennon zeigte den Behörden plötzlich ein annehmbares Gesicht, indem er viele seiner radikalen Positionen aufgab. Er nahm auch den Rat seiner Rechtsanwälte an und legte die Pläne für eine amerikaweite Anti-Kriegs-Tour nieder. Die Protestsongs wurden weniger, er wurde seiner Mitstreiter bei den Yippies überdrüssig – nachdem er ihnen einen Auftritt in der *The Mike Douglas Show* verschafft hatte, musste er entsetzt feststellen, dass „keiner von ihnen weiß, wie man mit den Leuten spricht, geschweige denn, wie man sie anführt". Rubin, Hoffman, David Peel und andere ihres Schlags verschwanden aus seinem Umfeld.

Auch anderes änderte sich. 1973 war die Woodstock Nation der Sechziger nur noch ein verblassender Traum, gleichzeitig mit einer weltweiten Rezession setzte das Jahrzehnt des Egos ein. Außerdem hing Lennons alter Gegner Richard Nixon politisch angeschlagen in den Seilen. Am 27. Juni reiste John nach Washington zu den Watergate-Anhörungen. Bei dem Besuch nahm er auch an einer Demonstration vor der südvietnamesischen Botschaft teil, aber selbst der Krieg näherte sich seinem Ende und nahm dadurch den Abweichlern ihren gemeinsamen Bezugspunkt.

Auch sein Umzug in das Dakota-Gebäude im April 1973 hatte etwas Symbolisches: Er zog aus dem angesagten Greenwich Village in ein feineres Stadtteil zu den anderen Prominenten. Das Dakota, in dem Yoko bis heute wohnt, war ein luxuriöser Wohnblock aus dem Jahr 1888, der als Filmset für *Rosemary's Baby* gedient hatte. Aus den Fenstern konnte John auf die üppige Weite des Central Park blicken.

Es gab Gerüchte über Unstimmigkeiten zwischen John und Yoko. Während er sich die Zeit vertrieb, war sie sehr viel aktiver und brachte ihr Album *Approximately Infinite Universe* heraus, das bessere Kritiken erhielt als *Some Time In New York City* (sich aber noch schlechter verkaufte). Vielleicht waren die beiden als getrennt arbeitende Künstler wirklich einfach besser.

Als John sich schließlich aufraffte, ein weiteres Album aufzunehmen, wie es sein Vertrag vorschrieb, wirkte er entmutigt.

Als ihn Anfang 1973 ein DJ fragte, wie es voranginge, antwortet er schlaff: „Es artet in Arbeit aus. Das ruiniert die Musik. Es ist, als ob man aus der Schule käme und kein Buch lesen möchte. Jedes Mal, wenn ich die Gitarre umhänge, ist es der gleiche alte Kram. Ich möchte eigentlich nur mal ein bisschen atmen."

Die Aufnahmen begannen im August im New Yorker Studio Record Plant. John produzierte selbst, für die Gitarre wählte er den bekannten Studiomusiker David Spinozza, der zwei Jahre zuvor auf dem verhassten Album *Ram* von Paul McCartney gespielt hatte. Im Oktober kam *Mind Games* dann heraus, ein an vielen Stellen kraftloses Album, dessen einziger Vorzug war, dass es nicht *Some Time In New York City* war. Peinlich für John war auch, dass es in den Charts zudem von Ringos neuem Album deklassiert wurde, das am gleichen Tag erschien. Noch schlimmer war, dass Paul sich einen Monat später mit seinem Nr. 1-Hit *Band On The Run* in Spitzen-Soloform zeigte. Als John für sein neues Album werben sollte, konnte er nicht viel Begeisterung aufbringen: „Es ist nur eine Schallplatte. Es ist Rock'n'Roll in unterschiedlichen Geschwindigkeiten. Es hat keine tiefere Bedeutung. Der einzige Grund, aus dem ich Alben mache, ist, dass man das halt so macht."

Yokos nächstes Album war kein Nachtrag, es war sogar schon vor *Mind Games* entstanden, und John hatte viele der Musiker übernommen. Im Juni hatte das Paar für eine Feminismuskonferenz gespielt, was John sehr anregend fand. Yoko erzählt: „In dieser Stimmung sagte er also zu mir, du solltest dein Album auch alleine machen können, ohne dass ich dir immer über die Schulter schaue. Ich machte dann *Feeling The Space*... Aber *Mind Games,* ich war so enttäuscht, dass es nicht besser ankam. Damals, nach *Imagine* und *Some Time In New York City* – oh Gott! – ich fühlte mich einfach sehr verantwortlich für unsere Beziehung. Seine Songs waren unglaublich, aber seine Stellung als der ‚Top Pop-Star' oder was immer ging irgendwie den Bach runter."

Das Cover auf der Vinylversion von *Mind Games* ist interessant. Vor Bob Gruens Foto von Yoko als Gebirgszug sieht man einen verschwommenen John über eine Ebene schreiten. Auf der Rückseite ist er näher am Betrachter. Laut Johns Freundin May Pang beschrieb John das mit den Worten, er „ginge von Yoko fort". Damals lebten die beiden an entgegengesetzten Küsten der USA.

Unten: Bei der Arbeit an *Mind Games* im Record-Plant-Studio in New York: „Es ist Rock'n'Roll in unterschiedlichen Geschwindigkeiten."

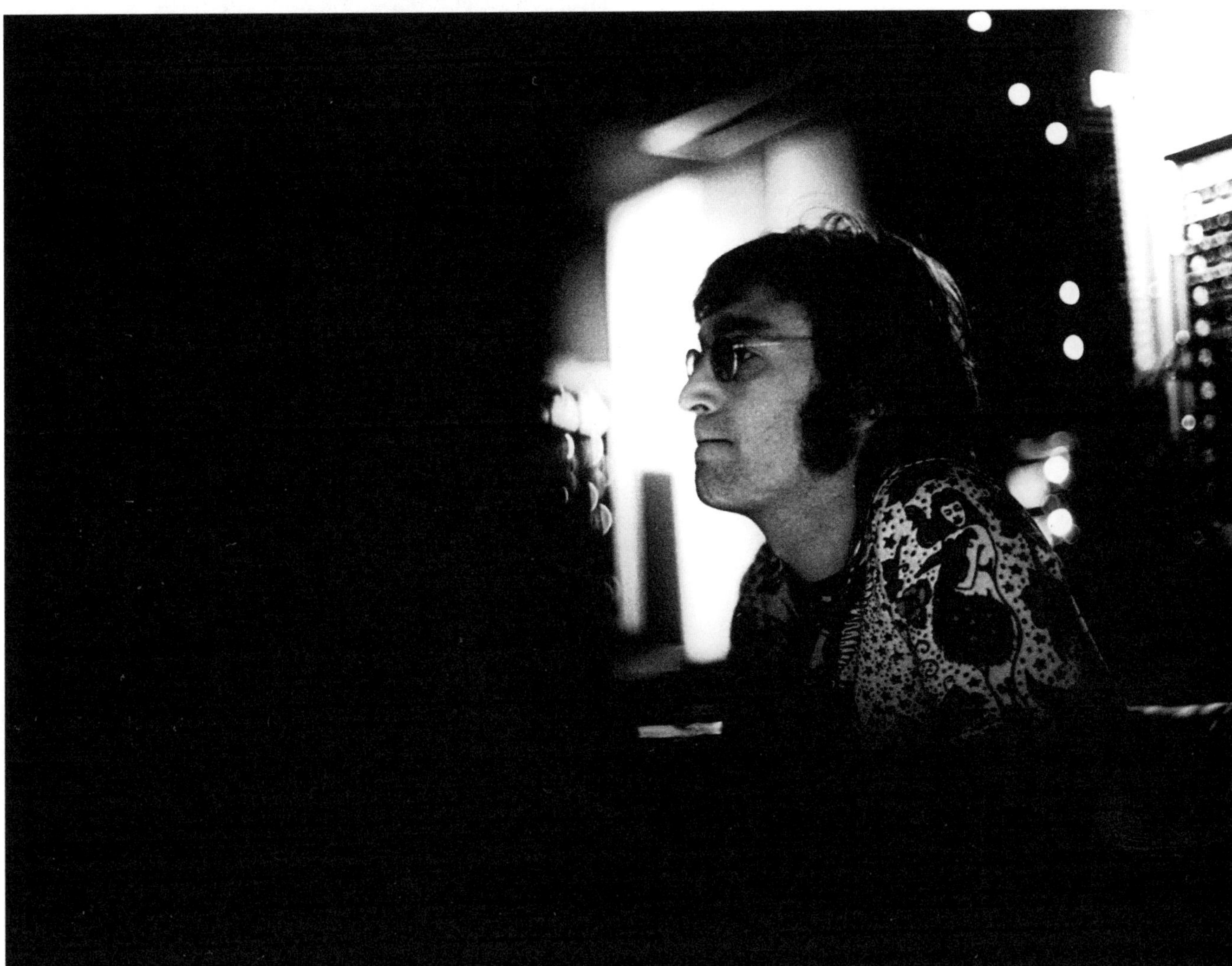

MIND GAMES

Je älter John wurde, desto mehr wandte er sich Büchern zu, um geistige Nahrung zu finden. Janovs Buch *Der Urschrei* hatte sogar eine Begeisterung ausgelöst, die Material für ein ganzes Album lieferte.

Das Titelstück von *Mind Games* benannte er ebenfalls nach einem Buch, in diesem Fall nach einem psychologischen Traktat von Robert Masters und Jean Houston, das sich mit dem in der Nach-Hippie-Zeit beliebten Thema der Bewusstseinsbildung beschäftigte. Nach den vergleichsweise harten Songs auf *Some Time In New York City* zeigte ‚Mind Games' einen eher meditativen Lennon, einschließlich fast orchestral nachbearbeiteter Gitarrenklänge, die wie eine Rückkehr zu *Imagine* wirkten. Erneut beschwört John hier wieder die weltweite Macht der Liebe.

‚Mind Games' erwies sich als einer der beliebtesten späteren Lennon-Songs, aber vielleicht hätte er ihn doch, wie ursprünglich geplant, besser ‚Make Love, Not War' benannt. So lautete zuerst der Refrain, was am Ende immer noch zu hören ist, wenn John „I want you to make love not war" anstatt des Refrains „Mindgames forever" singt. Er verwarf die Idee, weil er glaubte, dass die Zeit des Slogans 1973 vorbei sei („Ich weiß, dass ihr es schon mal gehört habt"). Ob Klischee oder nicht, hätte „Make love not war" vielleicht einen bleibenderen Eindruck hinterlassen. Auf jeden Fall erweckt es stärkere Gefühle als der Psycho-Jargon, der an seine Stelle trat.

‚Mind Games' ist somit eine Hymne, die nie eine wurde. Dennoch wartet das Stück mit ansprechenden Bildern auf, vor allem die „Druiden-Typen" und die „Geist-Guerilleros", die ihre kosmischen Kräfte für die menschliche Suche nach Erleuchtung einsetzen. Die Bedeutung des Songs liegt vor allem in seiner mystischen Atmosphäre – ein Signal für Johns geschwundenes Interesse an politischer Orthodoxie. Er sagte gerne, der Mittelteil („Love ist the answer" usw.) sei vom Reggae inspiriert, auch wenn weder er noch seine Musiker zu dieser Zeit mit diesem Stil vertraut waren.

„I WANT YOU TO MAKE LOVE, NOT WAR. I KNOW YOU'VE HEARD IT BEFORE."

– John Lennon

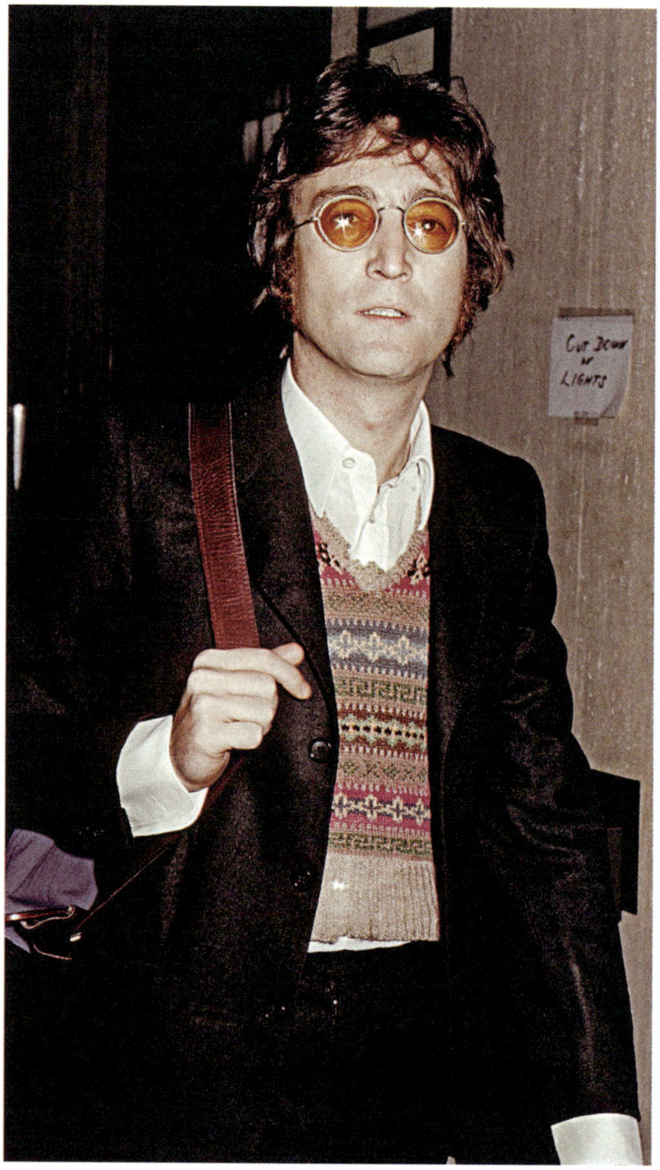

Oben: 1973 zeigten sich bei John sowohl in den Songs als auch im Privatleben Ermüdungserscheinungen.

MIND GAMES

We're playing those mind games together
Pushing the barriers planting seeds
Playing the mind guerrilla
Chanting the Mantra peace on earth

We all been playing those mind games forever
Some kinda druid dudes lifting the veil
Doing the mind guerrilla
Some call it magic the search for the grail

Love is the answer and you know that for sure
Love is a flower
You got to let it, you gotta let it grow

So keep on playing those mind games together
Faith in the future out of the now
You just can't beat on those mind guerrillas

Absolute elsewhere in the stones of your mind
Yeah we're playing those mind games forever
Projecting our images in space and in time
Yes is the answer and you know that for sure
Yes is surrender
You got to let it, you gotta let it go

So keep on playing those mind games together
Doing the ritual dance in the sun
Millions of mind guerrillas
Putting their soul power to the karmic wheel

Keep on playing those mind games forever
Raising the spirit of peace and love
Love

I want you to make love, not war
I know you've heard it before

TIGHT A$

Das zweite Stück war ein beunruhigendes Zeichen, dass alles, was John noch zu sagen hatte – und das war schon nicht mehr allzu viel – schon im ersten Stück gesagt worden war.

Auch die hochkarätigen Musiker konnten nicht über das geringe Gewicht von ‚Tight A$' hinwegtäuschen, auch wenn „Sneaky" Pete Kleinow von den Flying Burrito Brothers einige brillante Passagen auf der Pedal-Steel-Gitarre beitrug. Im Wesentlichen war das Stück Johns Hommage an das Vergnügungs- und Arbeitsethos New Yorks, aber die Energie der Stadt ist hier kaum zu spüren. Johns innere Erschöpfung machte sich bemerkbar, und er verließ sich wie früher auf Wortspiele und die Fähigkeit, schnell Stücke zu schreiben, nur um ein Album vollzubekommen.

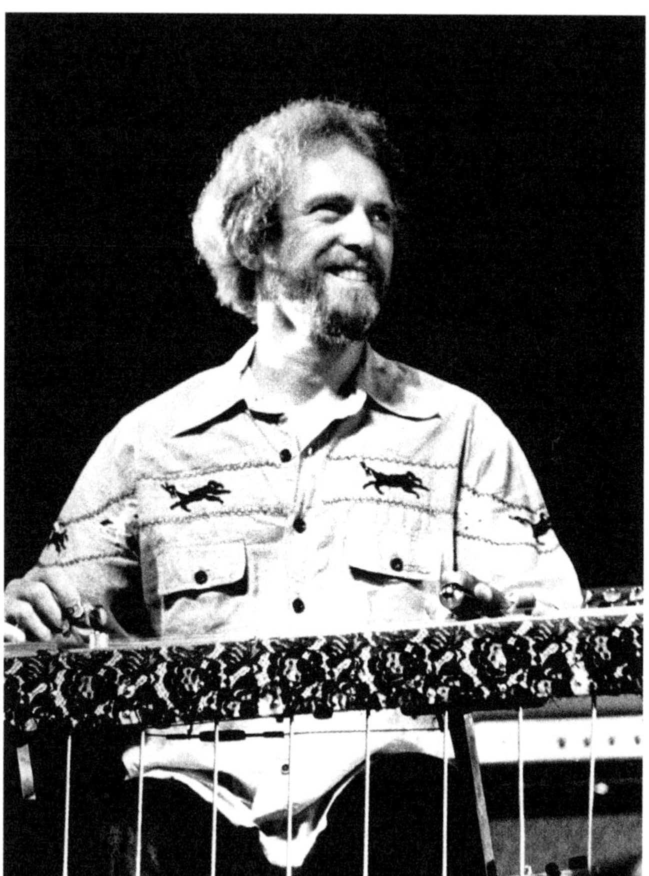

Oben: Zu den instrumentellen Höhepunkten von *Mind Games* gehört die Arbeit von „Sneaky" Pete Kleinow an der Pedal-Steel-Gitarre.

Well just as tight a$ you can make it
Hard and slow ain't hard enough
Just as tight a$ you can shake it girl
Get it on and do your stuff
Tight a$ you can get it
Tight a$ got it made
Uptight's alright but if ya can't stand the heat
You better get back in the shade

Well, just as tight a$ an Indian rope trick
Long and tough ain't hard enough
Just as tight a$ a dope fiend's fix my friend
Get it up and do your stuff
Tight a$ you can boogie
Tight a$ got it made
Uptight's alright but if ya can't stand the heat
You better get back in the shade
Well, alright

Alright, hooo, oohoo

Well, tight a$ you can make it
Hard and slow ain't hard enough
Just as tight a$ you can shake it girl
Git it on and do your stuff
Tight a$ you can get it
Tight a$ got it made
Uptight's alright but if ya can't stand the heat
You better get back in the shade

Well, tight a$ an Indian rope trick
Hard along ain't hard enough
Just as tight a$ a dope fiend's fix my friend
Git it up and do your stuff
Tight a$ you can boogie
Tight a$ got it made
Uptight's alright but if ya can't stand the heat
You better get back in the shade
Well

Well, tight a$ got me cornered
Tight a$ got me laid
Tight a$ strut your stuff so tough, girl
Just a sittin' in the midnight shade
Tight a$ she can do it
Tight a$ she got laid
Uptight's alright but if ya can't stand the heat
You better get back in the shade
Well, whoa, woo, oh yeah...

AISUMASEN (I'M SORRY)

John hatte seit 1971 mit dieser Melodie gearbeitet. Damals war der Arbeitstitel noch ‚Call My Name'. In der Endfassung war es jedoch John, der Yokos Namen ruft und so vom Tröster zum Trostsuchenden wird.

Dieser ergebene, unterwürfige Ton wurde bald zu einem typischen Merkmal seiner Texte. Es ist bezeichnend, dass „Aisumasen" zu den wenigen japanischen Ausdrücken gehörte, die John bis dahin gelernt hatte – „Es tut mir leid". Ob er in diesem Fall für etwas Bestimmtes um Verzeihung bat, ist nicht bekannt, aber ein guter Kandidat ist vielleicht die Wahlnacht des 7. November 1972, in der Yoko, John und einige radikale Freunde entsetzt mitverfolgten, wie Richard Nixon einen Erdrutschsieg gegen den Demokraten George McGovern einfuhr. Das war nicht nur politisch enttäuschend, sondern verringerte auch Johns Hoffnung auf eine Lösung seiner Visaprobleme. Am schlimmsten war jedoch das Gerücht, er habe Yoko gedemütigt, indem er bei der Party eine andere Frau verführte.

Was auch der Anlass für ‚Aisumasen' gewesen sein mag, im Vergleich zu ‚Jealous Guy' wirkt es schwach und trug sehr dazu bei, den öffentlichen Eindruck zu stärken, Yoko herrsche als dominante Drachen-Lady über John.

When I'm down, really yin
And I don't know what I'm doing
Aisumasen, aisumasen Yoko
All I had to do was call your name
All I had to do was call your name

And when I hurt you and cause you pain
Darling I promise I won't do it again
Aisumasen, aisumasen Yoko
It's hard enough I know just to feel your own pain
It's hard enough I know to feel, feel your own pain

All that I know is just what you tell me
All that I know is just what you show me

When I'm down real sanpaku
And I don't know what to do
Aisumasen, aisumasen Yoko san
All I had to do was call your name
Yes, all I had to do was call your name

ONE DAY (AT A TIME)

Der Verlust seines politischen Glaubens führte zu einem Vakuum, das John füllte, indem er seine Beziehung zu Yoko in den Mittelpunkt von *Mind Games* stellte.

Die Ambivalenz ihrer Beziehung wird gleich in der Einleitung dieses Songs deutlich, wenn John Yoko als seine Schwäche wie auch als seine Stärke bezeichnet.

Leider scheint in diesem Fall die Schwäche zu überwiegen. Der Titel stammt aus dem Wortschatz der abstinent werdenden Alkoholiker und verrät insofern vielleicht schon eine ungesunde Abhängigkeit auf Lennons Seite, ohne einen Hinweis darauf, ob diese vielleicht auf Gegenseitigkeit beruht. „Frau Lennon" war ihrer passive Rolle in der Öffentlichkeit überdrüssig. Auf dem nächsten Album *Walls And Bridges* wird dann deutlich, wie stark das Dilemma war, in dem John steckte.

Auch das Arrangement mit den Anklängen an alte Schlagerklischees erinnert daran, dass John nicht vor dem leichten, seichten Stil zurückschreckte, den er immer verächtlich an den Songs von Paul McCartney kritisiert hatte. Das Stück zeigt John in einer seltenen Phase der Ziellosigkeit.

You are my weakness, you are my strength
Nothing I have in the world makes better sense
Cause I'm the fish and you're the sea
When we're together or when we're apart
There's never a space in between the beat of our hearts
Cause I'm the apple and you're the tree

One day at a time is all we do
One day at a time is good for you
You, yeah, you, yeah, you, yeah, ooh

You are my woman, I am your man
Nothing else matters at all, now I understand
That I'm the door and you're the key
And every morning I wake in your smile
Feeling your breath on my face and the love in your eyes
Cause you're the honey and I'm the bee

One day at a time is all we do-be-doo-be-doo
One day at a time is good for
You
Us
You too
You oh-oh
Do do do do
Do do do do
Do do do do do do
Do do do do
'Cause I'm the fish and you're the sea
'Cause I'm the apple and you're the tree
'Cause I'm the door and you're the key
'Cause I'm a honey and you're the bee

BRING ON THE LUCIE (FREDA PEEPLE)

Etwas vom Rock'n'Roll-Biss gewinnt John in diesem Stück zurück, in dem auch die radikale politische Empörung wieder zum Vorschein kommt: eine stampfende Verurteilung der Nixon-Regierung, die im Ausland als Kriegstreiber agiere und im Inneren korrupt sei.

Nur der Hinweis, der Name des Feindes sei „666" – die biblische Bezeichnung für den Antichrist – lässt erkennen, dass dieses Stück von *Mind Games* und nicht vom Vorgänger stammt. John sagte später: „Es ging mit Glocke, Buch und Kerze gegen Mr. 666 Nixon. Wir verwendeten Magie, Gebet und Kinder, um für das Gute zu kämpfen." Auch der Titel ist wortspielerisch, und in der Einleitung spricht Lennon wie ein Kino-Feldwebel, der seinen Soldaten „über den Hügel" treibt. Auch hier sind es jedoch „Sneaky" Petes Pedal-Steel-Gitarre und Jim Keltners Schlagzeug, die Johns Stück vor der Mittelmäßigkeit retten.

[GESPROCHEN] Alright, boys, this is it, over the hill!

We don't care what flag you're waving,
We don't even want to know your name
We don't care where you're from or where you're going,
All we know it that you came
You're making all our decisions,
We have just one request of you,
That while you're thinking things over,
Here's something you just better do

Free the people now, (do it, do it, do it, do it)
Do it, do it, do it, do it, do it now
(Do it, do it, do it, do it)
Free the people now, (do it, do it, do it, do it)
Do it, do it, do it, do it, do it now

Well, we were caught with our hands in the air,
Don't despair, paranoia's ev'rywhere
We can shake it with love when we're scared,
So let's shout it aloud like a prayer

Free the people now, (do it, do it, do it, do it)
Do it, do it, do it, do it, do it now
(Do it, do it, do it, do it)
Free the people now, (do it, do it, do it, do it)
Do it, do it, do it, do it, do it now

We understand your paranoia,
But we don't wanna play your game
You think you're cool and know what you are doing,
666 is your name

So while you're jerking off each other,
You better bear this thought in mind;
Your time is up, you better know it,
But maybe you don't read the signs
Free the people now, (do it, do it, do it, do it)
Do it, do it, do it, do it, do it (do it) now
(Do it, do it, do it, do it)
Free the people now, (do it, do it, do it, do it)
Do it, do it, do it, do it, do it now

Well, you were caught with your hands in the kill,
And you still gotta swallow your pill,
As you slip and you slide down the hill
On the blood of the people you killed
Stop the killing!
(Free the people now) (do it, do it)
Do! (do it, do it, do it, do it, do it now)
(Do it, do it, do it)
Stop the killing!
(Free the people now) (do it, do it, do it, do it)
Do it, do it, do it, do it, do it now
(Do it, do it, do it, do it)
Stop the killing!
(Free the people now) (do it, do it, do it, do it)
(Do it, do it, do it, do it, do it now)
(Do it, do it, do it, do it)
Stop the killing!
(Free the people now) (do it, do it, do it, do it)
(Do it, do it) do it, do it, do it.
Bring on the lucie!
(Free the people now) (do it, do it, do it)

NUTOPIAN INTERNATIONAL ANTHEM

Am 1. April 1973 luden John und Yoko zu einer Pressekonferenz. Man erwartete Erklärungen zum Stand ihres Kampfes gegen die Ausweisung aus den USA. Stattdessen schlugen sie zur allgemeinen Erheiterung passend zum Datum gleich die Gründung einer neuen Nation vor.

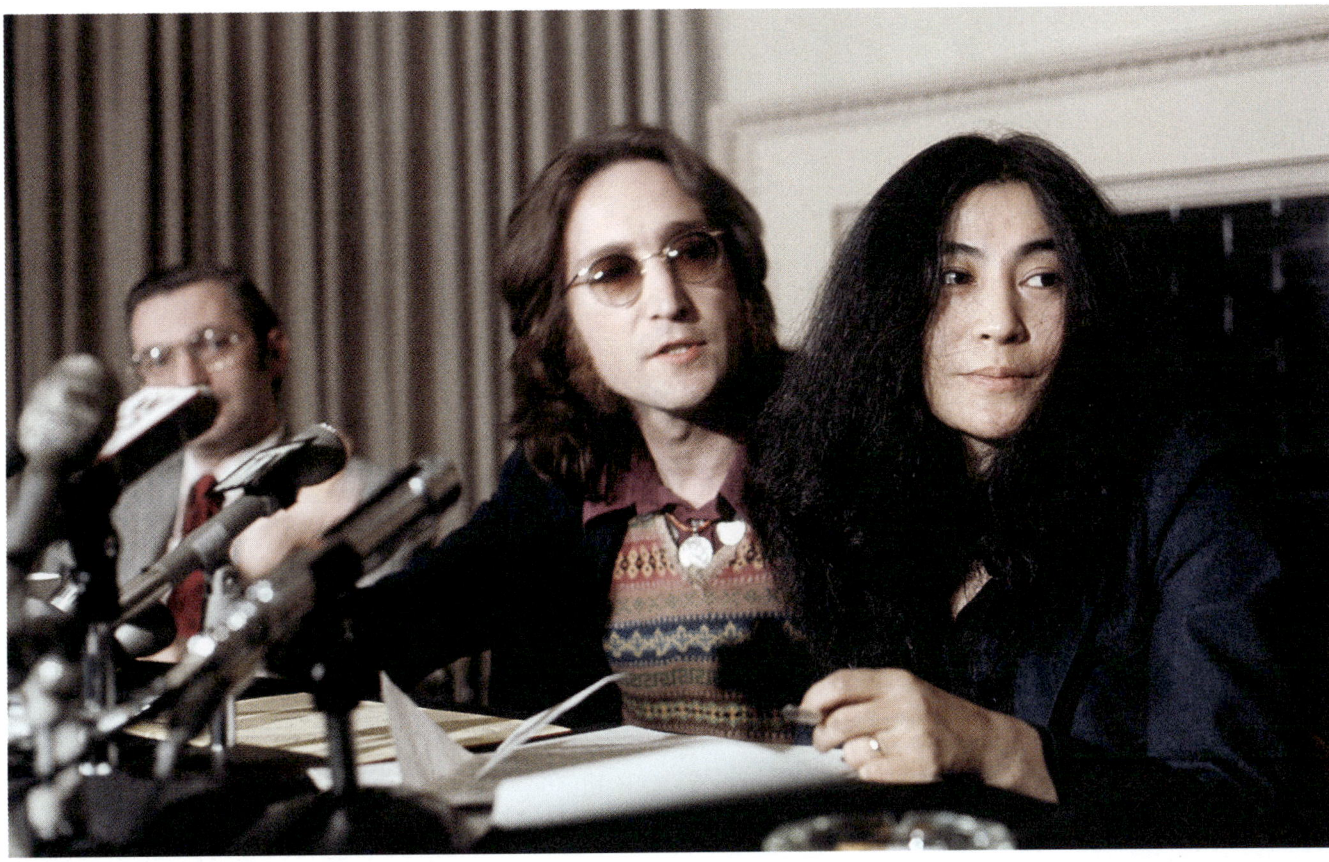

Diese „Declaration of Nutopia" ist auf dem Cover von *Mind Games* zu lesen: „Wir verkünden die Geburt eines konzeptuellen Staats, NUTOPIA. Die Staatsbürgerschaft erlangt man, wenn man erklärt, sich der Existenz NUTOPIAs bewusst zu sein. NUTOPIA hat kein Territorium, keine Pässe, nur Menschen. In NUTOPIA herrschen keine Gesetze außer den kosmischen. Jeder Bürger von NUTOPIA ist zugleich ein Botschafter des Staats. Als zwei Botschafter von NUTOPIA bitten wir um diplomatische Immunität und die Anerkennung unseres Landes und Volkes durch die Vereinten Nationen."

Utopia war ursprünglich ein 1516 erschienenes Buch des englischen Erzkanzlers Sir Thomas More, den sein König Heinrich VIII. enthaupten ließ, weil er die Trennung vom Katholizismus nicht mitvollziehen wollte. So wie More die Ungleichheit wirtschaftlicher und sozialer Bedingungen anklagte und einen imaginären Idealstaat beschrieb, so war auch John Lennons „neues Utopia" eine Fantasiewelt, in der Freiheit nicht durch Staatsgrenzen eingeschränkt wird. Angesichts seiner Einbürgerungsprobleme waren die satirischen Absichten kaum zu übersehen.

Die Nationalhymne des Landes entpuppt sich als einige Sekunden absoluter Stille. Der Name von Sir Thomas Mores imaginärem Land der Glücksseligkeit ist vom Griechischen abgeleitet und bedeutet „Nirgendwo". Indem er sich als Bürger von Nutopia bezeichnet, wird John also endlich zu „a real Nowhere Man".

In der Realität musste sich John weiter Sorgen darüber machen, wo er in einigen Monaten wohl leben würde. Diese Unsicherheit war ein zusätzlich destabilisierender Faktor in seinem Leben.

Oben: John und Yoko verkünden am 1. April 1973 die Geburt des Staats „Nutopia".

INTUITION

Bei jemandem, nicht so sympathisch wie Lennon, wäre ‚Intuition' ein sehr ärgerliches Stück gewesen. Zu einer süßlich vergnügten Melodie zeigt das Stück John an einem guten Tag, an dem er sich glücklich schätzt, das Talent zu haben, das Beste aus dem Leben zu machen. Etwas überheblich deutet er zudem an, man könnte es auch schlimmer treffen, als seinem Beispiel zu folgen.

John mag recht gehabt haben, seinen Instinkten zu vertrauen – vielleicht sind sie nicht rational, deutet er an, aber sie haben ihre eigene Weisheit –, doch seine besseren Stücke erkennen das Düstere und Turbulente seines Innenlebens an, was dieses Wegwerfstück auf so beklagenswerte Weise nicht macht. Als Mitsingstück ist es nicht gut. Als Rezept für seelischen Sonnenschein ist es ein Beispiel für „Blinde werden von einem Blinden geführt".

Hey, hey, hey, alright
Hey, hey, hey, alright

My intentions are good
I use my intuition, it takes me for a ride
But I never understood
Other people's superstitions
It seemed like suicide

As I play the game of life
I try to make it better each and every day
And when I struggle in the night
The magic of the music seems to light the way

Ah, Intuition takes me there
Intuition takes me everywhere

Well, my instincts are fine
I had to learn to use them in order to survive
And time after time confirmed an old suspicion
It's good to be alive

And when I'm deep down and out
And lose communication
With nothing left to say
It's then I realize it's only a condition
Of seeing things that way

Ah, Intuition takes me there
Intuition takes me anywhere
Takes me anywhere, alright

Ah, Intuition takes me there
Intuition takes me there
Intuition takes me there
Intuition takes me there
Intuition takes me there
Intuition takes me there

OUT THE BLUE

‚Out The Blue' ist eines der vielen Stücke, in denen John seiner Verehrung für Yoko Ausdruck verleiht. Im Hintergrund singt ein sphärischer Chor, ansonsten ist es eine schlichte Dankbarkeitsbezeugung.

John hielt den Eintritt Yokos in sein Leben „aus dem Blauen heraus" für ein Wunder. Jahre später beschrieb er seine wiederkehrende Sehnsucht nach einer imaginären Seelenverwandten: „Jemand, den ich schon gekannt, aber irgendwie verloren hatte." Zuerst stellte er sich eine dunkelhaarige Frau mit hohen Wangenknochen vor, eine „unabhängige Künstlerin" wie Juliette Greco. Im Lauf der Zeit wechselte seine Vorstellung dann zu Brigitte Bardot. Aber in Yoko glaubte er endlich die Verkörperung seiner ursprünglichen Vision gefunden zu haben. Seine erste Ehefrau Cynthia war eine konventionelle Wahl gewesen, aber ihre Nachfolgerin – eine charakterstarke japanische Avantgardekünstlerin – war eine Partnerin, mit der keiner gerechnet hatte. Sie kam mit ihrer ganzen Fremdartigkeit „wie ein UFO" in sein Leben – ‚out of the blue'.

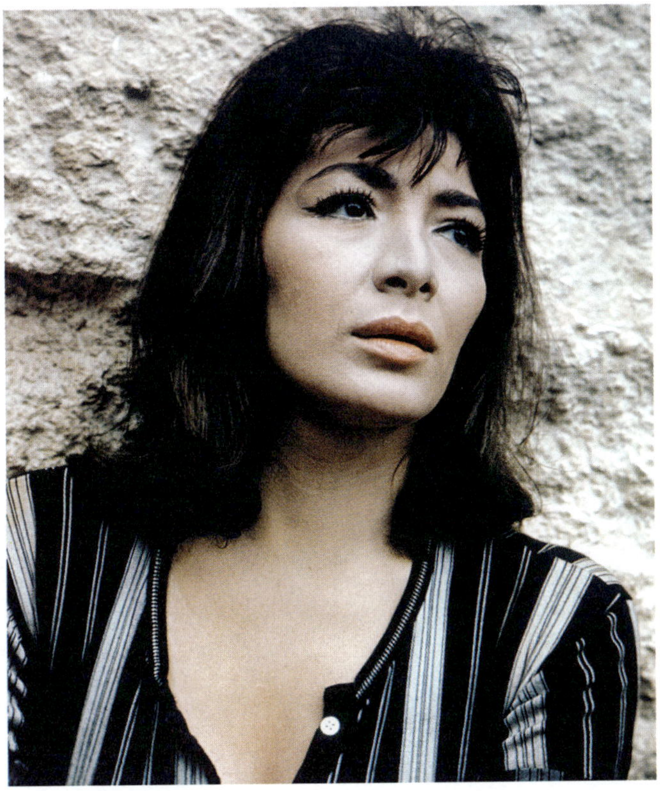

Oben: Juliette Greco war für den jungen John Lennon ein Idealbild der Weiblichkeit.

Out the blue you came to me
And blew away life's misery
Out the blue life's energy
Out the blue you came to me

Every day I thank the Lord and Lady
For the way that you came to me
Anyway it had to be two minds
One destiny

Out the blue you came to me
And blew away life's misery
Out the blue life's energy
Out the blue you came to me

All my life's been a long slow knife
I was born just to get to you
Anyway I survived long enough
To make you my wife

Out the blue you came to me
And blew away life's misery
Out the blue life's energy
Out the blue you came to me

Like a U.F.O. you came to me
And blew away life's misery
Out the blue life's energy
Out the blue you came to me

ONLY PEOPLE

Der Keim dieses munteren, belanglosen Rockstücks wurde von Yoko mit einem Statement gelegt, das auf dem Cover des Albums zitiert wird: „Nur Menschen können die Welt ändern."

Lennon verbindet es mit einem weniger bedeutungsschwangeren eigenen Aphorismus: „Verrücktheit ist das erste Zeichen von Kopfhautschuppen." Man fragt sich, ob das nicht vielleicht ein besserer Song geworden wäre. ‚Only People' kehrt zu dem Grundgedanken von ‚Instant Karma!' zurück, nämlich dass wir gemeinsam die Macht haben, die Zukunft zu beeinflussen. Allerdings fehlt hier die freudige Zuversicht. Es ist nicht zu klären, ob John das Thema wieder aufgreift, weil er an die Kraft der Wiederholung glaubt oder weil ihm die Ideen ausgingen. In jenem Sommer waren verschiedene Kräfte am Werk, die Nixons Niedergang beschleunigten – ein Jahr später trat er dann zurück –, aber linke Gesänge in einem New Yorker Plattenstudio gehörten vermutlich nicht dazu.

Let's go

Only people know just how to talk to people
Only people know just how to change the world
Only people realize the power of people
Well, a million heads are better than one
So come on, get it on

Well I know how we tried, the millions of tears that we cried
Now we are hipper we been thru the trip
And we can't be denied with woman and man side by side
Make no mistake it's our future we're making
Bake the cake and eat it too
We don't want no big brother scene

Only people know just how to talk to people
Only people know just how to change the world
Only people realize the power of people
Well, a million heads are better than one
So come on, get it on

We'll it's long overdue, there ain't nothing better to do
Now we are hipper we been through the trip
We can fly right on through
There's nothing on earth we can't do
Fish or cut bait it's our future we're making
All together now pull the chain
We don't want no big brother scene

Only people know just how to talk to people
Only people know just how to change the world
Only people know just how to talk to people
Only people know just how to change the world
Only people know just how to talk to people
Only people know just how to change the world
Only people know just how to talk to people
Only people know just how to change the world

I KNOW (I KNOW)

Mit einer gezupften Gitarrenbegleitung, die an die Beatles erinnert, ist ‚I Know (I Know)' eine der besseren Balladen auf der LP, auch wenn der Text auf inzwischen ausgefahrenen Gleisen verläuft.

Auch hier schwört er Yoko seine Treue, nur um sich mit einer Bekundung seines Unwerts zu unterbrechen. Seine Ehefrau scheint das nicht überzeugt zu haben. Noch bevor das Album in die Geschäfte kam, wohnte das Paar nicht mehr zusammen – anscheinend auf Yokos Wunsch.

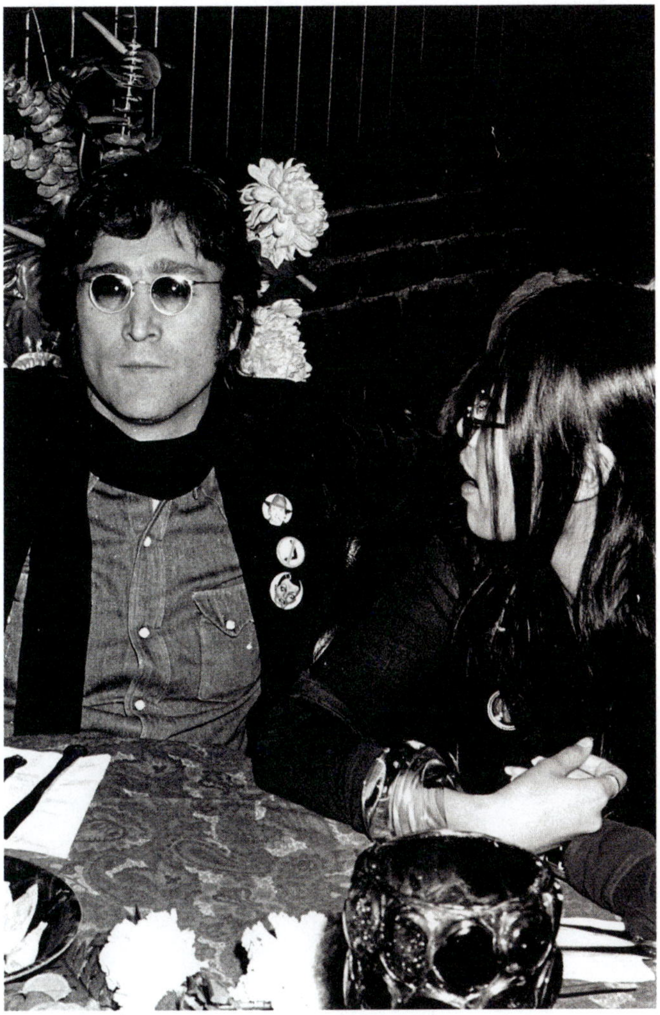

Oben: John und May Pang im März 1974 bei der US-Premiere des Musicals *The Rocky Horror Show* in Los Angeles.

The years have passed so quickly
One thing I've understood
I am only learning
To tell the trees from wood

I know what's coming down
And I know where it's coming from
And I know and I'm sorry (yes I am)
But I never could speak my mind

And I know just how you feel
And I know now what I have done
And I know and I'm guilty (yes I am)
But I never could read your mind

I know what I was missing
But now my eyes can see
I put myself in your place
As you did for me

Today I love you more than yesterday
Right now I love you more right now

Now I know what's coming down
I can feel where it's coming from
And I know it's getting better (all the time)
As we share in each other's minds

Today, I love you more than yesterday
Right now, I love you more right now

Ooo, no more crying
Ooo, no more crying
Ooo, no more crying
Ooo, no more crying

YOU ARE HERE

John stellt seine Romanze als eine globale Beziehung dar, als Verbindung von Liverpool und Tokio oder als symbolische Heirat der Hemisphären. In der letzten Strophe widerspricht er einem Zitat des englischen Schriftstellers Rudyard Kipling: „Osten ist Osten und Westen ist Westen, und niemals werden die beiden zusammenkommen."

Vorurteile gegenüber Ausländern wie Yoko hatten zu Johns Abwendung von seinem Heimatland und seiner Umsiedlung in das kosmopolitischere New York beigetragen. „Es war erniedrigend und schmerzhaft für uns beide", erinnerte er sich. „Ich habe mich für Großbritannien geschämt."

Der Titel ‚You Are Here' stammt von einer „Konzeptausstellung", die John 1968 in London veranstaltet hatte. Das wichtigste Exponat war ein runder weißer Schirm, auf den er diese Worte geschrieben hatte. Dann ließ er während der Eröffnung 365 Heliumballons mit Antwortkarten aufsteigen, die von den zufälligen Findern zurückgeschickt werden sollten. John musste bestürzt feststellen, dass sich viele der mehr als 100 Antworten verächtlich über seine Exzentrik und seine neue japanische Freundin äußerten. Er entwickelte ein morbides Interesse für die rassistischen Hassbriefe und erwog sogar, sie zu veröffentlichen. Er dachte auch daran, die Londoner Musiker Johnny Dankworth und Cleo Laine um Rat zu fragen, auch sie ein gemischtrassiges Paar. Anti-japanische Aversionen waren eine traurige Tatsache im Nachkriegsgroßbritannien.

Die Frage gemischtrassiger Ehen war für John zweifellos sehr wichtig, aber seine starken Gefühle führten in ‚You Are Here' nicht zu einem starken Song. Die Bilder sind abgedroschen („Dreitausend Jahre vom Land der überraschenden Sonne"), während die musikalischen Exotika banal wirken – John begann erst später, sich ernsthaft mit japanischer Musik auseinanderzusetzen, und er hatte nie Gelegenheit, sie sinnvoll in seiner eigenen Arbeit zu verwenden. Merkwürdigerweise beginnt das Stück mit einem von John gegrunzten „Nine". Die Zahl hatte für John eine besondere Bedeutung, wie wir noch sehen werden.

„ICH WILL MIT EINER ROCKBAND NACH CHINA. SO WAS HABEN SIE DA NOCH NICHT GESEHEN."

– John Lennon

From Liverpool to Tokyo
What a way to go
From distant lands
One woman one man
Let the four winds blow

Three thousand miles
Over the ocean
Three thousand light years
From the land of the rising sun

Love has opened up my eyes
Love has blown right through
Wherever you are, you are here
Wherever you are, you are here

Three thousand miles
Over the ocean
Three thousand light years
From the land of surprising sun

Well now east is east
And west is west
The twain shall meet
East is west and west is east
Let it be complete

Three thousand miles
Over the ocean
Three thousand light years
From the land of the morning star
Ooh-ho

MEAT CITY

So sehr er auch über die Politiker in Amerika schimpfte, war John doch von dem Land begeistert – schließlich war hier sein geliebter Rock'n'Roll entstanden. ‚Meat City' fängt diese Begeisterung wunderbar ein. Der Song begann schon bald nach seiner Ankunft in New York, Gestalt anzunehmen.

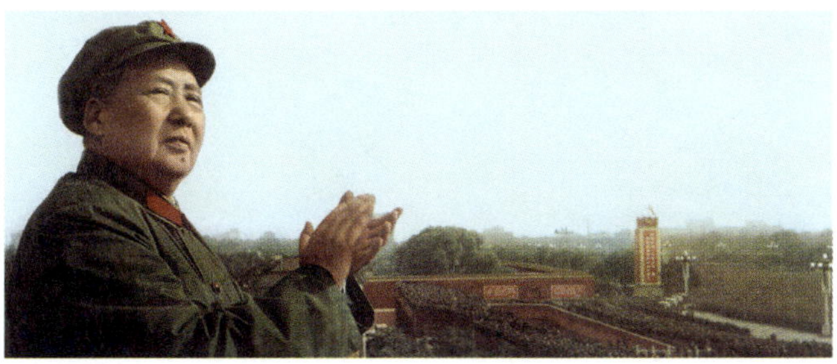

Zuerst war es ein Boogie mit dem Titel ‚Shoeshine', aber aus dieser einfachen Verherrlichung der Musik als solcher erwuchs eine packende Schilderung seiner Pilgerreise: „Ich bin zum Berg gegangen, um mich mit eigenen Augen zu überzeugen." Vielleicht verwirrt, vielleicht entsetzt ihn manches, das er in dieser verrückten Stadt sieht, aber er jubelt über ihre Vitalität. Für John war seine frühe Verehrung von Chuck Berry und Elvis Presley ein Vorspiel seines Lebens in Amerika, wo er eigentlich hätte geboren werden müssen und wo er leben sollte.

Dann wendet er sich China zu. John sah in dem Land sein nächstes Ziel. „Ich werde hingehen", erklärte er 1972. „Ich werde versuchen, Mao zu treffen. Wenn er krank oder tot ist oder sich weigert, mich vorzulassen, habe ich Pech gehabt. Aber wenn ich da bin, will ich Leute treffen, die etwas Wichtiges machen. Ich will mit einer Rockband nach China. Das ist wirklich das, was ich möchte. Ich will in China Rock spielen. So was haben sie da noch nicht gesehen." Auf den Reisen seiner letzten Jahre schaffte John es zwar bis nach Hongkong, aber das kommunistische Festland war für eine normale Rock-Tour immer noch verschlossen.

Der Titel des Songs mag von einem damals beliebten Comic-Poster inspiriert sein, auf dem eine Muttersau mit ihren Jungen zu sehen ist, die sich seelenruhig unterhalten, während sie zu ihrem Ziel gefahren werden – „Meat City", dem Schlachthaus.

Als letztes Stück auf *Mind Games* ist ‚Meat City' ein befriedigendes Gegengewicht zum ersten Song – erdig und körperlich, wohingegen das Titelstück eher ätherisch ist. Die beiden Pole sollten auch weiterhin in Lennons Leben und Werk um Vorherrschaft ringen. In den nächsten Jahren war es jedoch die ‚Meat City'-Seite, die im Vordergrund stand – mit fast katastrophalen Auswirkungen.

Well Hell
I been Meat City to see for myself
Well, I been Meat City to see for myself
Been Meat City, been Meat
Just gotta give me some rock 'n' roll

People were dancin' like there's no tomorrow,
Meat City
Finger lickin', chicken pickin' Meat City,
Shookdown U.S.A.

Well, I been the mountain to see for myself
Well, I been the mountain to see for myself
Been the mountain, been the
Just gotta give me some rock 'n' roll

Snake doctors shakin' like there's no tomorrow,
Freak City
Chicken suckin', mother truckin' Meat City,
Shookdown U.S.A.
(Pig Meat City)

Well, I'm gonna China to see for myself
Well, I'm gonna China to see for myself
Gonna China gonna
Just gotta give me some rock 'n' roll
(Whoa)

People were jumpin' like there's no tomorrow,
Meat City
Finger lickin', chicken pickin' Meat City,
Shookdown U.S.A.
(Pig Meat City)

Well, I'm gonna China
Yes, I'm gonna China
Well, I'm gonna China
Well, I'm gonna China, come one
Whoa, whoa-whoa-whoa
Yeah, yeah, come on
I'm gonna China, go, go, go
Well, I'm gonna China
Alright
Hold it, yes
Who is that? Who is that?
Who is that?
And why are they doin' those strange (What?) things?

Oben links: Chinas kommunistischer Führer Mao Tse-tung im Jahr 1967. Johns Wunsch, ihn zu treffen, wurde nie erfüllt.

Kapitel Sechs

WALLS

19 74

AND BRIDGES

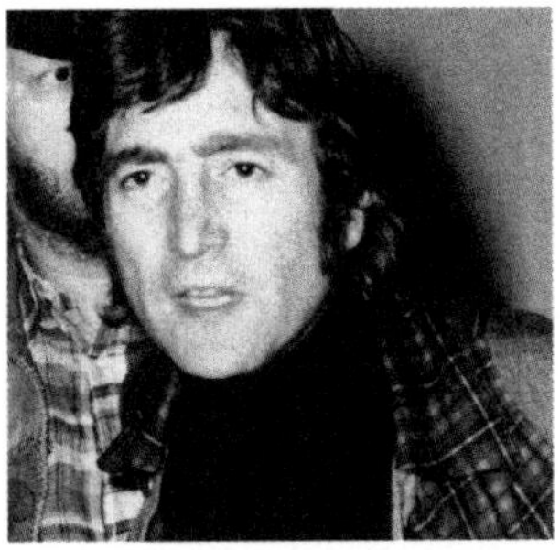

‚Going Down On Love‘
‚Whatever Gets You Thru The Night‘
‚Old Dirt Road‘
‚What You Got‘
‚Bless You‘
‚Scared‘
‚#9 Dream‘
‚Surprise Surprise (Sweet Bird Of Paradox)‘
‚Steel And Glass‘
‚Beef Jerky‘
‚Nobody Loves You (When You're Down And Out)‘

Aufnahme
Juli/August 1974 im Studio Record Plant, New York City.

Produziert von
John Lennon.

Musiker
John Lennon (Gesang, Gitarren, Klavier, Pfeifen und Percussion), Jesse Ed Davis (Gitarre), Jim Keltner (Schlagzeug), Ken Ascher (elektrisches Klavier, Clavinet, Mellotron), Arthur Jenkins (Percussion), Klaus Voormann (Bass), Nicky Hopkins (Klavier), Bobby Keys (Saxofon, Eddie Mottau (akustische Gitarre); Bläser und Streicher des New York Philharmonic Orchestra; Little Big Horns: Bobby Keys, Steve Madaio, Howard Johnson, Ron Apra, Frank Vicari (Blechbläser). Besondere Gäste Julian Lennon (Schlagzeug auf ‚Ya Ya‘); Elton John (Klavier und Harmoniegesang auf ‚Whatever Gets You Thru The Night' sowie Hammond-Orgel und Hintergrundgesang auf ‚Surprise, Surprise (Sweet Bird Of Paradox)‘; Harry Nilsson (Hintergrundgesang auf ‚Old Dirt Road‘); Joey Dambra, Lori Burton and May Pang (Hintergrundgesang).

1973 drehte John durch. Später erklärte er Andy Peebles in einem BBC-Interview: „Die feministische Seite in mir starb etwas ab." May Pang war ein chinesischstämmiges Mädchen aus New York, die seit 1969 für die Lennons und deren Manager Allen Klein gearbeitet hatte. Als John und Yoko in das Dakota Building zogen, wurde May ihre persönliche Assistentin und lebte auch in der Wohnung. Auf Yokos Veranlassung (so behauptete May) begann sie eine Affäre mit John.

So begann die bizarrste Episode in Johns außerordentlichem Leben, das legendäre „Verlorene Wochenende".

Yoko behauptet, sie hätte John aus dem Dakota verbannt, damit er sich mit seinen Dämonen auseinandersetze. Er sollte erst zurückkehren, wenn sie ihn für so weit halte. „Sie hat nicht viel für Narren übrig", sagte John 1980, „auch wenn sie mit ihm verheiratet ist". Yoko war seiner überdrüssig, ebenso wie ihrer Rolle als „Mrs. Lennon", und war so weit, sich durchzusetzen. John selbst schien auch auf eine Flucht erpicht. Er verliebte sich in May Pang, und das Paar setzte sich bald nach Los Angeles ab.

Was immer auch die Gründe gewesen sein mögen, das verlorene Wochenende war eine ausgedehnte Sauftour, ein 15-monatiger Amoklauf. Nachdem er von der Leine gelassen worden war, erstand John als echte Rock-Sau wieder auf und machte ganz LA in einem pöbelnden Alkoholrausch unsicher. Später, nachdem er zu Yoko zurückgefunden hatte, achtete er sehr darauf, dies nicht als eine Zeit der Befreiung zu bezeichnen. Vielmehr sah er sich 1980 selbst als einen „Elefanten im Zoo, ich wusste, dass ich gefangen war, aber ich konnte nicht ausbrechen". Obwohl er verbannt war, telefonierten Yoko und er doch x-mal am Tag.

May Pang war ihm sicher ein Trost, aber er brauchte auch eine neue Stabilität – etwas, um sich wieder einen künstlerischen Brennpunkt zu geben und ihm die Richtung zu weisen. Stattdessen traf er auf Phil Spector und einen Haufen „guter Kumpel", darunter Keith Moon, Harry Nilsson und Ringo Starr. Cocktails waren immer zur Hand.

Spector und Lennon planten ein Album mit Rock'n'Roll-Coverversionen, um John durch die Rückkehr zu der grundlegenden Musik der Fünfzigerjahre neue Energie zu geben. Spector sollte wieder sein Erlöser werden. Außerdem hätte das Projekt die Möglichkeit geboten, den zwielichtigen Musikverleger Morris Levy ruhigzustellen, der Lennon des Plagiats bezichtigt hatte. In dem geplanten Album sollten drei Stücke aufgenommen werden, für die Levy die Rechte besaß, um so einen Prozess abzuwenden.

Aber die *Rock 'n' Roll*-Sessions waren ein All-Star-Albtraum alkoholgeschwängerten Chaos', einschließlich gelegentlicher Pistolenschüsse. Von diesem ohrenbetäubenden Lärm genervt, sagte John zu dem Waffennarren Spector: „Phil, wenn du mich umbringen willst, dann mach es halt. Aber mach keinen Scheiß mit meinen Ohren. Ich brauche sie." Spector hatte ein Talent, akustische Exzesse zu inszenieren, aber diese Aufnahmen waren furchtbar. Dutzende von hervorragenden Musikern wurden engagiert, darunter Leon Russel, Dr. John und Charlie Watts, und spielten ihre Beiträge wieder und wieder. Aber die chaotische Disziplinlosigkeit und chronische Entscheidungsunfähigkeit forderten ihren Zoll. Das Team wurde aus dem A&M-Studio geworfen und machte im Record Plant West weiter, ohne dass die Ergebnisse besser waren. Dann verschwand Spector mit den Bändern, und das ganze unglückselige Projekt wurde ad acta gelegt. Johns Leiden wurden noch vergrößert, als kurz darauf das Album *Mind Games* erschien und auf allgemeines Desinteresse stieß.

Yoko deutete die LA-Bänder als Zeichen dafür, dass es „viel Spaß und viel Unruhe gegeben hat! Er und Phil Spector waren sich nicht immer einig. Er war offensichtlich nicht sehr glücklich. Also rief mich jemand aus dem Musikbusiness in LA an: ‚Komm und hol ihn bitte ab!' Nein, *ihr* könnt euch um ihn kümmern … Als ich

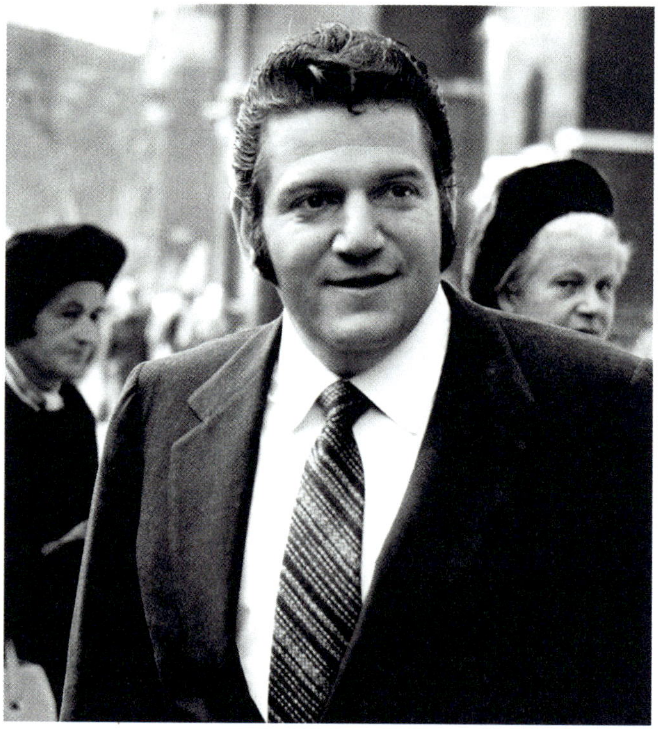

Oben: Allen Klein, vermutlich die Zielscheibe von Johns bissigem Stück ‚Steel and Glas'.

Gegenüber: May Pang und John im November 1974 bei der Premiere eines von *Sgt. Pepper* inspirierten Musicals in New York.

„ES WAR WIRKLICH TRAURIG, WEIL ER MIR FEHLTE UND ICH IHM FEHLTE.“

– Yoko Ono

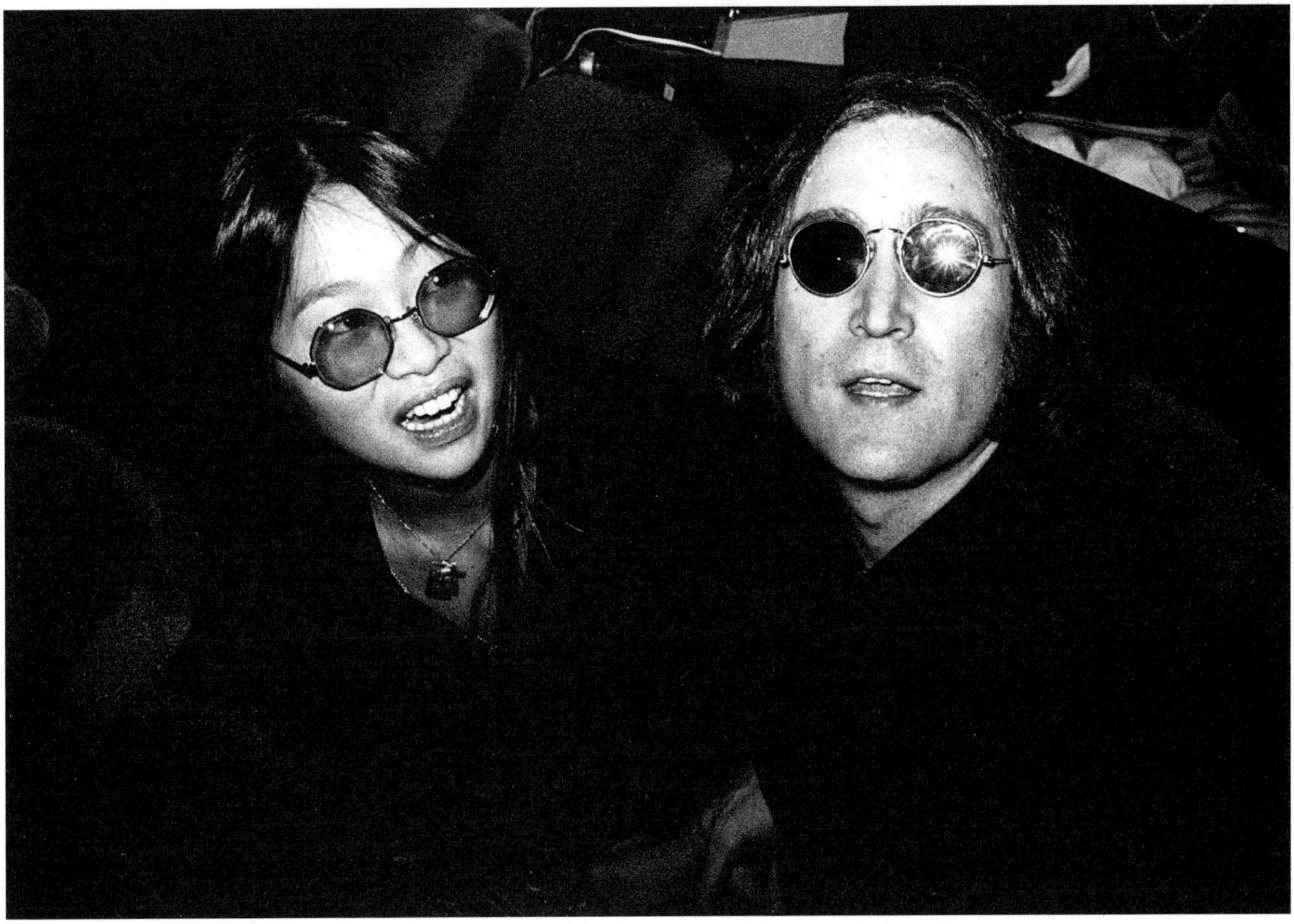

mit ihm zusammen war, dachten alle, ich sei total besitzergreifend. Und jetzt, da ich ihn freigegeben habe, wollen sie also, dass ich ihn schnell wieder abhole!! [*lacht*] Es war wirklich traurig, weil er mir fehlte und ich ihm fehlte, aber wir es einfach nicht auf die Reihe bekamen. Ich meine, *wir* hätten es auf die Reihe bekommen, aber die Welt ließ uns nicht, weißt du.“

In der Zwischenzeit lief John vollkommen aus dem Ruder. Der Abend, an dem er zur Show von Ann Peebles im Troubadour mit einer Damenbinde auf dem Kopf auftauchte, war nur das krasseste Beispiel in einer Reihe solcher Vorfälle. 1974 behauptet er, die Geschichten über Dekadenz seien „meist erfunden, mit einem Tröpfchen Alkohol“. Gleichzeitig gab er aber auch zu: „Ich habe in meinem ganzen Leben noch nie so viel getrunken.“ Er erkannte auch die Ursache seiner Verzweiflung: „Meinen täglichen Schuss Yoko bekomme ich heutzutage aus einer Flasche.“ Im März 1974 war er wieder im Troubadour, pöbelte alle und jeden an und störte die Smothers Brothers auf der Bühne mit Zwischenrufen. Als er eine Kellnerin schlug, sagte sie: „Es ist nicht so sehr der Schlag, der schmerzt, sondern die Erkenntnis, dass eines deiner Idole ein echtes Arschloch ist.“

Während *Rock 'n' Roll* n der Schublade lag, willigte John ein, Harry Nilssons neues Album *Pussy Cats* zu produzieren. Die Aufnahmen begannen in LA, bis John beschloss, es sei für die geistige und körperliche Gesundheit aller Beteiligten besser, nach New York zu wechseln. Mit May Pang mietete er sich in einem Penthouse in der East 52nd Street ein. Nachdem das Nilsson-Projekt fertiggestellt war, machte sich John daran, sich selbst wieder aus dem künstlerischen Sumpf zu ziehen, in dem er steckte, und begann ein neues Album mit dem Titel *Walls And Bridges*. Im Juli kam es noch mal zu einer Ablenkung, als die Regierung ihm eine Frist von 60 Tagen setzte, um das Land zu verlassen. Er bemerkte dazu: „Ich kann hier nicht weg, weil sie es sonst so machen wie bei Charlie Chaplin. Ich hab keine Lust, mit 60 einen Preis zu erhalten und gesagt zu bekommen, wie wunderbar ich früher war, aber nicht ganz wunderbar genug, um jetzt hier leben zu dürfen.“

Den Titel *Walls And Bridges* scheint John im Fernsehen gehört

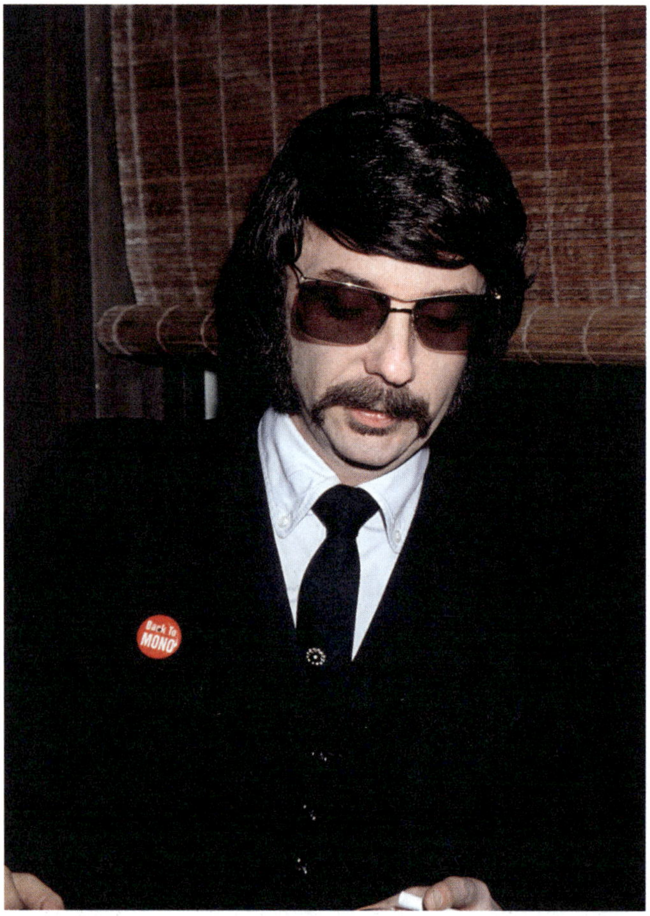

Links: Phil Spector, der Produzent vieler Pop-Klassiker, darunter auch einige der besten Stücke von John Lennon.

zu haben, aber er passt gut zum wiederkehrenden Thema der Barrieren zwischen ihm und Yoko. Wie groß sein Schmerz auch gewesen sein mag, er war Inspiration für ein großartiges Album. Das Album kam am 4. Oktober 1974 heraus und lieferte auch einen wichtigen Nr.-1-Hit: ‚Whatever Gets You Thru The Night'. Auf dem Cover sieht man Bilder, die der junge Lennon 1952 gemalt hatte, darunter laut Yoko „eine Zeichnung von zwei Menschen auf Pferden. In der Ecke liest man ‚18. Februar'. Der 18. Februar ist mein Geburtstag. Und wenn man sich die beiden Menschen ansieht, stellt man fest, dass einer nicht weiß ist, sondern Indianer oder Asiate oder so, und es ist ganz entschieden eine Frau. Er sagte mich also voraus, ohne es zu wissen. Er wusste schon, dass er mich kennenlernen würde. Ist es nicht erstaunlich?"

Außerdem war die folgende rätselhafte Passage zu lesen: „Am 23. August 1974 abends um neun sah ich ein UFO." Die Nummer Neun hatte für John eine tiefere Bedeutung, aber über die Sichtung selbst sagte er: „Ich ging ans Fenster, poëtisch gestimmt und verträumt wie so oft … keine hundert Fuß entfernt schwebte über einem Gebäude etwas mit ganz normalen blinkenden Glühbirnen am unteren Rand und einem roten, nicht blinkenden Licht oben … Was zum Nixon ist das?"

John war aber nicht sehr von *Walls And Bridges* angetan. „Es ist neu. Das ist alles", war das Beste, was er darüber zu sagen hatte. 1980 sagte er sich dann vollkommen davon los und nannte es das Werk „einen halbkranken Handwerkers … Es zeigt keine Inspiration, es ist elend. Es strahlt eine Aura des Elends ab."

Yokos Urteil dagegen ist etwas freundlicher: „*Walls And Bridges* war schön. Eines der besten Alben, die er je gemacht hat." Aber sie kann die Musik nicht von den unglücklichen Umständen ihrer Entstehung trennen. „Immer, wenn ich es höre, ist es sehr schmerzlich für mich, weil der Trennungsschmerz das Werk schuf. Er machte das Album aus Trauer. Er kam ins Dakota und ließ mich ein oder zwei Stück hören. Und ich konnte wirklich spüren, dass es fantastisch war."

Hat das Album vielleicht sogar eine Rolle dabei gespielt, dass sie wieder zusammenkamen?

„Nun", überlegt sie, „es war sehr schwierig für mich, aber ich musste auch daran denken, wie schwer wir es uns gemacht hatten. Du weißt ja, dass mich die ganze Welt hasste. Und deswegen hassten sie auch John, weil er mit mir zusammen war. Es war keine leichte Situation, deswegen versuchte ich, nicht dorthin zurückzukehren."

War die Trennung ihre Idee gewesen?

„Ja. Weil ich wirklich dachte, dass wir vollkommen destruktiv miteinander umgingen. Es tat John nicht gut. Und es tat mir nicht gut. Und wir waren Künstler, die den Raum und die Freiheit brauchten, uns auszudrücken, ohne gehasst zu werden."

Als die Aufnahmen begannen, kamen plötzlich von Phil Spector die Bänder der abgebrochenen *Rock 'n' Roll*-Sessions an. Sobald *Walls and Bridges* beendet war, wandte sich John den Bändern zu und stellte das Projekt mit seinen New Yorker Musikern fertig. Aus diesen eher ungünstigen Anfängen machte er ein recht ansprechendes Album. Er bezeichnete es als „alten Hut", aber *Rock 'n' Roll* war doch eine differenzierte, zugleich liebevolle und distanzierte Auseinandersetzung mit der Musik seiner Jugend. Er schloss das Album mit einem ironischen Abschiedsgruß, den er später für vermutlich unbewusst ernst gemeint hielt, weil er fast fünf Jahre lang nicht wieder aufnahm.

Was das „Verlorene Wochenende" betraf, das mit der Rückkehr zu Yoko und ins Dakota endete, so bestreitet May Pang, dass es überhaupt „verloren" gewesen sei. In dieser Zeit machte er mit die beste Musik seiner ganzen Laufbahn.

„*WALLS AND BRIDGES*? ES IST NEU. DAS IST ALLES."

– John Lennon

GOING DOWN ON LOVE

John lässt bei *Walls And Bridges* den Vorhang mit einem zurückhaltenden, aber tief empfundenen Stück aufgehen, das auch den Untertitel ‚Die Ballade vom Verlorenen Wochenende' hätte tragen können.

Er trauert um die verlorene Liebe, beklagt seinen eigenen Abstieg in die Vergnügungssucht und schreit um Hilfe. Als Album weicht *Walls And Bridges* nie von dem hier vorgezeichneten Pfad ab. Das Album ist Lennons *De profundis* – eine lange, erbarmungswürdige Anrufung Yokos, ihn aus diesem Abgrund zu retten. Es ist ein melancholischer Anfangston. „Nichts los nirgends …" Das Ironische ist, dass auf dem Album mehr los ist als auf Platten, die John vor- und hinterher eingespielt hat, als er in einem glücklicheren Gefühlszustand war.

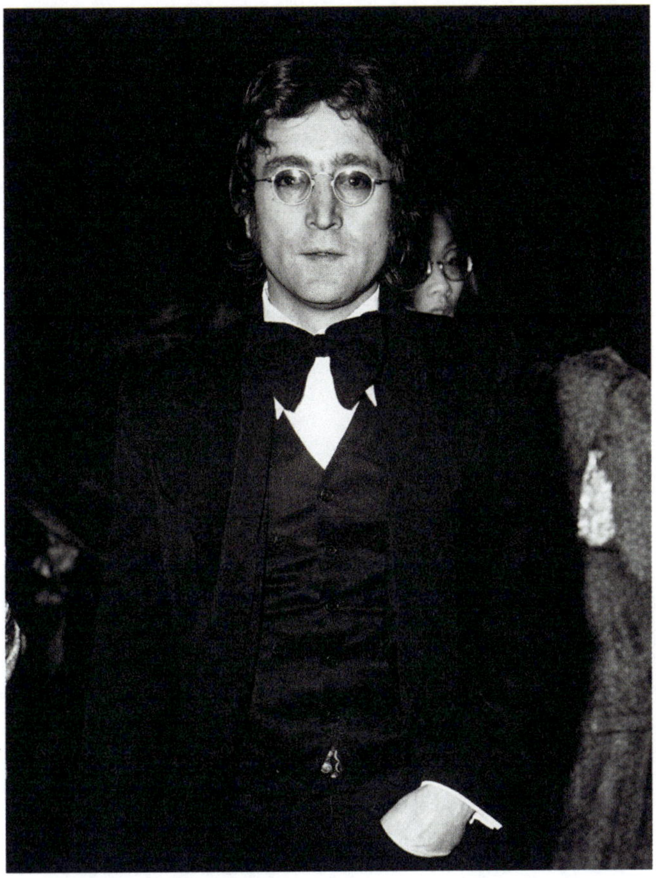

Oben: John im März 1974 bei einer Veranstaltung zu Ehren des Schauspielers James Cagney in Hollywood.

Got to get down, down on my knees
Got to get down, down on my knees
Doo-doo-doo-doo, doo-doo-doo-doo
Going down on love
Going down on love
Going down, going down, going down

When the real thing goes wrong
And you can't get it on
And your love, she has gone
And you got to carry on
And you shoot out the light
Ain't coming home for the night
You know you got to, got to, got to pay the price

Somebody please, please help me
You know I'm drowning in the sea of hatred

Got to get down, down on my knees
Got to get down, down on my knees
Doo-doo-doo-doo, doo-doo-doo-doo
Going down on love
Going down on love
Going down, going down, going down

Something precious and rare
Disappears in thin air
And it seems so unfair
Nothing doing nowhere
Well, you burn all your boats
And you sow your wild oats
Well, you know, you know, you know the price is right

Got to get down, down on my knees
Got to get down, down on my knees
Got to get down, down on my knees
Got to get down, down on my knees

WHATEVER GETS YOU THRU THE NIGHT

Während seiner Trennung von Yoko hatte Johns neue Angewohnheit, mit anderen Musikern zu verkehren, teils unheilvolle Folgen. Zu den fruchtbareren Freundschaften gehörte jedoch die mit Elton John, dem damals erfolgreichsten englischen Popstar.

Lennon spielte Elton ein Band mit seinen neuen Songs vor und lud ihn ein, Klavier und Begleitgesang zu jedem beliebigen Stück beizusteuern, das ihm gefiel. Er war eher enttäuscht, als sich Elton für den Song entschied, der ihm selbst am wenigsten gefiel, von dem Elton aber glaubte, er könne hier etwas Besonderes beitragen. ‚Whatever Gets You Thru The Night' stellte sich trotz des anspruchslosen Textes als ein musikalisches Schwergewicht heraus, mit dem John den ersten Nr.-1-Hit seiner Solokarriere landete.

John zweifelte an dem Lied, einer diffusen Ode an die Selbsterhaltung, in der seine eigene Unsicherheit und Richtungslosigkeit zu spüren war (der Titel stammte aus einer Fernsehsendung über Alkoholismus). Aber Eltons Gespür für kommerziellen Erfolg war zu dieser Zeit besser als Johns und er war sicher, der Song würde ein Erfolg werden. Wenn er die Spitze der Charts erklimmen sollte, dann müsste John den Gefallen erwidern, indem er bei einem Live-Auftritt von Elton als Gast aufträte. Als ‚Whatever Gets You Thru The Night', nicht zuletzt dank des röhrenden Tenorsaxofons von Bobby Key, dann tatsächlich in den USA am 16. November 1974 die Nr. 1 der Charts wurde, löste John sein Versprechen ein, indem er am 28. des gleichen Monats bei Eltons Konzert im Madison Square Garden auftrat.

Der Gig sollte in zweifacher Hinsicht in Johns Leben wichtig werden. Nach der After-Show-Party im New Yorker Pierre Hotel begann seine Aussöhnung mit Yoko. Leider war es auch sein letzter Auftritt auf einer öffentlichen Bühne. Er spielte mit Elton ‚Whatever Gets You Thru The Night', ‚Lucy In The Sky With Diamonds' und die McCartney-Nummer, mit der elf Jahre zuvor die erste Beatles-LP angefangen hatte, ‚I Saw Her Standing There'. John widmete es „einem alten, entfremdeten Verlobten von mir, der Paul heißt".

So sehr ihn der Erfolg des Stücks erfreute – das seine Karriere neu belebt hatte –, so wenig schätzte er es. „Wir hatten nicht die besten Musiker", sagte er 1980. Ja, er sagte sogar, halb im Ernst: „Es hätte höchstens Nr. 39 werden sollen, nicht die Nr. 1."

Whatever gets you through the night
It's all right, it's all right
It's your money or your life
It's all right, it's all right
Don't need a sword to cut thru flowers
Oh no, oh no

Whatever gets you through your life
It's all right, it's all right
Do it wrong or do it right
It's all right, it's all right
Don't need a watch to waste your time
Oh no, oh no

Hold me, darlin', come on, listen to me
I won't do you no harm
Trust me, darlin', come on, listen to me
Come on, listen to me, come on, listen, listen

Whatever gets you to the light
It's all right, it's all right
Out the blue or out of sight
It's all right, it's all right
Don't need a gun to blow you mind
Oh no, oh no

Hold me, darlin', come on, listen to me
I won't do you no harm
Trust me, darlin', come on, listen to me
Come on, listen to me, come on, listen, listen

„BRING EINEN BEATLE ZUM SAUFEN UND WARTE EINFACH AB!"

– Harry Nilsson

OLD DIRT ROAD

‚Old Dirt Road' ist durchsetzt mit den hohen, einsamen Gitarrenklängen von Jesse Ed Davis', im Hintergrund singt Harry Nilsson, mit dem Lennon das Stück zusammen geschrieben hatte, während die beiden an Nilssons Album *Pussy Cats* arbeiteten. Der wichtigste von Johns Kumpanen während des „Verlorenen Wochenendes" war ein Sänger und Songwriter, den Johns alte Band so bewunderte, dass sie ihn als den „Beatle auf der anderen Seite des großen Teichs" bezeichnete.

Im Jahr 1980 neigte Lennon dazu, die Arbeiten aus dieser Zeit kritisch zu bewerten, und tat dieses Stück als das Ergebnis der gemeinsamen Sauferei ab. „Es ist nur ein Song, weißt du", sagte er dem *Playboy*. „Da wir nun schon mal an dieser Wodkaflasche hängen, können wir ja wenigstens versuchen, was draus zu machen." Aber die verlorene Traurigkeit des Stücks verdient mehr Anerkennung. Das Stück ist vielleicht ein Abkömmling des alten Bluesstücks ‚Ain't Goin' Down That Dirt Road' von Charlie Patton, das Howlin' Wolf bei seiner Londoner Session mit Eric Clapton im Jahr 1970 gespielt hatte.

Johns Ermordung traf seinen alten Saufkumpan härter als viele andere: In dem Jahrzehnt vor seinem eigenen Tod 1994 war Nilsson in der amerikanischen ‚Coalition To Stop Gun Violence' aktiv. Er bereute damals seine Verwicklung in Johns Eskapaden und hatte das Gefühl, man mache ihn für Vorfälle wie im Troubadour verantwortlich. „Das hat meinen Ruf für zehn Jahre ruiniert", sagte er. „Bring einen Beatle zum Saufen und warte einfach ab." John selbst hatte sich beschwert: „Ich war also betrunken. Wenn es Errol Flynn ist, schreiben sie ‚Das waren die Tage, als Männer noch Männer waren'. Wenn ich es mache, bin ich ein Penner."

Ain't no people on the old dirt road
No more weather on the old dirt road
It's better than a mudslide mamma when the dry spell come, yeah
Oh, oh, oh, oh, old dirt road

Ain't no difference on the old dirt road
Tarred and feathered on the old dirt road
Trying to shovel smoke with a pitchfork in the wind, yeah, yeah, yeah

Breezing through the deadwood on a hot summer day
I saw a human being lazy boning out in the hay
I said uh, "Hey Mr. Human can you rainmaker too?"
He said I guess it's O.K. you know the only thing we need is water
Cool, clear water, water
Water, water

Ain't no people on the old dirt road
No more weather on the old dirt road
It's better than a mudslide mamma when the morning comes
Oh, oh, oh, oh, old dirt road

Keep on keeping on [x6]
So long, so long
Bye bye
Bye bye
Keep on keeping on
Keep on, keep on, keep on, keep on, keep on, keep on, keep on
Keep on, keep on, keep on, keep on, keep on, keep on, keep on

WHAT YOU GOT

Walls And Bridges ist so sehr emotionsgeladen, dass Johns Fantasie manchmal nicht ausreicht. Hier kann er seine Trennung von Yoko mit nicht viel mehr als der abgedroschenen Phrase verfluchen: „Man weiß erst, was man hatte, wenn man es verloren hat."

Er zitiert ‚Rip It Up' von Little Richard, das er auch bei den *Rock 'n' Roll*-Sessions einige Monate zuvor gespielt hatte: „Es ist Samstagabend." Diesmal feiert er nicht so sehr die Tatsache als solche, sondern versucht eher die Wochen festzuhalten, die er bei dem Versuch verschwendet hat, durch das Trinken zu vergessen. Trotzdem schreit er den Text lauthals, während die Band eine raue Version des Funk der Siebziger beisteuert. ‚What You Got' ist vielleicht nicht sehr poetisch, dafür aber ausgesprochen dramatisch.

One
Hey, hey!
Don't wanna be a drag
Everybody got to bag
I know you know
About the emperor's clothes

You don't know what you got until you lose it
You don't know what you got until you lose it
You don't know what you got until you lose it
Oh, baby, baby, baby, gimme one more chance

Ow, alright, hey

Well, it's Saturday night and I just got to rip it up
Sunday morning, I just got to give it up
Come Monday, momma, and I just got to run away
You know it's such a drag to face another day

You don't know what you got until you lose it
You don't know what you got until you lose it
You don't know what you got until you lose it
Oh, baby, baby, baby, gimme one more chance
Hey, alright, ow

You know the more it change
The more it stays the same
You got to hang on in
You got to cut the string

You don't know what you got until you lose it
You don't know what you got until you lose it
You don't know, you don't know what you got until
you lose it
Oh, baby, baby, baby, gimme one more chance
Come on, girl, hey, alright
Hey, alright

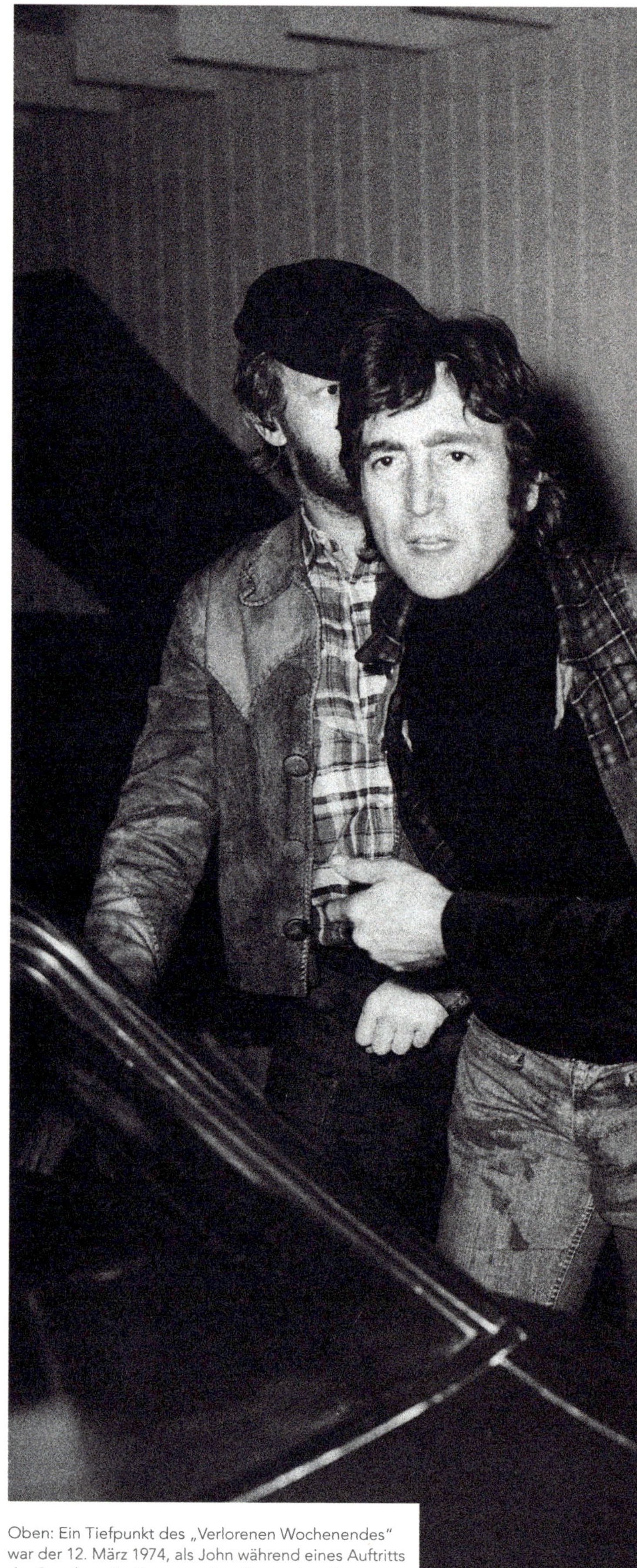

Oben: Ein Tiefpunkt des „Verlorenen Wochenendes" war der 12. März 1974, als John während eines Auftritts der Smothers Brothers aus dem Troubadour fliegt.

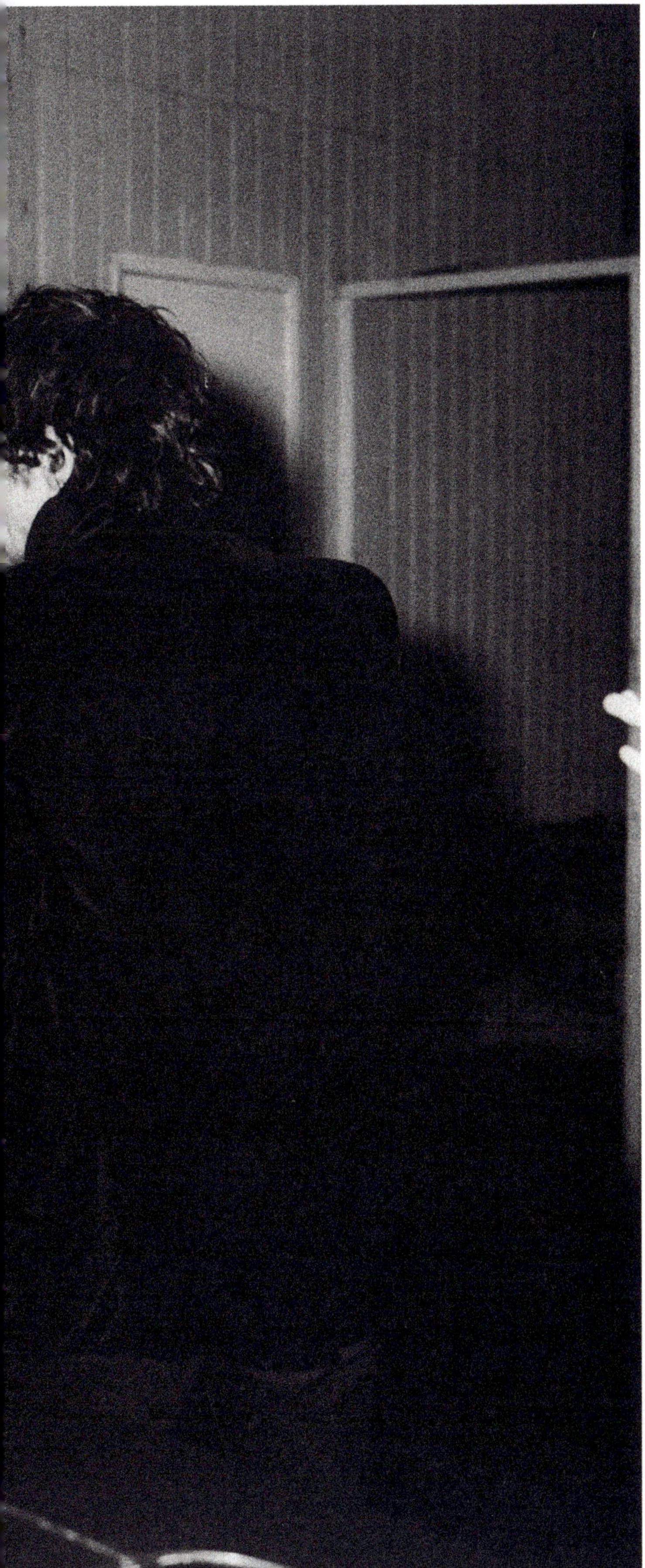

BLESS YOU

Durch ihre Abwesenheit während seiner Entstehung ist Yoko auf *Walls and Bridges* sehr viel deutlicher präsent als bei allen Lennon-Alben, an denen sie wirklich mitgearbeitet hat.

Der leicht orientalische Schimmer des Stücks beschwört Yoko auf sehr romantische Weise. Die Ballade gehört zu seinen besten, der Text enthält seine zärtlichsten Wünsche für seine entschwundene Partnerin und den neuen Liebhaber, den sie vielleicht inzwischen gefunden hat. Insofern ist es das genaue Gegenteil zu Stücken der ‚Jealous Guy'-Richtung – es gibt keinen Hinweis darauf, dass er sie lieber tot als mit einem anderen Mann sähe. Aber auch wenn er reif und stark genug ist, ihre Unabhängigkeit zu akzeptieren, so gibt er doch seine Liebe zu ihr nicht auf. Yoko und er bleiben spirituell verbunden. Ihre Liebe überwindet ihre physische Trennung.

Yoko war während Johns „Verlorenem Wochenende" wirklich nicht allein geblieben. Bei den Aufnahmen für *Mind Games* hatte sie – etwa zur gleichen Zeit, als John seine Affäre mit May Pang begann – den Stargitarristen David Spinozza schätzen gelernt. Wenn John diese Zuneigung irgendwie misstrauisch gemacht hatte, so war er doch wenigstens reif genug, um einen derart edel gesinnten Song wie ‚Bless You' zu schreiben. Die Zeit für ein solches Stück war allerdings erst gekommen, nachdem er die emotionale Einöde des Jahrs1974 durchlebt hatte.

Obwohl es als Lennon-Stück nicht sehr bekannt geworden ist, scheint es doch bei dem beabsichtigten Publikum auf Resonanz gestoßen zu sein. Es ist nicht überraschend, dass Yoko es in das Album *Menlove Avenue* aufnahm, auf dem sie 1986 Demoaufnahmen und unveröffentlichte Stücke Lennons aus den Siebzigern veröffentlichte. Als er ‚Bless You' zuerst May Pang vorspielte, versicherte sie ihm, dass Yoko es im richtigen Geist aufnehmen würde.

Yoko bestätigt das: „Er kam ins Dakota und spielte ‚Bless You' für mich. Ich habe geweint, und er hat geweint, und wir hielten uns einfach in den Armen. Ich dachte, Gott, es ist sehr gefährlich, wenn wir wieder zusammenkommen sollten, weil es nicht richtig wäre. Und ich sagte, John, du musst jetzt gehen. Und es fiel mir schwer, das zu sagen."

Bless you, wherever you are
Windswept child on a shooting star
Restless Spirits depart
Still we're deep in each other's hearts

Some people say it's over
Now that we spread our wings
But we know better, darling
The hollow ring is only last year's echo

Bless you, whoever you are
Holding her now
Be warm and kind-hearted
And remember though love is strange
Now and forever our love will remain

SCARED

‚Scared' setzt mit dem bedeutungsträchtigen Heulen eines einsamen Wolfs ein. Einerseits ist John ein furchtsamer Wanderer in der mondbeschienenen Wildnis. Andererseits ist er selbst eine Art Werwolf, von Trieben beherrscht, die er nicht vollkommen unter Kontrolle hat.

Der Song ist an einen unheilvollen Marschrhythmus gekettet, der vorwärts schreitet wie ein Gefangener zum Galgen. Das Ganze ist von untergründigen Spannungen und der Furcht vor dem Unausweichlichen durchdrungen.

John beschrieb ‚Scared' als eine Zusammenfassung seiner Gefühle, wenn er nicht bei Yoko war, wenn die Düsternis über ihn kam, wenn er in schreckliche Hilflosigkeit versank. In dieser Situation singt er, „keine Glocke, kein Buch, keine Kerze" könne ihm helfen. Dieser mittelalterliche Ausdruck gehörte zu seinen Favoriten, ob er ihn nun aus Shakespeares *King John* oder vom Titel eines Kim-Novak-Films aus dem Jahr 1958 übernommen hatte. Heimatlos und entwurzelt bezeichnet er sich selbst mit den Worten Bob Dylans als einen „rollenden Stein".

John selbst sah ‚Scared' als Ausdruck seiner eigenen Ängste, wie schon zuvor in ‚Help!'. Er bestätigte die Verbindung, als er das Stück erstmals für die niedergeschlagene May Pang spielte. Von den alten Beatles-Hits, bemerkte er, gefiele ihm ‚Help!' am besten und er würde es gerne eines Tages im gleichen Stil wie ‚Scared' neu aufnehmen. Nach der sanften Entschlossenheit von ‚Bless You' nagt wieder die Eifersucht an seinem Herzen. Er spürt auch Hass und wirft einen kalten Blick auf sich selbst, den Mann, der von „Liebe und Frieden" singt, während seine eigenen Gefühle ein Sumpf von Negativität sind.

Yoko empfand ‚Scared' als „einen klassischen Song, der vielleicht von, ich weiß nicht, deutschen Kunstliedern oder so etwas stammen könnte."

So brillant und angsteinflößend das Stück auch sein mag, so hat es doch auch etwas Theatralisches. Nur die Aufrichtigkeit von Johns Vortrag rettet es vor dem Umschlagen ins Melodramatische. Eine weniger selbstsichere und deshalb noch trostlosere Version findet sich auf *Menlove Avenue*. Von allen abgedrehten Pseudonymen, unter denen John auf *Walls And Bridges* auftaucht (Dwarf McDougal, Rev Fred Ghurkin, Dr. Winston O'Reggae, usw.), ist der zu ‚Scared' am treffendsten – wortspielerisch wandelt er den Namen von Mel Tormé zu Mel Torment („Mel Qual") um.

I'm scared, I'm scared, I'm scared
I'm scared, so scared
I'm scared, I'm scared, I'm scared
As the years roll away
And the price that I paid
And the straws slip away

You don't have to suffer
It is what it is
No bell, book or candle
Can get you out of this, oh no!

I'm scarred, I'm scarred, I'm scarred
I'm scarred, uh huh
I'm scarred, I'm scarred, I'm scarred
Every day of my life
I just manage to survive
I just want to stay alive

You don't have to worry
In heaven or hell
Just dance to the music
You do it so well, well, well!
Hatred and jealousy, gonna be the death of me
I guess I knew it right from the start

Sing out about love and peace
Don't wanna see the red raw meat
The green eyed goddamn straight from your heart

I'm tired, I'm tired, I'm tired
Of being so alone
No place to call my own
Like a rollin' stone

Spare me, babe!
Yeah, whoa
Ahh, hey
Ow!

Gegenüber: John tritt am 28. November 1974 als Gast von Elton John im Madison Square Garden auf.

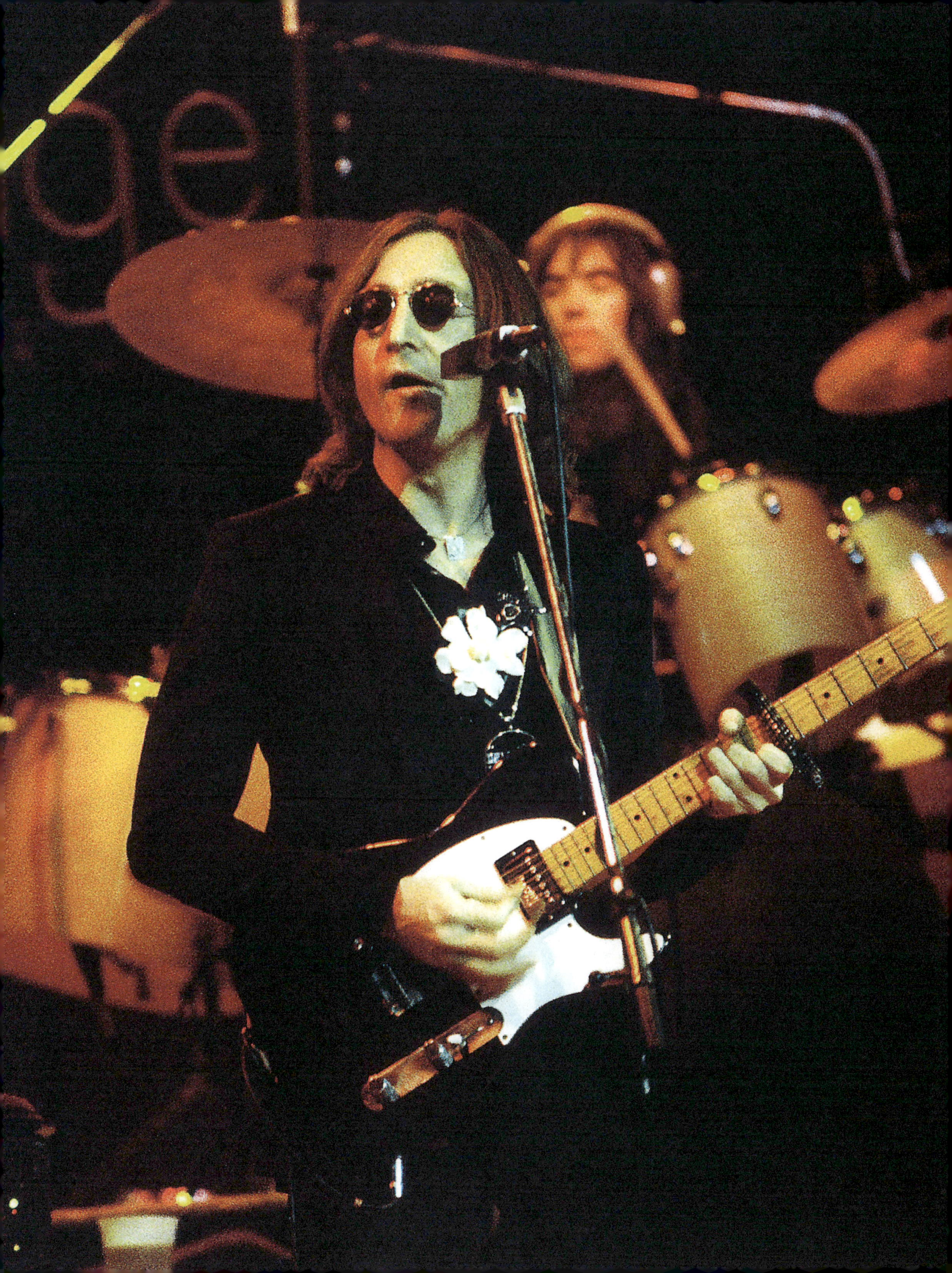

#9 DREAM

In einem Gespräch mit dem Medientheoretiker Marshall McLuhan entwickelte John 1969 eine einsichtsvolle Theorie des künstlerischen Antriebs. Einen Song zu schreiben, sagte er, „ist, als ob man versucht, einen Traum zu beschreiben… Weil wir nicht telepathisch kommunizieren können, versuchen wir, dem Gegenüber den Traum zu beschreiben, um uns darüber zu verständigen, was wir wissen und was wir glauben, vom Inneren des Gegenübers zu wissen." Im Klassiker ‚#9 Dream' setzt er dies ganz wörtlich um.

Ein hypnotisierendes Stück, das auf bezaubernde Weise zwischen friedlichem Schlaf und ängstlichem Erwachen schwebt. ‚Yesterday' war Paul McCartney im Schlaf gekommen (zumindest die Melodie – als Titel verwendete er ‚Scrambled Eggs', bevor ihm etwas Besseres einfiel), und manche von Johns Stücken hatten einen ähnlichen Ursprung.

Er hatte schon eine Grundlage für eine Melodie entwickelt, für die er einfach das Streicherarrangement für Harry Nilssons Version von ‚Many Rivers To Cross' auf *Pussy Cats* wiederverwendete. (Dieses Stück von Jimmy Cliff ist ebenfalls ein Ausdruck der Schmerzen, die John zu dieser Zeit empfand: „Und diese Einsamkeit lässt mich einfach nicht in Ruhe.") Er wachte eines Tages auf und erzählte May Pang, er habe von zwei Frauen geträumt, die seinen Namen riefen, und auch den merkwürdigen Refrains „Ah! Böwakawa poussé, poussé" gehört. Für die Worte gab es keine Übersetzung, aber die Geister waren eindeutig May und Yoko.

Als der Song aufgenommen wurde, der ursprünglich nach der ersten Zeile den Titel ‚So Long' trug, wurde May Pang dementsprechend gebeten, an der passenden Stelle „John" zu flüstern. Man hört auch ein geflüstertes „Hare Krishna, George" als Gruß an den Freund aus Beatleszeiten, mit dem er sich gerade einmal wieder gestritten hatte. Wahrscheinlich war auch das himmlische Gitarrenspiel von Jesse Ed Davis eine bewusste Hommage an Harrisons Stil. Aber auch in diesem Fall war John 1980 dem Stück gegenüber nicht sehr gnädig. In einem BBC-Interview bezeichnete er es als „Handwerksarbeit" – in seinem Wortschatz kein Kompliment.

Warum erhielt es schließlich den Titel ‚#9 Dream'? Eines der esoterischen Gebiete, mit denen sich John seit Mitte der Sechzigerjahre beschäftigt hatte, war die Numerologie, also das okkulte Studium von Zahlen und ihrer verborgenen Bedeutung. Er entschied, die Nummer Neun habe eine besondere Bedeutung in seinem Leben. Er kam am 9. Oktober auf die Welt (wie sein zweiter Sohn Sean), und wohnte in Liverpool in der Newcastle Road 9. Einer seiner ersten Versuche als Songwriter war ‚One after 909'. Sein gewagtestes Beatles-Stück nannte er ‚Revolution 9'. Sogar das Dakota Building lag an der 72nd Street (sieben plus zwei ergibt neun). Einmal sagte er voraus, er werde am neunten Tag eines Monats sterben. Tatsächlich wurde er dann auf der 72nd Street erschossen und um 11:07 nachts (auch diese Addition ergibt neun) im Roosevelt Hospital an der Ninth Avenue für tot erklärt. In New York war das Datum allerdings der 8. Dezember. Aber in Liverpool war es schon frühmorgens – am Morgen des 9. Dezember.

Unten: Mit May Pang und dem Saufkumpan Harry Nilsson im Troubadour.

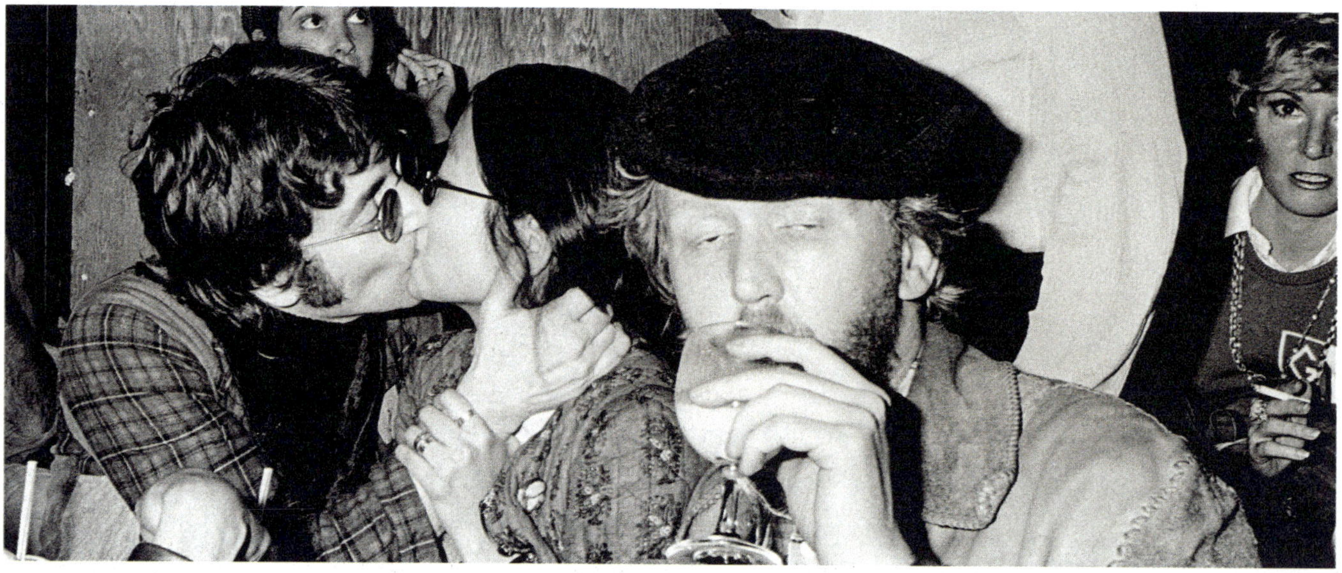

#9 DREAM

So long ago
Was it in a dream, was it just a dream?
I know, yes I know
Seemed so very real, it seemed so real to me

Took a walk down the street
Through the heat whispered trees
I thought I could hear, hear
Hear, hear

Somebody call out my name (John)
As it started to rain (John)
Two spirits dancing so strange

Ah, böwakawa poussé, poussé
Ah, böwakawa poussé, poussé
Ah, böwakawa poussé, poussé

Dream, dream away
Magic in the air, was magic in the air?
I believe, yes I believe
More I cannot say, what more can I say?

On a river of sound
Through the mirror go around, around
I thought I could feel, feel
Feel, feel

Music touching my soul (nhoJ)
Something warm, sudden cold (nhoJ)
The spirit dance was unfolding

Ah, böwakawa poussé, poussé
Ah, böwakawa poussé, poussé
Ah, böwakawa poussé, poussé
Ah, böwakawa poussé, poussé
Ah, böwakawa poussé, poussé
Ah, böwakawa poussé, poussé
Ah, böwakawa poussé, poussé
Ah, böwakawa poussé, poussé
Ah, böwakawa poussé, poussé
Ah, böwakawa poussé, poussé
Ah, böwakawa poussé, poussé
Ah, böwakawa poussé, poussé
Ah, böwakawa poussé, poussé

SURPRISE SURPRISE (SWEET BIRD OF PARADOX)

Es wirkt nur angemessen, dass auch May Pang unter so vielen Liedern für Yoko ein eigenes Stück bekam. Schließlich war sie es, die John in seiner „grauenhaften Einsamkeit" zur Seite stand.

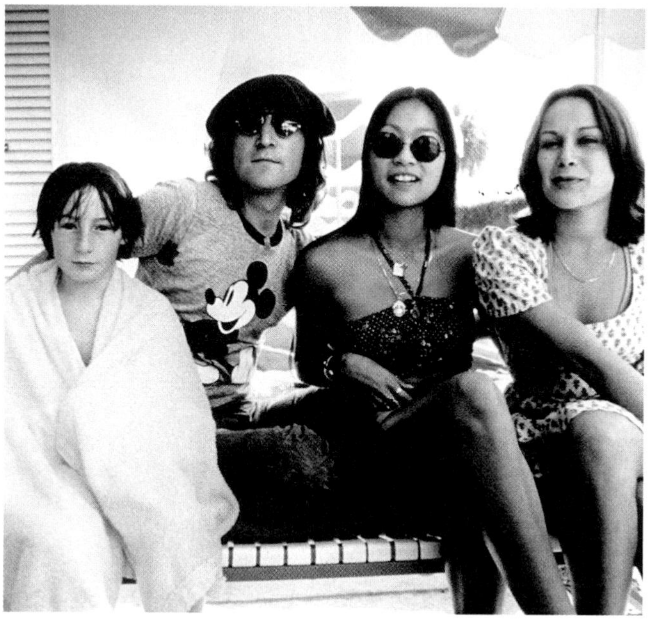

Laut May schrieb John diese unverhohlen sinnliche Huldigung seines „Paradiesvogels" am Anfang ihrer Affäre in New York. Von ihren Gefühlen überwältigt, kamen ihr die Tränen, als er es das erste Mal für sie spielte. ‚Surprise Surprise' bringt vom Wortspiel im Titel bis hin zu den „tweet-tweet, tweet-tweet"-Geräuschen im Ausklang eine willkommene leichtere Note in das Album. John hatte auch hier wieder einen Golden Oldie als Vorbild im Sinn – diesmal war es ‚Little Darlin', mit dem die Diamonds 1957 einen Hit gelandet hatten – auch wenn im fertigen Stück davon nicht mehr viel übrig geblieben ist. Elton John wollte Hintergrundgesang beisteuern, fand es aber anscheinend sehr schwierig, Johns Phrasierung zu folgen.

Oben: Julian Lennon mit John und May in Palm Beach, Florida, auf einem Ausflug, der auch Disneyland einschloss.

Hey!

Sweet as the smell of success
Her body's warm and wet
She gets me through this god awful loneliness
A natural high, butterfly
Oh I need, need, need her

Just like a willow tree
A breath of spring you see
And oh boy you don't know what she do to me
She makes me sweat and forget who I am
Oh, I, I need, need, need, need, need her

Well, I was wondering how long this could go on, on and on
Well, I thought I could never be surprised
But could it be that I bit my own tongue?
Oh yeah, it's so hard to swallow when you're wrong

A bird of paradise
The sunrise in her eyes
God only knows such a sweet surprise
I was blind, she blew my mind, think that I
I love, love, love, love, love her
I love her, I love her, I love her, I love her

Sweet sweet, sweet sweet love
Sweet sweet, sweet sweet love
Sweet sweet, sweet sweet love
Sweet sweet, sweet sweet love
Sweet sweet, sweet sweet love
Ah yeah
Ah yeah

STEEL AND GLASS

Das am meisten diskutierte Stück auf *Walls and Bridges* war diese meisterhaft kaltherzige Schimpfkanonade. In die bekannten orientalisch anmutenden Streicher gehüllt, nimmt ‚Steel And Glass' die symphonische Rachsucht wieder auf, die John mit ‚How Do You Sleep' auf *Imagine* gegenüber Paul ausgelebt hatte.

Insofern ist es angesichts Allen Kleins Beitrag zu dem Vorgängerstück ironisch, dass die Zielscheibe dieses ebenso fiesen Nachfolgers Klein selbst war.

John war jedoch untypisch zurückhaltend in Bezug auf die Identität des Opfers und machte sich einen Spaß daraus, geheimnisvoll zu tun. Mit einem Glucksen nennt er den Song am Anfang eine Geschichte „über deinen Freund und meinen", während flüsternde Stimmen fragen: „Wer ist es? Wer ist es?" In einem Stück, das er für Andy Warhols Zeitschrift *Interview* schrieb, spöttelt John: „Als Nächstes fragt ihr noch, um wen sich ‚Steel And Glass' dreht. Ich kann euch sagen, dass es nicht um Jackie Kennedy geht oder um Mort Sahl, Sammy Davis, Bette Midler … Eartha Kitt, es geht auch nicht um sie." Noch drehe es sich um Paul McCartney. Über seine Auseinandersetzung mit Klein sagt er nur: „Er war untreu."

Trotz ihres legendären Ruhms verdienten die Beatles nicht ungeheuer viel, bevor sich Allen Klein ihrer Angelegenheiten annahm. Er war so erfolgreich in seinen Bemühungen für sie, dass sogar Paul, der gegen seine Anstellung gewesen war, es anerkennen musste. Aber die vorlaute Art des Managers passte nicht in den Firmensitz von Apple in der Saville Row, wo die letzten englischen Gentlemen auf Blumenkinder trafen, die im Zeichen des Wassermanns lebten. Klein gehörte zu keiner der beiden Gruppen.

1974 kehrte Klein nach Manhattan zurück. Man kann sich ihn dort besser vorstellen, wie er an seinem Schreibtisch im 41. Stockwerk des Turms aus „Stahl und Glas" am Broadway residierte. Ein Jahr zuvor hatten sich die anderen drei Beatles von ihm abgewandt, als sein Vertrag mit Apple auslief. Bald waren auch John und er in juristische Auseinandersetzungen verwickelt. Der Song ist ein extrem unschmeichelhaftes Porträt eines aggressiven Geschäftemachers. Besonders grausam ist der Hinweis auf die Mutter, „die dich verlassen hat, als du jung warst". Allen Kleins Mutter war an Krebs gestorben, als er noch ein Säugling war.

Trotz alledem verband die beiden Machos wohl doch eine Hochachtung füreinander und eine gewisse Geistesverwandschaft. John wohnte 1974 sogar als Gast bei Klein, während gleichzeitig die Rechtsstreitigkeiten liefen und nur kurz bevor John ‚Steel And Glass' schrieb. Der Prozess kam dann 1977 zu einem Ende.

Der Fotograf Bob Gruen hatte die merkwürdige Freundschaft der beiden aus nächster Nähe erlebt und berichtet. „John erzählte mir, der Vertrag, mit dem Allen zum Manager der Beatles berufen wurde, habe aus ein oder zwei Absätzen auf einem einzigen Blatt Papier bestanden. Der Vertrag, mit dem die ursprüngliche Vereinbarung aufgelöst wurde, umfasste 87 Seiten … Sie mochten Allen Klein vorher, und sie mochten ihn hinterher. Nur während der Verhandlungen nicht."

Lennon war sich oft nicht im Klaren darüber, wie grausam er manchmal klang. Vielleicht sprach Reue aus ihm, als er ‚Steel And Glas' später als einen „Sohn von ‚How Do You Sleep?'" bezeichnete und bestritt, dass einer der Songs sich auf eine bestimmte Person bezöge. Er behauptet sogar, mit ‚Steel And Glass' habe er sich selbst aufs Korn genommen. Das war jedoch nicht überzeugend, denn John setzte seine Worte mit tödlicher Präzision ein. Vielleicht tat es ihm hinterher leid, aber seine ursprüngliche Absicht war meist unverkennbar.

(This is a story about your friend and mine
Who is it, who is it, who is it?)

There you stand with your L.A. tan
And your New York walk and your New York talk
Your mother left you when you were small
But you're going to wish you wasn't born at all

Steel and glass
Steel and glass
Steel and glass
Steel and glass

Your phone don't ring, no one answers your call
How does it feel to be off the wall

Well, your mouthpiece squawks as he spreads your lies
But you can't pull strings if your hands are tied
Well, your teeth are clean but your mind is capped
You leave your smell like an alley cat

Steel and glass
Steel and glass
Steel and glass
Steel and glass

BEEF JERKY

Es gibt so gut wie keine Instrumentalstücke im Werk von Lennon. Es scheint, als hätte seine Leidenschaft für Worte immer über seine Liebe zur Musik gesiegt. Er sah nicht ein, warum er spielen sollte, wenn nicht, um etwas zu sagen.

Ein nützlicher Aspekt des „Verlorenen Wochenendes" war Johns neue Begeisterung für die Freundesbande im Aufnahmestudio. (Yoko war seit dem „White Album" der Beatles nie von seiner Seite gewichen, was nicht dazu beigetragen hatte, die Stimmung im Studio in der Abbey Road zu verbessern.) ‚Beef Jerky' ist einfach eine gute Rocknummer – und ein willkommenes Zwischenspiel in *Walls And Bridges.* Die Munterkeit des Stücks wird unterstrichen durch die anagrammatische Umwandlung des Namens der Soulband Booker T & the MGs zu Booker Table & the Maitre D's auf dem Cover – eines von Johns schönsten Wortspielen.

> Beef Jerky, beef jerky, beef jerky, beef jerky
> Beef, beef, beef, beef

Unten: Mit Mick Jagger bei der All-Stars-Veranstaltung zu Ehren von James Cagney. Gastgeber war Frank Sinatra.

Gegenüber: An einem anderen Abend im Troubadour mit der kanadischen Sängerin Anne Murray, Nilsson, Alice Cooper und Micky Dolenz von den Monkees.

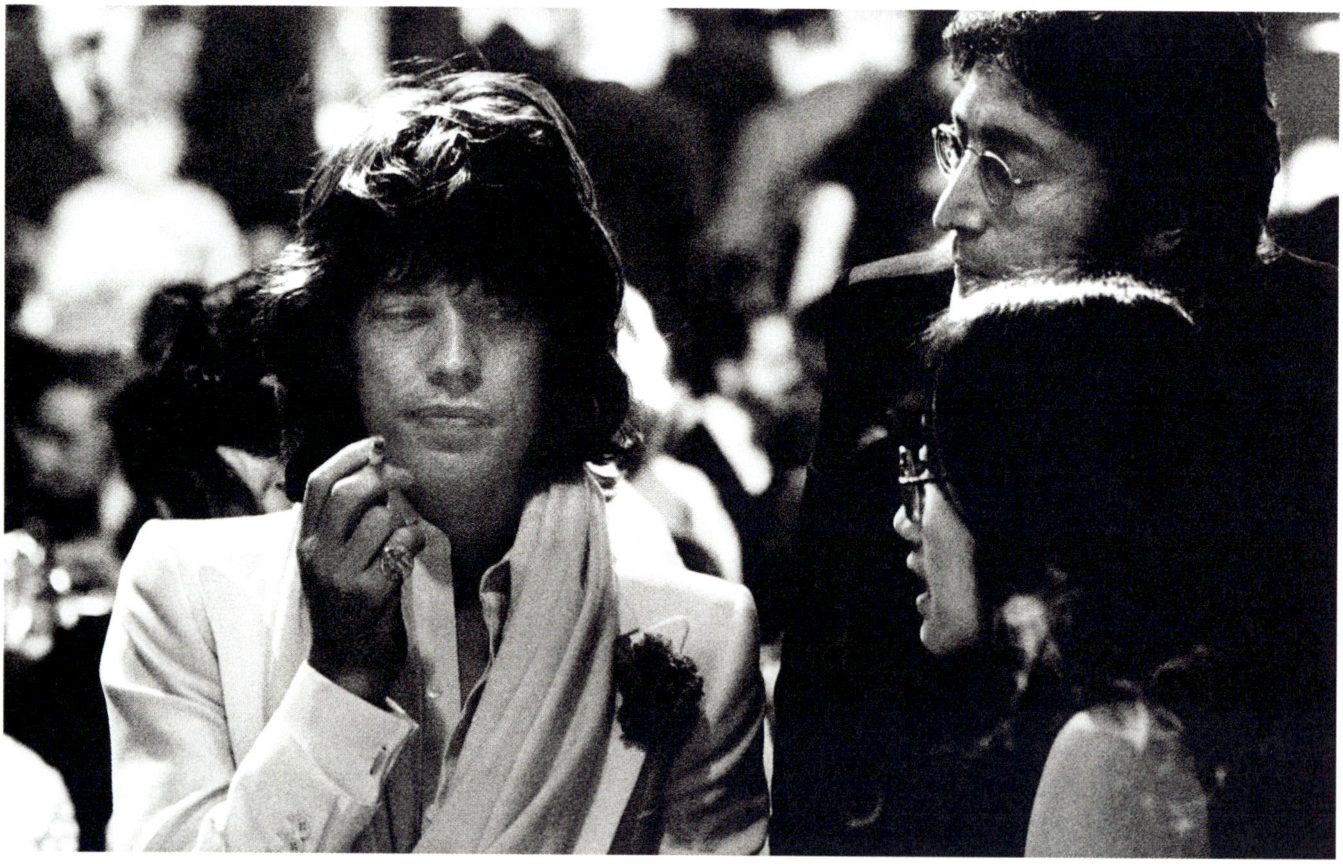

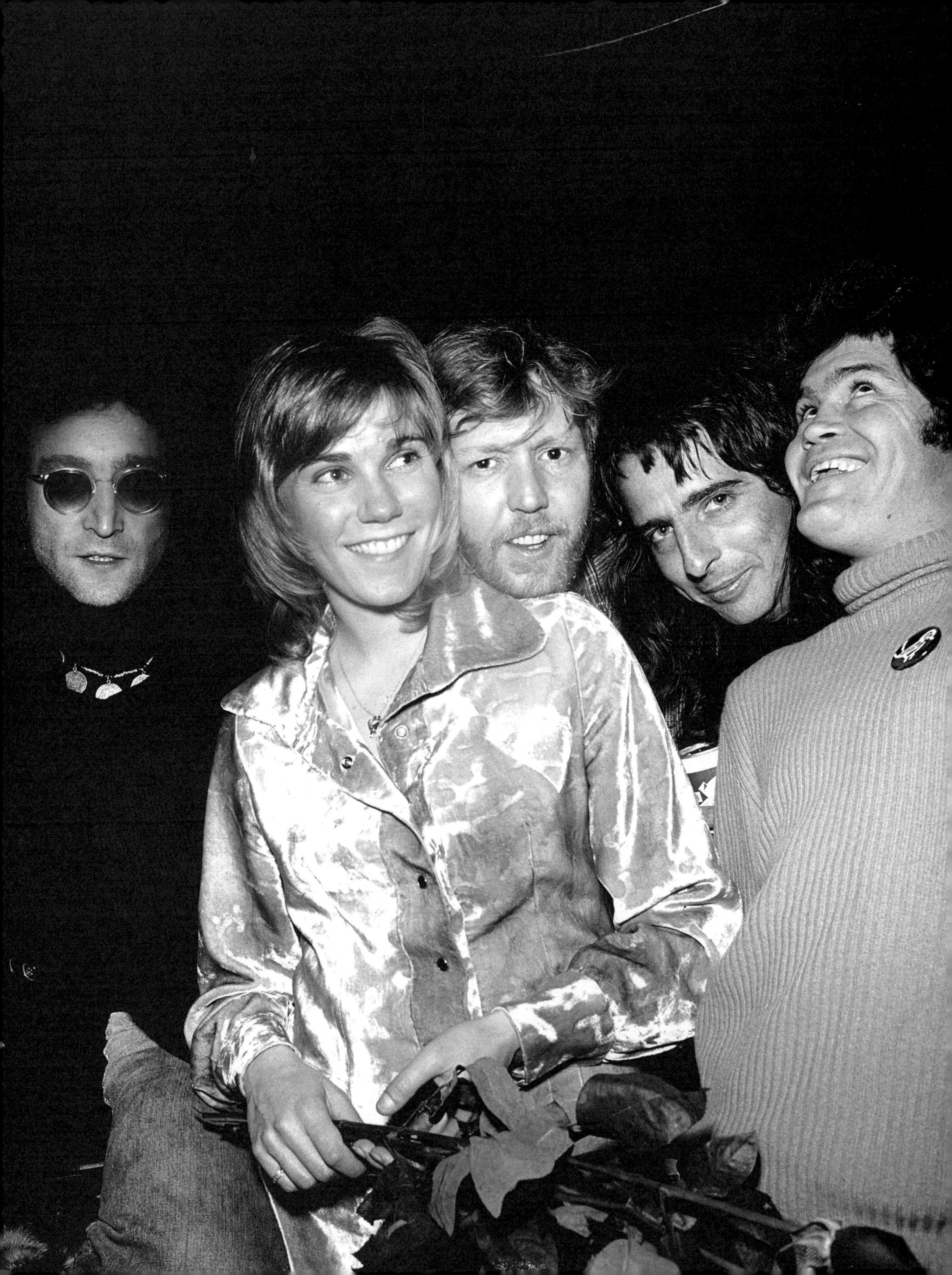

NOBODY LOVES YOU (WHEN YOU'RE DOWN AND OUT)

Diese große Ballade stammt aus einer schlechten Zeit in Lennons Leben. Er lebte nicht nur von seiner geliebten Frau getrennt, sondern befand sich auch künstlerisch auf einem absoluten Tiefpunkt. ‚Nobody Loves You (When You're Down And Out)' ist ein ausuferndes Zeugnis des Lennonschen Zynismus und seines Selbstmitleids, aber gerade deshalb wirkt es sehr aufrichtig.

Er sagte dem *Playboy*: „Es bringt die ganze Zeit, in der ich von Yoko getrennt war, genau auf den Punkt." Er stellte sich das Stück immer von Frank Sinatra interpretiert vor, und die zurückgenommene, spätnächtliche Stimmung erinnert wirklich an den deprimierten Thekenhänger von ‚One For My Baby' oder ‚In The Wee Small Hours Of The Morning'. Der Titel ist eine Variation des alten Bluesstandards ‚Nobody Knows You When You're Down And Out' von Jimmie Cox – John wird sicher die Version gekannt haben, die Eric Clapton 1970 auf *Layla And Other Assorted Love Songs* eingespielt hatte.

Als umfassendes Statement über Johns Lage Mitte der Siebziger bildet ‚Nobody Loves You' mit ‚God' vom Anfang des Jahrzehnts und ‚Starting Over', mit dem es zu Ende ging, einen Dreiklang. Es ist eine Ode an seine Ehe, aber auch ein Appell an seine eigene, älter werdende Generation und an das Publikum, das ihm den Rücken zugewandt hat. In ‚God' hatte er die Illusionen der Jugend für beendet erklärt. In ‚Starting Over' würde eine neue Zielgerichtetheit zum Ausdruck kommen. Aber jetzt, zwischen diesen beiden Punkten, ist er einfach nur erschöpft, von der Konfusion des Lebens niedergerungen.

Das Schlüsselkonzept des Songs ist vermutlich Johns Vorstellung von sich selbst als jemandem, „der auf der anderen Seite gewesen" und zurückgekehrt ist, um davon zu berichten. Mit anderen Worten, er war ein Schamane, der in der modernen Welt der Massenmedien als Entertainer die Träume der Menschen erweckt. Es war eine Aufgabe, die er sich nicht ausgesucht hatte, und die Anforderungen an einen Star hatten ihn fast umgebracht. Schließlich taten sie auch genau das.

Unten: Johns Gastspiel bei Elton Johns Konzert sollte sein letzter öffentlicher Auftritt sein.

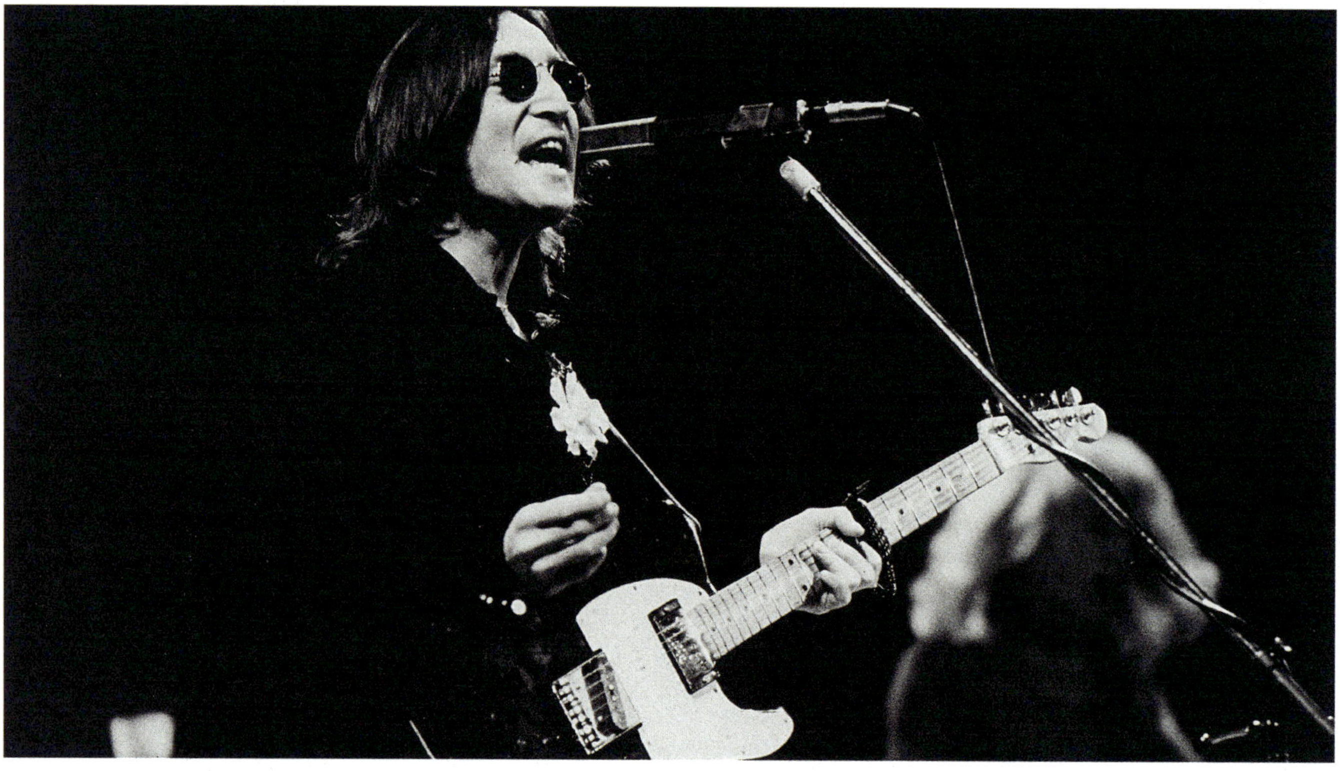

NOBODY LOVES YOU (WHEN YOU'RE DOWN AND OUT)

Nobody loves you when you're down and out
Nobody sees you when you're on cloud nine
Everybody's hustling for a buck and a dime
I'll scratch your back and you scratch mine

I've been across to the other side
I've shown you everything, I got nothing to hide
But still you ask me, do I love you?
What it is, what it is
All I can tell you is, it's all showbiz
All I can tell you is, it's all showbiz

Nobody loves you when you're down and out
Nobody knows you when you're on cloud nine
Everybody's hustling for a buck and a dime
I'll scratch your back and you knife mine

I've been across the water now so many times
I've seen the one-eyed witchdoctor leading the blind
And still you ask me, do I love you?
What you say, what you say
Everytime I put my finger on it, it slips away
Everytime I put my finger on it, it slips away

Well I get up in the morning and I'm looking
in the mirror to see
Ooo wee!
Then I'm lying in the darkness and
I know I can't get to sleep
Ooo wee!

Nobody loves you when you're old and grey
Nobody needs you when you're upside down
Everybody's hollering about their own birthday
Everybody loves you when you're six foot
in the ground

THE ROCK 'N' ROLL ALBUM

Walls And Bridges endet mit einem Schnipsel aus einem alten Lee-Dorsey-Song ‚Ya Ya', auf dem sich Johns Sohn Julian am Schlagzeug probiert, der mit seiner Mutter Cynthia in New York zu Besuch war. Das Stückchen war aufgenommen worden, weil Morris Levy die Rechte dazu hielt, aber der Musikverleger hielt seine Forderung nach Coverversionen von dreien seiner Stück dadurch nicht für erfüllt.

Widerwillig wandte sich John jetzt den Bändern von Phil Spector zu, auch wenn sie ihn schmerzhaft an seine Zeit in LA erinnerten. „Sie sind grauenhaft," sagte er May Pang. „Es muss mir furchtbar gegangen sein, als ich sie gemacht habe." Trotzdem erklärte er sich bereit, das Projekt wiederzubeleben, um Levy zufriedenzustellen. Im Oktober ging er mit der Mannschaft von *Walls and Bridges* wieder in das New Yorker Studio Record Plant. Dort arbeitete er das Material der alten Sessions so weit wie möglich nach und nahm weiteres auf, um ein ganzes Album zu füllen. Später sagte er: „Es war eine vertragliche Zusage an Morris Levy. Es war erniedrigend, und ich bereue, in dieser Position gewesen zu sein, aber ich habe die Verpflichtung erfüllt." Die Idee mit den Fünfzigern war ein Jahr zuvor brandheiß gewesen, vor allem nach *American Graffiti*, aber jetzt wirkt sie nur noch ermüdend.

Aber das alte Material fiel ihm erstaunlich leicht. In der Tiefe seines Herzens hatte John sich nie von der elementaren Schlichtheit der Musik der Fünfzigerjahre gelöst. 1974, zur Blütezeit des „Progressive Rock" nahm Lennon das Auftauchen des Punks vorweg. Der früher Beatles-Produzent George Martin war von Johns Treue zu seinen Rock'n'Roll-Wurzeln genauso überrascht wie alle anderen. Er glaubte, Lennon würde nach *Sgt. Pepper* und *Abbey Road* den Rock zu „einem Mainstream guter neuer Musik weiterentwickeln. Und ich war desillusioniert, als daraus nichts wurde, weil dann der Punk kam, die Sex Pistols und ‚God Save The Queen', und alle ihre Hosen fallen ließen. Ich dachte, es geht doch in eine ganz andere Richtung. Es gab eine Rebellion dagegen, sogar John Lennon gefiel die überproduzierte Musik nicht mehr. Er wollte den guten alten aufrüttelnden Rock'n'Roll. Ich hatte also falsch gelegen. Es kam nicht zustande."

Aber John ging *Rock 'n' Roll* eher mit Nostalgie als mit echter Leidenschaft an. Die Stücke sind gedämpft, milde zurückblickend und meisterhaft retuschiert. Mit der Ausnahme von Lloyd Prices ‚Just Because', das er nicht kannte, bevor Spector es ihm vorspielte, waren die ausgewählten Stücke Ehrungen seiner Teenageridole. Little Richard ist mit ‚Rip It Up', ‚Ready Teddy' und ‚Slippin' And Slidin' stark vertreten, und Chuck Berry wird mit ‚Sweet Little Sixteen' und dem Song geehrt, der den ganzen Ärger mit Levy verursacht hatte: ‚You Can't Catch Me'. Larry Williams war ein besonderer Liebling – zu den Beatles-Covers von ‚Dizzy Miss Lizzy', ‚Slow Down' und ‚Bad Boy' fügte John jetzt noch ‚Bony Moronie' hinzu. Zu den anderen Neueinspielungen gehörten Gene Vincents ‚Be-Bop-A-Lula' und Fats Dominos ‚Ain't That A Shame'.

Auf der endgültigen Tracklist fanden sich nur noch vier Stücke aus den turbulenten Spector-Sessions. Im Rückblick sagte John über seinen begabten, unberechenbaren Kollaborateur: „Ich mag seine Arbeit sehr. Von seiner Persönlichkeit bin ich nicht begeistert." Spector blieb jedoch immer von seiner eigenen Legende überzeugt. 1976 sagte er: „Ich ging nur aus einem Grund ins Studio, und das könnt ihr auch John Lennon sagen. Sie machten Schallplatten, aber ich machte Kunst …"

Das Cover von *Rock 'n' Roll* zierte ein schönes altes Foto von John aus seiner Hamburger Zeit. Als er es 1974 betrachtete, hatte er das Gefühl, sein Leben sei wieder an den Anfangspunkt zurückgekehrt: „Ich dachte, ist das irgendwie Karma? Hier hab ich dieses alte Foto von mir 1961 in Hamburg, und ich höre so auf, wie ich angefangen habe, und singe einfach Rock'n'Roll."

Gegenüber: Eine heutige Aufnahme der Hamburger Straße, in der das Foto des jungen John Lennons entstand, das auf dem Cover des Albums *Rock 'n' Roll* zu sehen ist (Bild im Bild).

„ICH HÖRE DA AUF, WO ICH ANGEFANGEN HABE, ICH SINGE EINFACH ROCK'N'ROLL."

– John Lennon

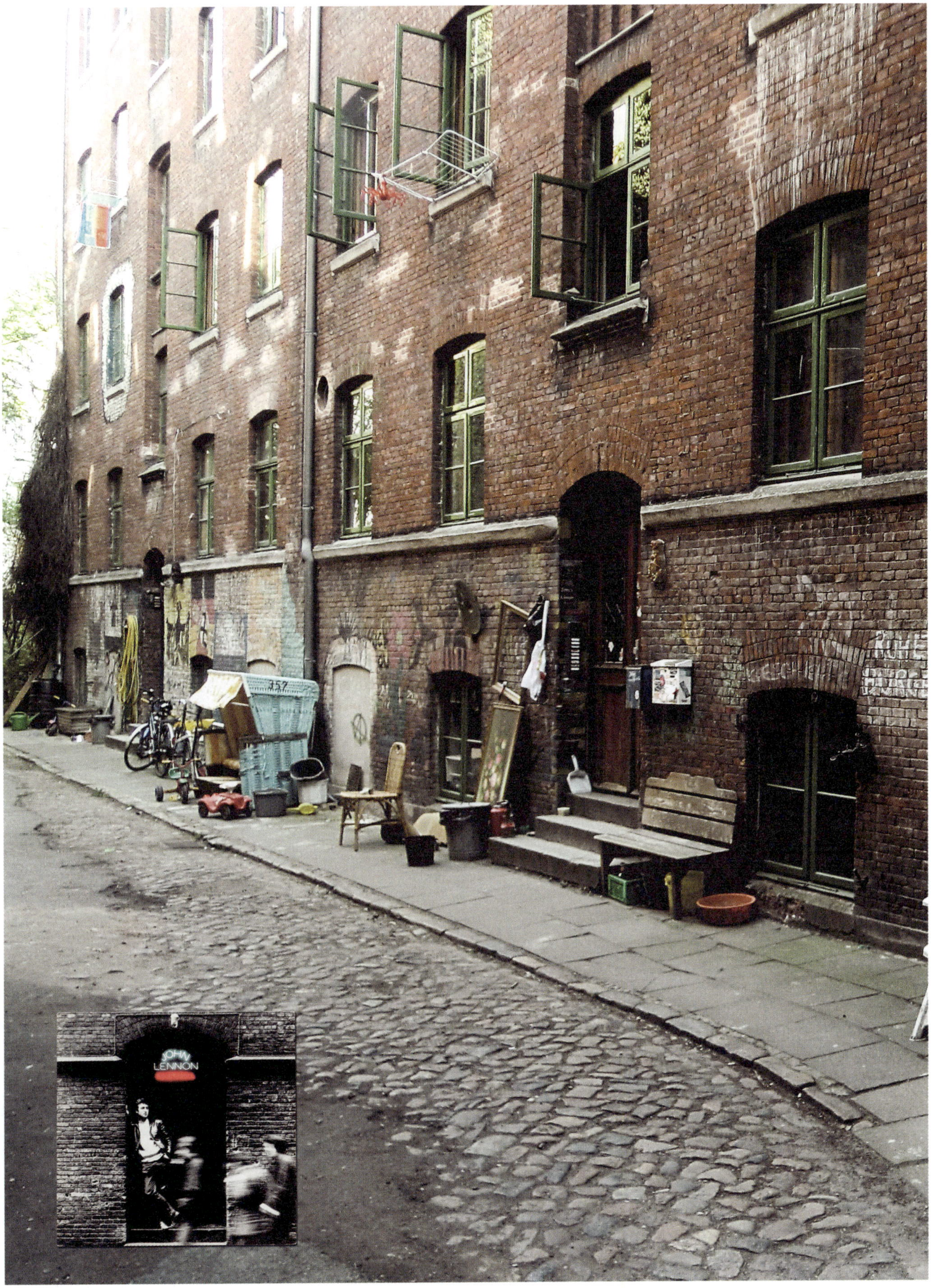
JOHN
LENNON

Kapitel Sieben

DOUBLE

19 80

FANTASY

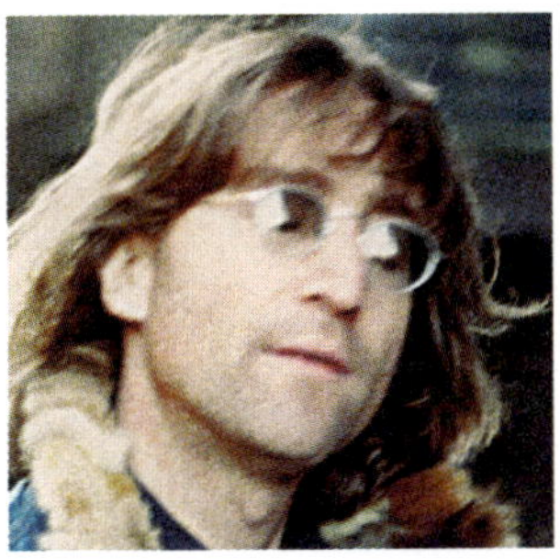

‚(Just Like) Starting Over'

‚Cleanup Time'

‚I'm Losing You'

‚Beautiful Boy (Darling Boy)'

‚Watching The Wheels'

‚Woman'

‚Dear Yoko'

Aufnahme
August bis Oktober 1980, The Hit Factory, New York City.

Produziert von
John Lennon, Yoko Ono, Jack Douglas.

Musiker
John Lennon (Gesang, Rhythmusgitarre, akustische Gitarre, Klavier und Keyboards), Yoko Ono (Gesang), Earl Slick (Lead-Gitarre), Hugh McCracken (Lead-Gitarre), Tony Levin (Bass), George Small (Keyboards), Andy Newmark (Schlagzeug), Arthur Jenkins (Percussion), Ed Walsh (Synthesizer), Robert Greenridge (Steel Pan), Matthew Cunningham (Hackbrett), Randy Stein (Konzertina), Howard Johnson, Grant Hungerford, John Parran, Seldon Powell, George „Young" Opalisky, Roger Rosenberg, David Tofani, Ronald Tooley (Blechbläser), Michelle Simpson, Cassandra Wooten, Cheryl Mason Jacks, Eric Troyer, Benny Cummings Singers, The Kings Temple Choir (Hintergrundgesang).

„Unsere Trennung war ein Fehler." Mit diesem typischen Lennon-Urteil verkündete John öffentlich seine Rückkehr zu Yoko. Als Abschluss des Prozesses, der nach Elton Johns Konzert im Madison Square Garden begonnen hatte, zog John Anfang 1975 wieder in seine Wohnung im Dakota ein. Er besuchte eine Zeit lang zumindest sporadisch noch seine Geliebte May Pang, aber bis an das Ende seiner Tage war er jetzt wieder ein offizieller Teil der Partnerschaft „JohnundYoko".

Im März 1975 erinnerte sich John an das Chaos, das er nur knapp überlebt hatte, und erzählte dem *Rolling Stone:* „Das vergangene Jahr war für mich ganz außergewöhnlich ... Ich fühle mich, als wäre ich auf Sindbads Reise gewesen und hätte mit all den Monstern gekämpft und hätte es wieder zurück geschafft." 1975 begann mit der formellen Auflösung der juristischen Person „Beatles" im Londoner High Court. Und innerhalb eines Monats war Yoko schwanger. Sean, das einzige Kind des Paars, war innerhalb von Tagen nach Johns Rückkehr zu Yoko gezeugt worden.

Endlich winkte die Häuslichkeit. Aber vorher gab es noch Arbeit zu erledigen. Im Februar veröffentlichte Morris Levy unter dem Titel *Roots* ein Album mit den Aufnahmen der *Rock 'n' Roll*-Sessions. Lennon und seine Plattenfirma verklagten ihn sofort und brachten die offizielle Version am 17. Februar heraus. John und Yoko traten das erste Mal bei der Grammy-Verleihung am 1. März wieder gemeinsam öffentlich auf, in Begleitung von David Bowie.

Nur wenige Wochen zuvor hatte John bei der Fertigstellung von Bowies Album *Young Americans* geholfen. Er spielte auf einer Version seines eigenen Stücks ‚Across The Universe' Gitarre und auf einem Stück, das er mit Bowie und dessen Gitarristen Carlos Alomar geschrieben hatte: ‚Fame'. Der Song ist eine trübselige Meditation über die Ödnis des Ruhms und entstand zu einer Zeit, als John sich gerade vom Leben eines Stars abwandte und Bowie auf dem Weg dorthin war. Der eine desillusioniert, der andere ehrgeizig, sangen sie nicht vom gleichen Blatt, aber die Zusammenarbeit der beiden war effektiv. Johns Händchen erwies sich als glücklich, Bowie landete einen Nr.-1-Hit und machte sich in Amerika einen Namen.

Am 18. April spielte Lennon das letzte Mal in seinem Leben vor Publikum. Bei einer Veranstaltung zu Ehren des Filmproduzenten Lew Grade gab John mit einer Band nicht sehr inspirierte Versionen von ‚Imagine', ‚Slippin and Slidin' (vom Album *Rock 'n' Roll)* und Ben E. Kings ‚Stand By Me' zum Besten. Das geladene und dem Anlass entsprechend aufgedonnerte Publikum applaudierte höflich. Zwei Monate später wurde der Auftritt im Fernsehen übertragen

Am 7. Oktober kamen gute Nachrichten: Das Supreme Court von New York annullierte den Ausweisungsbeschluss und ließ den Fall neu aufrollen: „Lennons vierjähriger Kampf darum, in unserem Land bleiben zu dürfen, legt Zeugnis von seinem Glauben in den Amerikanischen Traum ab." Noch bewegender war der 9. Oktober, Johns 35. Geburtstag sowie der Tag, an dem sein Sohn Sean Taro Ono Lennon auf die Welt kam.

So war jetzt die Zeit gekommen, um sich aus der Öffentlichkeit zurückzuziehen. Am 24. Oktober kam mit *Shaved Fish* eine Zusammenstellung seiner Hits aus der Zeit nach den Beatles auf den Markt. Wie die anderen drei Beatles war auch er von der Befürchtung verfolgt, sein ganzes Leben nach 30 könnte nicht mehr als ein fader Nachklapp zu der Zeit mit der Band sein. Inzwischen konnte er aber auch dieser Aussicht gelassen begegnen. Er ließ ganze Wochen verstreichen, in denen er nur mit dem Baby spielte und sich in der Wohnung beschäftigte. Er war „Hausmann" geworden.

Im Juli 1976 erhielt er die begehrte Aufenthaltserlaubnis und kommentierte die Green Card mit den Worten: „Es ist großartig, wieder legal zu sein." Bis 1981, so die Zusage, sollte er die volle Staatsbürgerschaft erhalten. Derart in Wohlanständigkeit gehüllt, nahm er 1977 auch an der Amtseinführung Präsident Jimmy Carters Teil – ein Zeichen dafür, wie sehr das Establishment und der alte Unruhestifter sich aneinander angenähert hatten. Zwei Jahre später spendet der ehemalige Schrecken der Autoritäten $1000 für den Kauf kugelsicherer Westen für die Polizei von New York. Während sich Yoko um die Geschäfte der Familie kümmerte und das Vermögen in Immobilien und Nutztiere investierte, nutzte John seine neue Freiheit und unternahm mehrere Auslandsreisen (allerdings keine nach Großbritannien). 1979 spielten die anderen drei Beatles bei der Hochzeit von Eric Clapton in England. John behauptete, er wäre auch gekommen, habe aber nicht rechtzeitig davon erfahren.

Yoko ermunterte John zu Reisen, weil sie hoffte, so werde sein mangelndes Gefühl der Selbstständigkeit gestärkt. Die Routen wurden anscheinend durch Tarot-Wahrsagungen und uralte japanische Vorstellungen über die magische Geltung von Himmelsrichtungen festgelegt. Am wichtigsten war die Bermudareise 1980, da sie das Vorspiel zu seinem lang erwarteten Comeback war. Er schrieb die meisten Stücke, die er im Lauf des Jahrs aufnahm, auf der Insel. Bei einem Spaziergang durch den Botanischen Garten entdeckte er eine Blume mit dem Namen „Double Fantasy", der die grundlegende Idee des nächsten Projekts der Lennons zum Ausdruck brachte. Es sollte ein Album unter beider Namen werden, das die Songs von John und Yoko zu einem „Dialog der Herzen" vereinte.

Wie John hatte auch Yoko die letzten Jahre scheinbar ohne Musik verbracht. Vorangegangen waren in der nach-*Plastic Ono Band*-Zeit die Alben *Fly* (1971), *Approximately Infinite Universe* und *Feeling The Space* (beide 1973) – vielseitige und gelungene Arbeiten. Sie waren viel näher am Mainstream, aber immer noch unverkennbar von Yoko. Es ist ironisch, dass die Yoko-Stücke, die am ehesten wahrgenommen wurden (auf den Live-Alben *Toronto* und *New York City* und ihre B-Seiten für einige von Johns Hit-Singles), zu jenen gehörten, die am wenigsten zugänglich waren. Im Jahr 1980 wirkte die Vorstellung, ein Album gemeinsam mit John zusammenzustellen, jedoch nicht mehr so weit hergeholt wie früher.

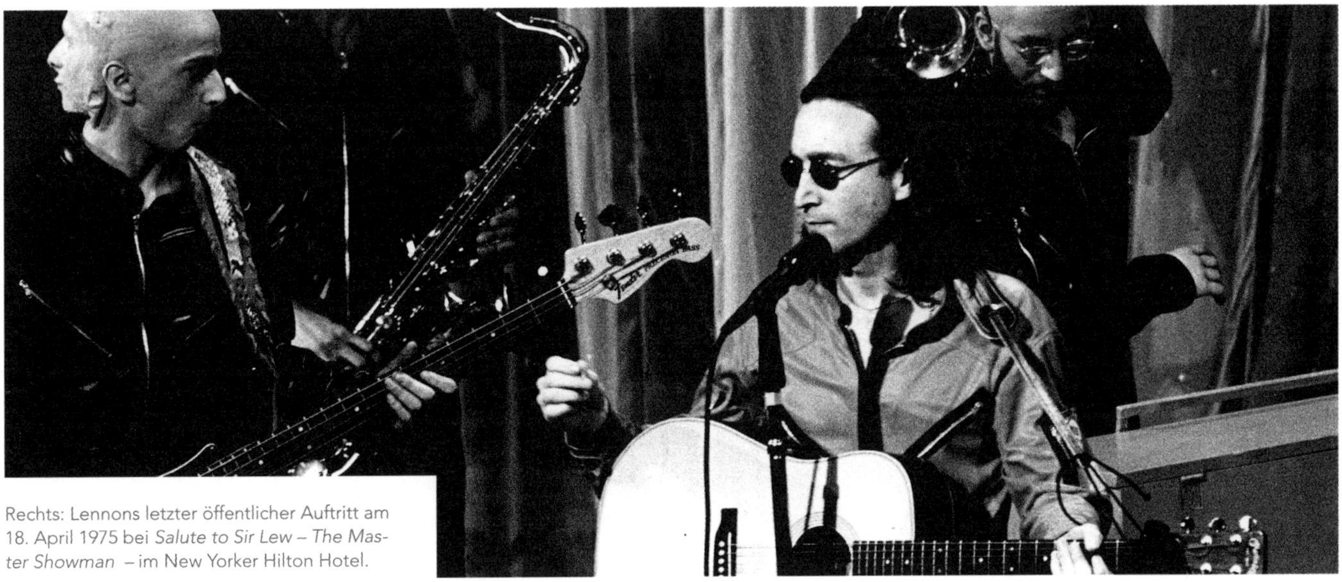

Rechts: Lennons letzter öffentlicher Auftritt am 18. April 1975 bei *Salute to Sir Lew – The Master Showman* – im New Yorker Hilton Hotel.

Warum dauerte das Album so lang? Yoko erzählt: „John sagte: ‚Wir nehmen überhaupt nicht mehr auf! Ich kümmere mich um Sean, du kümmerst dich ums Geschäft!' Er wollte, dass ich ihm das verspreche. Es war schwierig, weil mir Sachen für einen Song einfielen und ich sie aufschrieb, und es ihm genauso ging. Irgendwann wurde mir klar, dass er zwei sehr gute Songs hatte und dass ich zwei Songs hatte, also schlug ich vor: ‚Okay, warum machen wir nicht eine EP?' Und er fragte: ‚Du meinst, wir nehmen wieder auf?' Und nachdem ich das gesagt hatte, fing er an, so viele Songs zu schreiben. Und schließlich sagten wir: ‚Okay, das ist eine LP.' Und er war so glücklich darüber."

„Als uns diese Idee gekommen war, sagte er: ‚Oh, lass uns das machen. Sofort! Ich will nicht, dass jemand anderes es macht, ein anderes Paar könnte es machen.' Also hatten wir es eilig. Aber niemand machte es. Es war eine einzigartige Idee, aber auch sehr schwierig, weil zwei Personen involviert waren ... mit einer gewissen Arroganz, könnte man vielleicht sagen? [lacht]. Aber anders hätte es nicht funktioniert: Wenn die Frau etwas schwächer gewesen wäre, oder der Mann etwas schwächer."

Sie kündigten *Double Fantasy* als eine „Erkundung der sexuellen Fantasien zwischen Männern und Frauen" an. Es sollte eine Art Konzeptalbum sein, und John flachste, sie hätten sich „Ziggy" und „Tommy" (nach den berühmten Rockerzählungen von Bowie und The Who) nennen sollen. Sie wollten aber etwas, das zu ihrem wirklichen Leben passte. Und der wahre Grund für seine Rückkehr zur Musik? Ganz einfach: „Man atmet ein, man atmet aus."

Vorher brauchte er eine neue Plattenfirma. Jedes Label war an John Lennon interessiert, aber die ernsthaften Bewerber waren entsetzt, als sie erfuhren, er plane eine Gemeinschaftsarbeit mit Yoko. Der junge, talentierte Manager David Geffen hatte aber Vertrauen. Er hatte sich nach einer Krebsdiagnose aus dem Geschäft zurückgezogen, kehrte aber 1980 vollkommen gesund zurück, um eine Firma unter seinem eigenen Namen zu gründen. Zu seinen ersten Künstlern gehörte Elton John (später kamen Guns N' Roses und Nirvana hinzu), und am 22. September waren auch John und Yoko an Bord.

„Ich glaube, David war sehr weise." Yoko lächelt. „Kannst du dir vorstellen, die Präsidenten der anderen Plattenfirmen konnten den Gedanken nicht ausstehen, mit mir sprechen zu müssen. [...] Dann schickte mir David Geffen eines Tages ein Telegramm. Das war sehr clever. Ich glaube nicht, dass David zu der Zeit mit mir sprechen wollte, aber ihm war klar, dass er so an sein Ziel käme."

„Als John nach der fünfjährigen Unterbrechung mit seinem Album kam, war die ganze Musikbranche in heller Aufregung. Und nicht sehr begeistert, dass es mich gab. Also beschützte mich John, während wir schöpferisch waren, während wir aufnahmen, er musste mich beschützen."

Die Aufnahmen begannen am 4. August in der New Yorker Hit Factory unter der Aufsicht von Johns altem Produzenten Jack Douglas. Obwohl sich andere ehemalige Kollegen wie Jesse Ed David und Elephant's Memory angeboten hatten, stellte John ein neues Team zusammen, zu dem die Gitarristen Hugh McCracken und Earl Slick (der auch mit Bowie gespielt hatte) gehörten. Mit einer Widmung auf dem Cover an alle, die ihnen geholfen hatten, in den USA zu bleiben, erschien *Double Fantasy* am 17. November, wurde aber von den Kritikern eher zurückhaltend aufgenommen. Die Anfangsverkäufe waren jedoch recht gut und sollten in den folgenden Wochen aus furchtbarem Grund steigen.

John fühlte sich durch sein Comeback energiegeladen. Er gab eine Reihe längerer, unterhaltsamer Interviews und wandte sich bald der Produktion eines neuen Yoko-Stücks zu: ‚Walking On Thin Ice'. Yoko erinnerte sich später: „John und ich waren in der ersten Dezemberwoche unglaublich glücklich. *Double Fantasy* war in den Top 10. Es war nur eine Frage der Zeit, bis es die Nr. 1 war, da es noch zwei Wochen vor Weihnachten war und sich das Album gut verkaufte. Wir haben immer wieder gesagt: ‚Wir haben es geschafft, wir haben es geschafft!', und uns in den Arm genommen."

John spielte mit dem Gedanken, 1981 eine Welttournee zu machen. Er wollte auch nach Großbritannien, hatte es aber nicht eilig. „Glaubst du, das Land verschwindet einfach?", fragte er einen Interviewer. Er gestand auch, dass er Probleme mit der neuen Dezimalwährung hatte. Am 7. Dezember berührte ihn ein Buch über Liverpool stark. Am 8. Dezember ging er mit Yoko ins Studio, um an ‚Thin Ice' zu arbeiten. Inmitten all dieser Aktivität versammelte sich eine wachsende Zahl von Fans trotz des New Yorker Winters mit Autogrammbüchern und LP-Hüllen vor den Türen des Dakota.

(JUST LIKE) STARTING OVER

1970 hatte John Lennons erstes Soloalbum mit einer läutenden Glocke eingesetzt. Jetzt erklang in einer absichtlichen Wiederaufnahme auch am Anfang seines letzten Albums erneut eine Glocke. Diesmal war es nicht ein verlangsamter Unglückston, sondern das aufmunternde Klingeln einer traditionellen japanischen „Wunschglocke". Das Stück, das damit beginnt, ‚(Just Like) Starting Over', war in jeder Hinsicht die Verkündung eines Neuanfangs. Wenn das schwermütige Album des Jahres 1970 die Abkehr von seiner Vergangenheit erklärte, dann sah Johns neuer Song der Zukunft mit hoffnungsvollem Herzen entgegen.

Das Stück baut auf einem 1979er Demoband auf, an dem John 1980 während seines Bermuda-Urlaubs weiterarbeitete, während Sean in der Sonne spielte und Yoko sich in New York um die Geschäfte kümmerte. Es dreht sich um ein langjähriges Paar, dessen Liebe noch stark ist, bei dem aber beide Zeit alleine benötigen, um zu den Gefühlen ihrer Anfangszeit zurückzugelangen. John erwähnte in einem BBC-Interview, er habe den Titel von einem Country-Song übernommen. Vermutlich war damit ‚Starting Over Again' gemeint, ein Donna-Summer-Stück, das in einer Coverversion von Dolly Parton Ende Mai 1980 die Nr. 1 der Country-Hitparade erreichte, als John gerade dabei war, sein Album zusammenstellen. Allerdings wird in dem Parton-Song ironischerweise die Geschichte eines Paars erzählt, das nach 30jähriger Ehe beschließt, sich scheiden zu lassen.

John überlegte kurzzeitig, den Vers „It's time to spread our wings" zu streichen, damit man ihm keine Anspielung auf Paul McCartneys Gruppe der 1970er Jahre unterstellen könnte. Aber die Person, um die es in dem Stück geht, ist ganz eindeutig John. Die hallenden Echoeffekte und das treibende Schlagzeug wecken

Unten: Roy Orbisons Einfluss auf John ist in ‚(Just Like) Starting Over' immer noch zu hören..

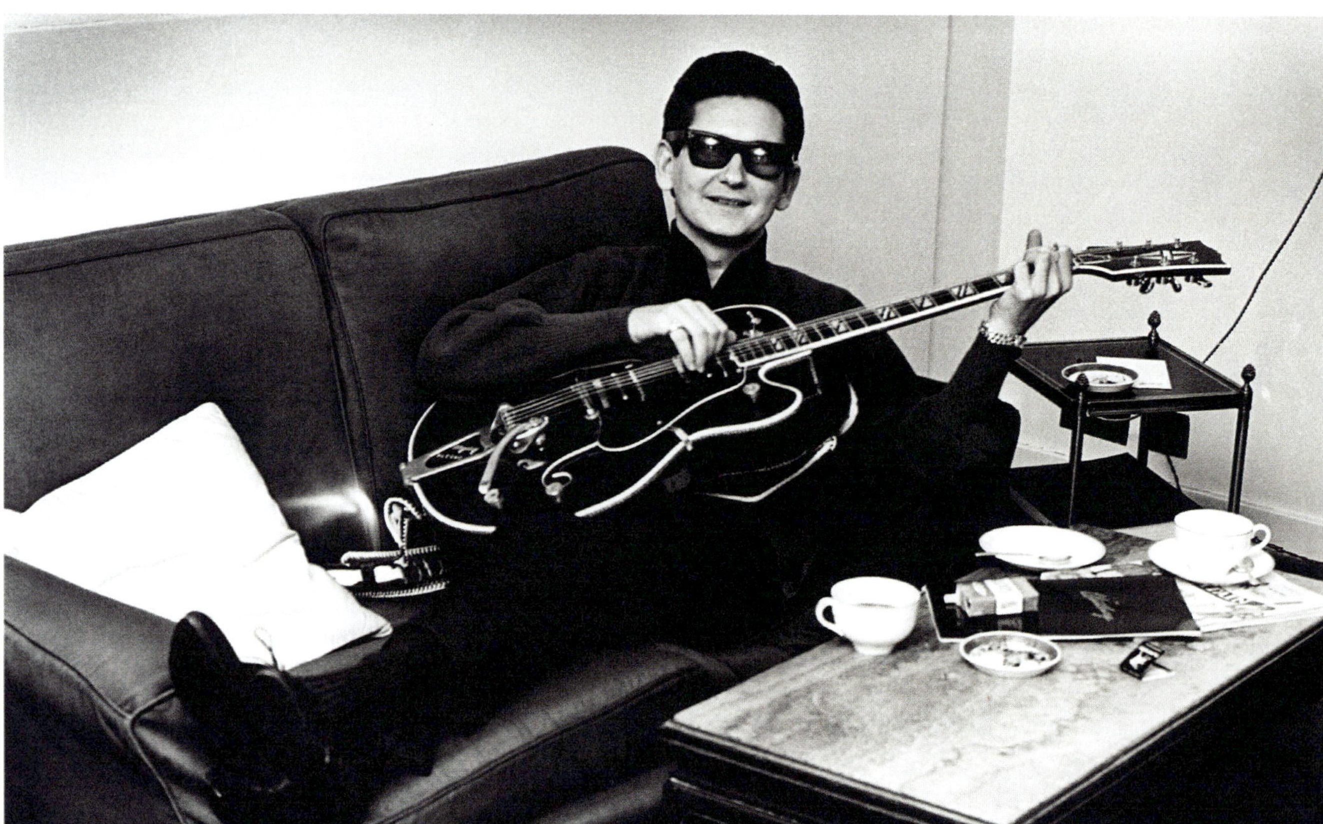

(JUST LIKE) STARTING OVER

Our life together is so precious together
We have grown, we have grown
Although our love is still special
Let's take a chance and fly away somewhere alone

It's been too long since we took the time
No-one's to blame, I know time flies so quickly
But when I see you darling
It's like we both are falling in love again
It'll be just like starting over, starting over

Everyday we used to make it love
Why can't we be making love nice and easy
It's time to spread our wings and fly
Don't let another day go by my love
It'll be just like starting over, starting over

Why don't we take off alone
Take a trip somewhere far, far away
We'll be together all alone again
Like we used to in the early days
Well, well, well darling

It's been too long since we took the time
No-one's to blame, I know time flies so quickly
But when I see you darling
It's like we both are falling in love again
It'll be just like starting over, starting over

Our life together is so precious together
We have grown, we have grown
Although our love is still special
Let's take a chance and fly away somewhere
Starting over
Starting over
Over and over

halb vergessene Erinnerungen an alte Solo-Stücke wie ‚Instant Karma!'. Und da er dabei war, von Neuem anzufangen, warum nicht gleich noch weiter zurückgehen, bis zu der Zeit vor den Beatles, zu der Musik, die er in seiner Jugend geliebt hatte? Unter dem Namen „Elvis Orbison" versetzte er also die Aufnahme mit altmodischen Effekten, die er liebevoll von Roy Orbisons ‚Only The Lonely' und Elvis Presleys ‚I Want You, I Need You, I Love You' übernahm.

So zeigte der „harte, unsentimentale" Beatle auch hier wieder seine Neigung zur Nostalgie. Er betonte, dass ‚(Just Like) Starting Over' an seine eigene Generation gerichtet war: „Wir sagen nur, dass es dies ist, was uns passiert." Yoko führte das weiter aus und erklärte, die Sechziger hätten den Menschen die Sehnsucht nach Freiheit gegeben, aber in den Siebzigern sei es zu Konflikten zwischen Männern und Frauen gekommen, die Beziehungen zerstört und das Familienleben beschädigt hätten. In den Achtzigern gäben sie und John der Hoffnung Ausdruck, die Menschen würden wieder zueinander finden.

Lennon hatte nie Gelegenheit, diese Ideen gründlicher zu untersuchen. Auch wenn das Stück andeutet, was in seinem Denken vielleicht wichtig geworden wäre – der Wert der Familie, die Notwendigkeit des sozialen Zusammenhalts, die Rolle von Pflichten im Gegensatz zu Rechten – so nahm ihm seine musikalische Verspieltheit vielleicht doch etwas von seiner Größe. Als es am 27. Oktober 1980 auf den Markt kam, lag sein Reiz vor allem darin, einmal wieder Johns Stimme zu hören.

Gegenüber: Eines der letzten bekannten Fotos von John, kurz vor seinem Tod im Dezember 1980 aufgenommen.

Unten: Die Lennons in jenem letzten Jahr zusammen unterwegs in New York.

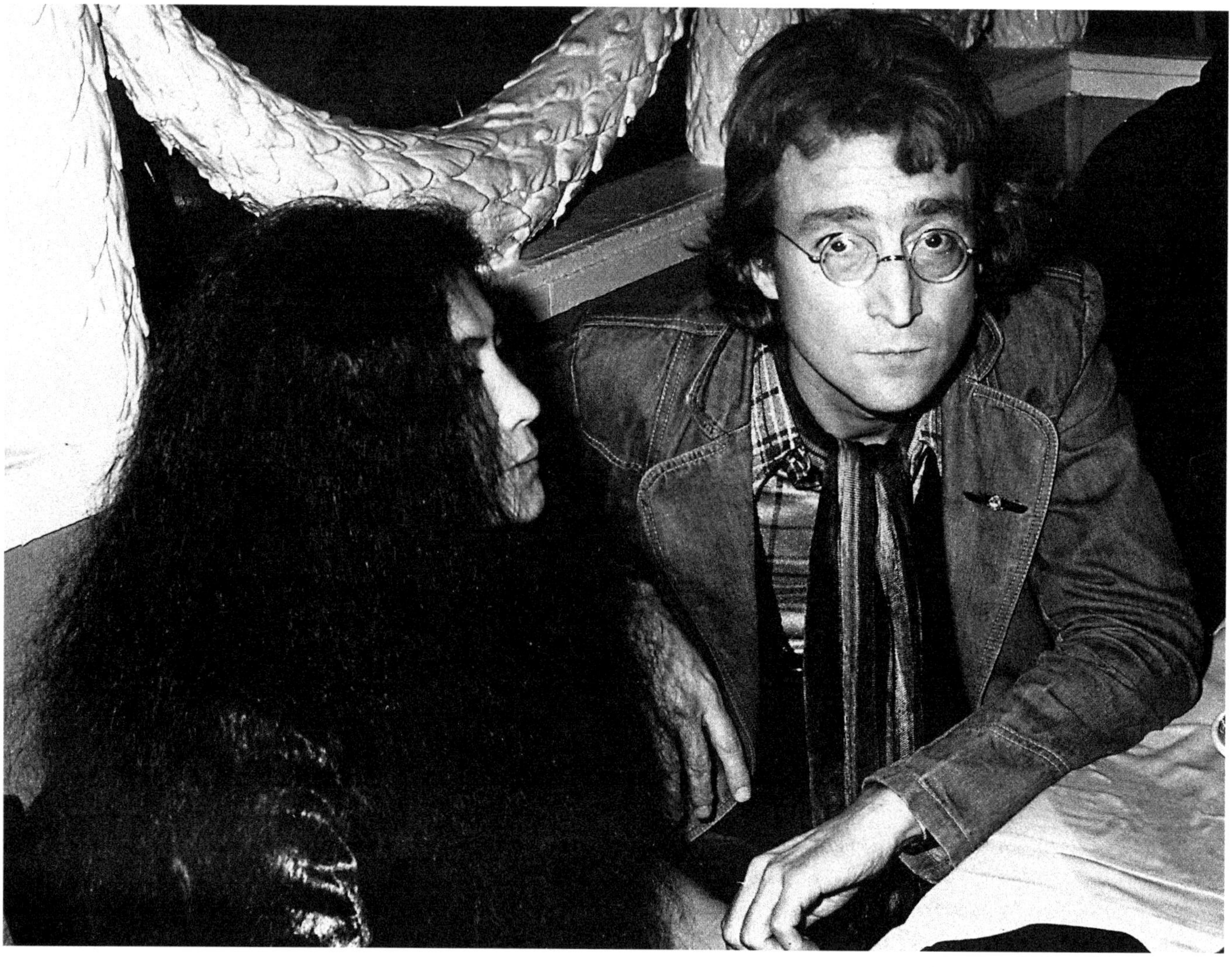

„ALS UNS DIESE IDEE GEKOMMEN WAR, SAGTE ER, ‚OH LASS UNS DAS SOFORT MACHEN!'"

– Yoko Ono

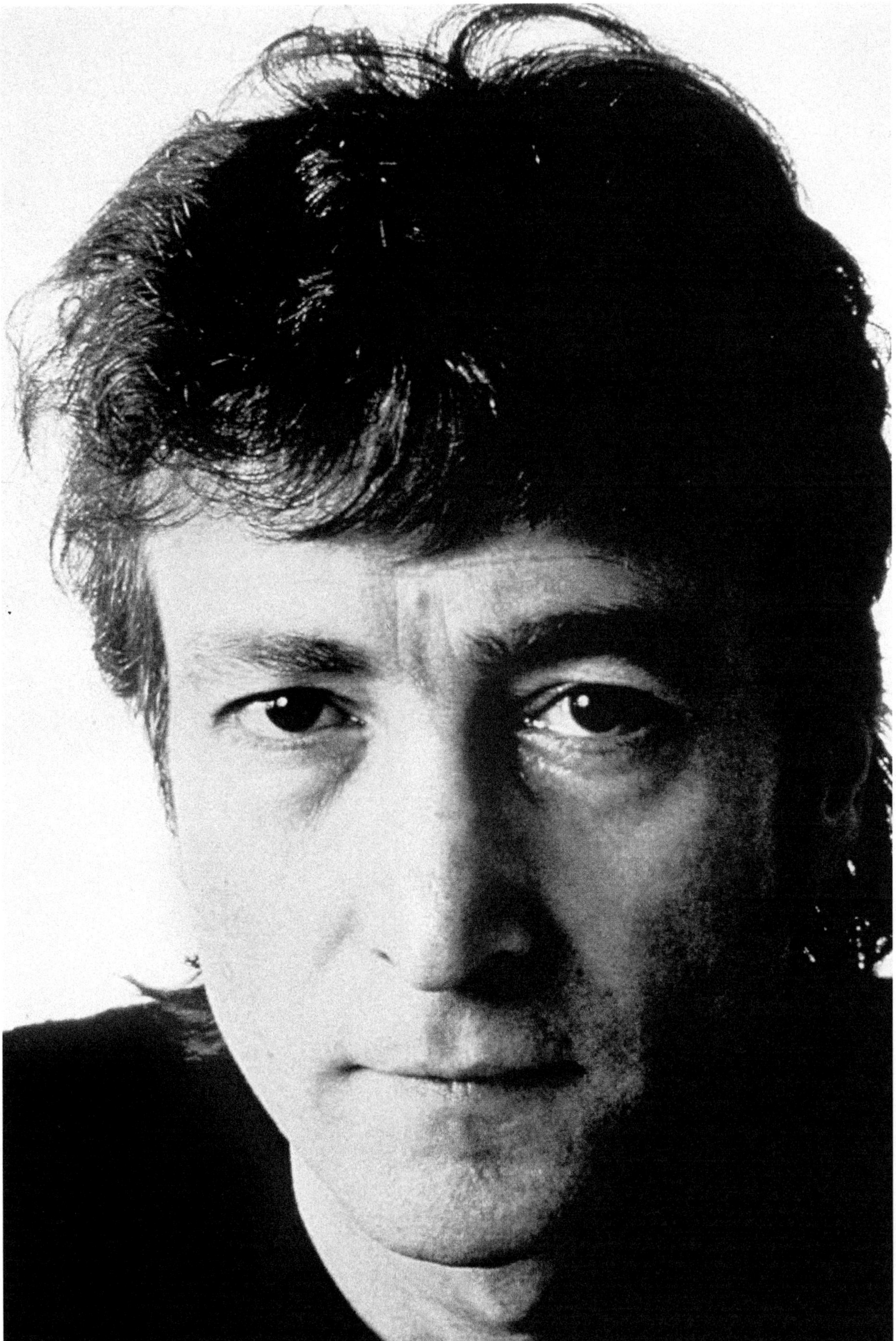

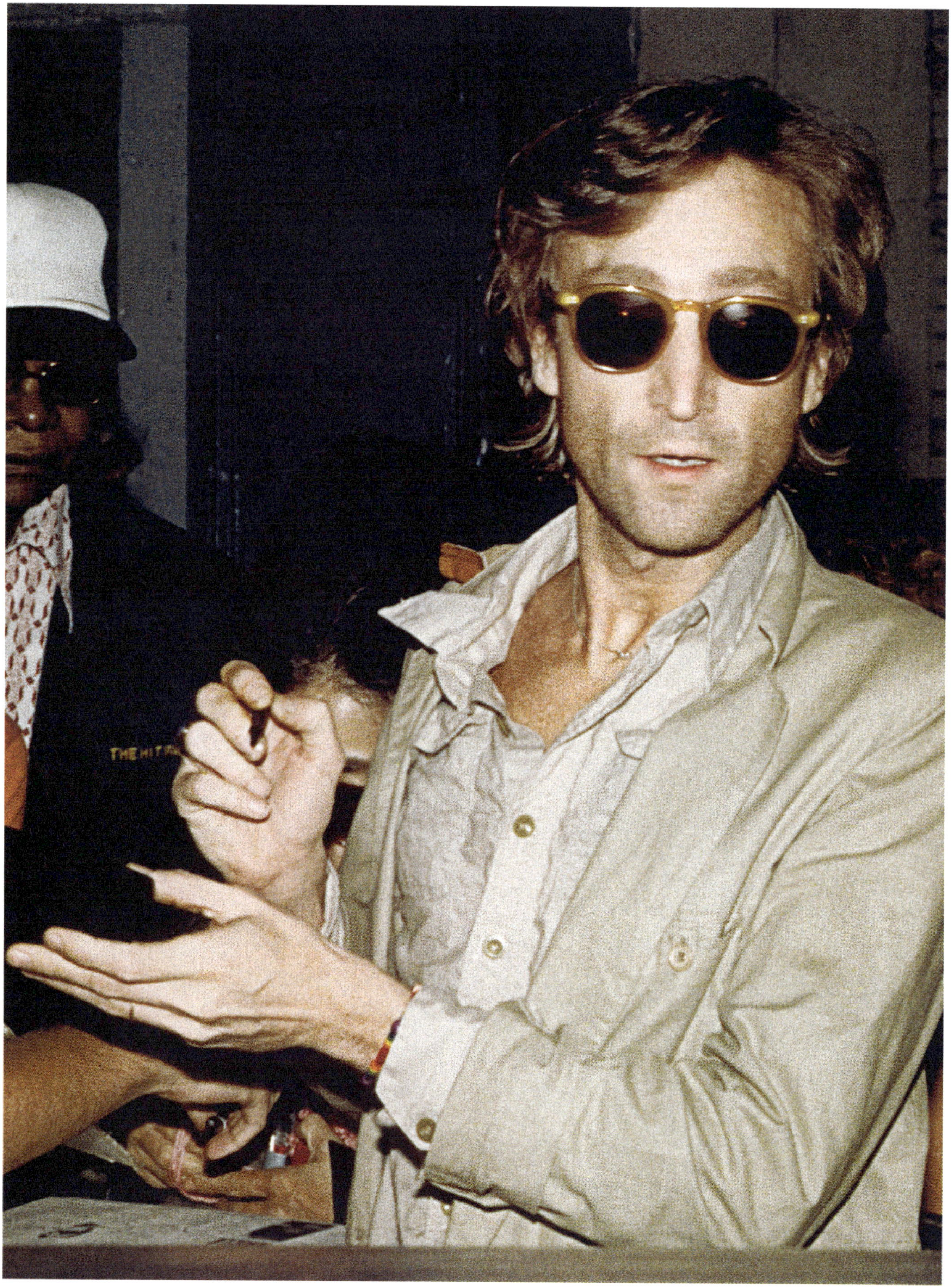

CLEANUP TIME

Während eines Telefongesprächs von Bermuda mit seinem Produzenten Jack Douglas in New York erwähnte John die vermeintliche Neigung der Leute, Alkohol und Drogen aufzugeben. Douglas erwiderte: „Na ja, es ist *cleanup time*, oder?“

Der Ausdruck gefiel John, und er antworte: „Das stimmt wirklich“, beendete das Gespräch, ging ans Klavier und „fing einfach an, vor mich hin zu spielen“. Einen Titel und eine Melodie hatte er jetzt, es fehlte noch eine Geschichte. Er dachte an zu Hause und verfiel auf eine Beschreibung des Lebens der Lennons im Dakota. Dort lebten sie in ihrem „Versailler Palast“ wie der König und die Königin aus dem alten englischen Kindergedicht ‚Sing A Song Of Sixpence‘, in dem es heißt: „Der König sitzt im Zählhaus und zählt sein Geld, die Königin sitzt im Salon und isst Brot mit Honig“.

Mit dieser Szene hatte er sich schon in dem Beatles-Stück ‚Cry Baby Cry‘ beschäftigt, aber jetzt gibt er ihr einen neuen Drall. John und Yoko hatten die Rollen getauscht – die Ehefrau war zur Geschäftsfrau geworden, der Ehemann zum Hausmann. Yoko war im Büro und kümmerte sich um die Finanzen, und John war in der Küche und machte nicht Kohle, sondern Brote ... So erzählten sie es wenigstens gerne. Es ist bekannt, das Yoko harte Verhandlungen führen konnte, aber es gibt weniger Beweise dafür, dass John sich tatsächlich in Schürze um Kind und Haushalt kümmerte, wie er es so gerne vorgab. Tatsache war, dass Yoko nie sonderlich häuslich gewesen war, und es John unmöglich war, sich auf Geschäftliches zu konzentrieren.

Eine Frage bleibt jedoch, und zwar die, für wen es wirklich ‚Zeit, sauber zu werden‘ war. John behauptete, lediglich eine allgemeine Beobachtung angestellt zu haben. Aber der Song spielt eindeutig in ihrem Haushalt. Die Lennons hatten immer behauptet, seit Seans Geburt im Jahr 1975 keine Drogen genommen zu haben. Aber ein Artikel im *Rolling Stone* aus dem Jahr 1988, der einigen der wilderen Theorien von Albert Goldmann über die Lennons entgegentrat, könnte dennoch so gelesen werden, als habe Yoko einen kurzen Rückfall gegen Ende 1979 eingestanden. Sie sagte: „Es war nicht gut. Aber andererseits bin ich stolz, es überwunden zu haben.“

Gegenüber: John schreibt nach einer Aufnahmesession für *Double Fantasy* in der Hit Factory im August 1980 Autogramme.

Moonlight on the water
Sunlight on my face
You and me together
We are in our place

The Gods are in the heavens
Angels treat us well
Oracle has spoken
We cast the perfect spell

The queen is in the counting house
Counting out the money
The king is in the kitchen
Making bread and honey
No friends and yet no enemies
Absolutely free
No rats aboard the magic ship
Of perfect harmony

Now it begins, let it begin
Cleanup time, hey, cleanup time
Cleanup time, well, well, well

However far we travel
Wherever we may roam
The center of the circle
Will always be our home, yeah, yeah

Yeah, cleanup time
Cleanup time, cleanup time
Cleanup time, cleanup time
Cleanup time, cleanup time

I'M LOSING YOU

Diese Nummer hatte John zuerst 1978 als ‚Stranger's Room' in Angriff genommen. Für sich genommen, wirkt es wie die Beschreibung eines ehelichen Fehltritts. John behauptete jedoch lieber, die Ursprünge lägen in einem vergeblichen Versuch, von Bermuda aus Yoko in New York am Telefon zu erreichen. Yoko hatte ihn auf der Insel nur kurz besucht, um dann in ihr Büro im Dakota zurückzukehren. John war frustriert, weil es schwierig war, sie dort zu erreichen.

Über die gescheiterte Kontaktaufnahme sagte er später: „Ich war vollkommen sauer, fühlte mich verloren und abgeschnitten." Er verglich diese Isolation mit seinem „Verlorenen Wochenende" Mitte der Siebzigerjahre oder sogar mit dem Verlust seiner Mutter.

Und doch ist ‚Losing You' vor allem ein Lied über häusliche Auseinandersetzungen. Den Lennons wurde oft vorgeworfen, sie hätten mit *Double Fantasy* und den begleitenden Interviews ein übermäßig friediches Bild ihrer Ehe malen wollen. Aber wie sonst auch versuchen ihre Songs nicht, die Wahrheit zu verbergen. Wenn John und Yoko einen Zustand der Harmonie erreichten, dann verkündeten sie das öffentlich; wenn es ihnen aber mal nicht gelang, dann versteckten sie einen solchen Fehlschlag in ihren Songs auch keineswegs. Der unerschrockene Realismus von ‚I'm Losing You' wird noch dadurch verstärkt, dass er direkt in Yokos höhnisches Adieu-Lied ‚I'm Moving On' übergeht. Durch einige elektronische Störgeräusche und die grelle, zerrissene Gitarre von Earl Slick verbunden stellen die beiden Spuren eine direkte Konfrontation dar. Hier funktioniert die Idee eines „Dialogs zweier Herzen" sehr gut. Yoko sieht es auch so: „Das Stück ist nicht glücklich und optimistisch. Es berührt mich immer noch, wenn ich es heute höre."

Kein Wunder, dass ‚I'm Losing You' an seinen seelischen Tiefpunkt 1973 erinnerte, als Yoko ‚I'm Moving On' schrieb und ihn prompt rausschmiss. Man kann nicht wissen, ob sich die Geschichte wiederholen sollte, aber ‚I'm Losing You' ist zumindest eine Beweis, dass *Double Fantasy* ein Werk größerer emotionaler Komplexität ist, als viele seiner Kritiker zugeben wollten.

Gegenüber: Lennon in der Hit Factory, New York im November 1980.

Here in some stranger's room
Late in the afternoon
What am I doing here at all?
Ain't no doubt about it

I'm losing you
I'm losing you

Somehow the wires have crossed
Communication's lost
Can't even get you on the telephone
Just got to shout about it

I'm losing you
I'm losing you

Well, here in the valley of indecision
I don't know what to do
I feel you slipping away
I feel you slipping away

I'm losing you
I'm losing you

Well now, you say you're not getting enough
But I remind you of all that bad, bad, bad stuff
So what the hell am I supposed to do?
Just put a band-aid on it?
And stop the bleeding now
Stop the bleeding now

I'm losing you
I'm losing you

Well, well, well

I know I hurt you then
But hell that was way back when
Well, do you still have to carry that cross? (drop it)
Don't want to hear about it

I'm losing you
I'm losing you
Don't wanna lose you now
Well
No, no, no, no

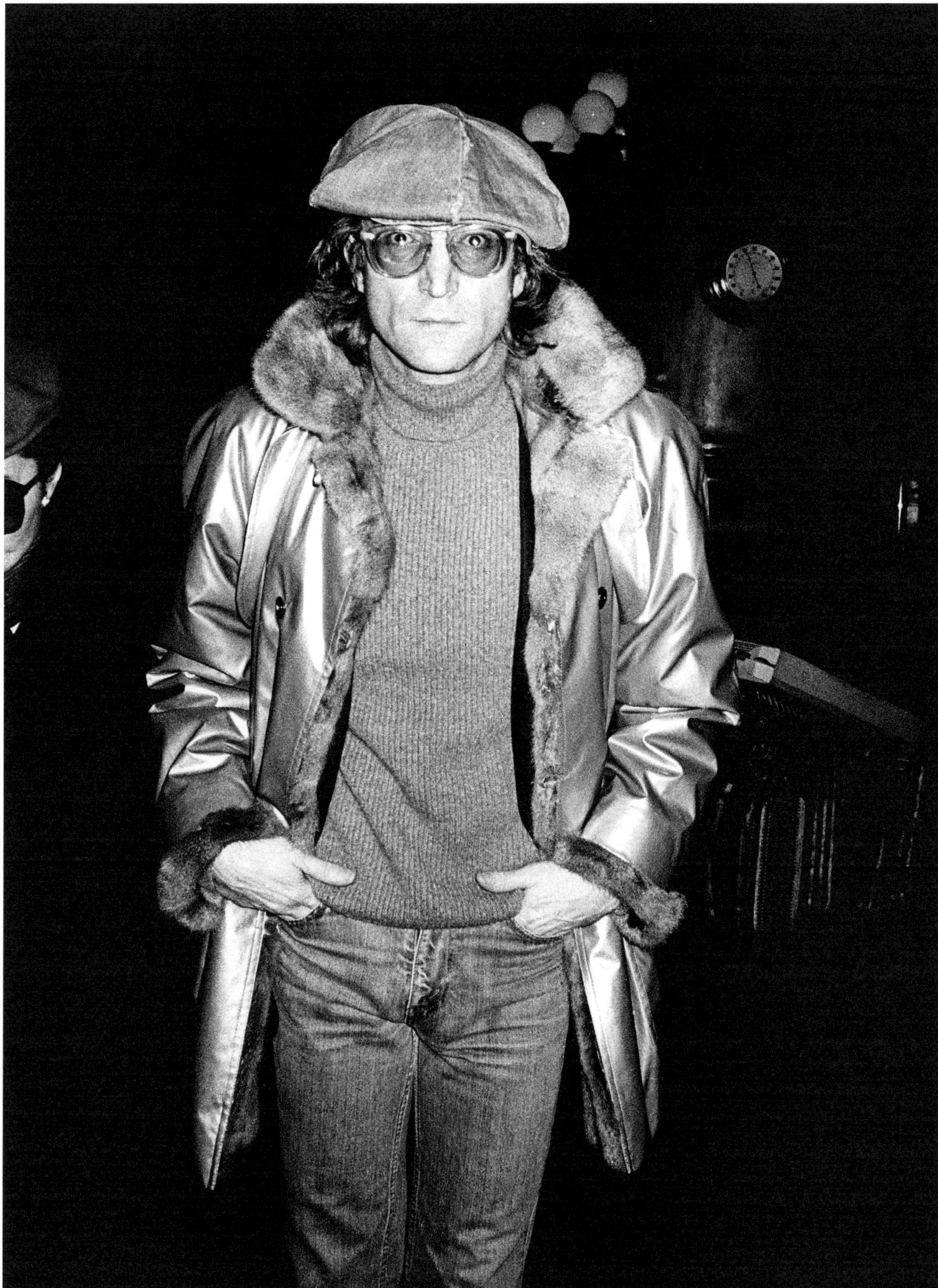

BEAUTIFUL BOY (DARLING BOY)

Das wichtigste Ereignis des Jahrs 1975 war für John die Schwangerschaft seiner Frau. Sie stellte sich nach wiederholten Fehlgeburten und trotz Johns Glauben ein, sein Körper sei zu geschwächt, um jemals wieder ein Kind zu zeugen. Julian, sein erster Sohn, war nicht geplant gewesen – worauf er taktlos anspielte, indem er sagte: „Neunzig Prozent der Menschen auf diesem Planeten kamen aus einer Flasche Whisky am Samstagabend.

Sean war allerdings das Kind, das Yoko und er sich erhofft hatten, und sie widmeten der Schwangerschaft viel Liebe und Aufmerksamkeit. Unter der Anleitung des chinesischen Arztes, dem John auch seine anhaltende Drogenabstinenz zuschrieb, setzten sie ihr Vertrauen in ein gesundes Leben, makrobiotische Ernährung und Akupunktur.

In Sean erblickten sie das fleischgewordene Wort. Ihre Verbindung hatte auf eine Weise Gestalt angenommen, über die sie zuvor nur hatten singen können. Nach der Geburt ließ Johns künstlerische Produktion nach, aber er übernahm die Vaterrolle, vor der er sich bei Julian gedrückt hatte. Das Stück ist ein wirklich anrührendes, von karibischen Steel-Pan-Klängen untermaltes Einschlaflied. Die Melodie und der Text sind John fast gleichzeitig eingefallen, ein Zeichen ihrer schlichten Aufrichtigkeit. Er war stolz darauf, wie viel Zeit sie in Seans ersten fünf Lebensjahren zusammen verbrachten, und glaubte, die nächste Generation wäre glücklicher, wenn mehr Eltern es genauso täten. Aber er nahm es Mick Jagger übel, als dieser behauptete, John habe seine Musik geopfert, um zu Hause zu bleiben. Als ob es nicht möglich sei, beides zu tun.

Unter den Weisheiten, die John an seinen Sohn weiterreicht, ist die berühmte Zeile „Leben ist das, was passiert, während man damit beschäftigt ist, andere Pläne zu machen". Der britische Astrologe Patric Walker behauptet, dies sei eine Sentenz der muslimischen Sufis, die er Lennon „eines Morgens beim Kaffee in New York" erzählt habe. John verwendete sie erstmals 1979 in dem Song ‚My Life', den er später aufgab. Angesichts der Ereignisse, die folgen sollten, ist es ein Vers, der immer noch unliebsame Kraft besitzt.

Julian gegenüber fühlte John sich wegen seiner Vernachlässigung schuldig. „Es ist nicht das beste Vater-Sohn-Verhältnis, aber es ist eines… Ich hatte nicht miterlebt, wie Julian aufwuchs, und jetzt erzählt mir ein 17jähriger am Telefon etwas über Motorräder." Julian Lennon sagte später: „Das letzte Jahr war das beste, würde ich sagen. Ich wurde älter, ich fing an, Sachen besser zu verstehen und auch Dad zu verstehen. Gegen Ende kamen wir uns wirklich näher."

Paul McCartney erinnerte sich 1995 an einen Urlaub mit John und Julian in Griechenland. Paul spielte mit dem Jungen, und John war neugierig: „Er fragte: ‚Wie machst du das?' Zum Glück hatte John gegen Ende seines Lebens herausgefunden, wie man das macht."

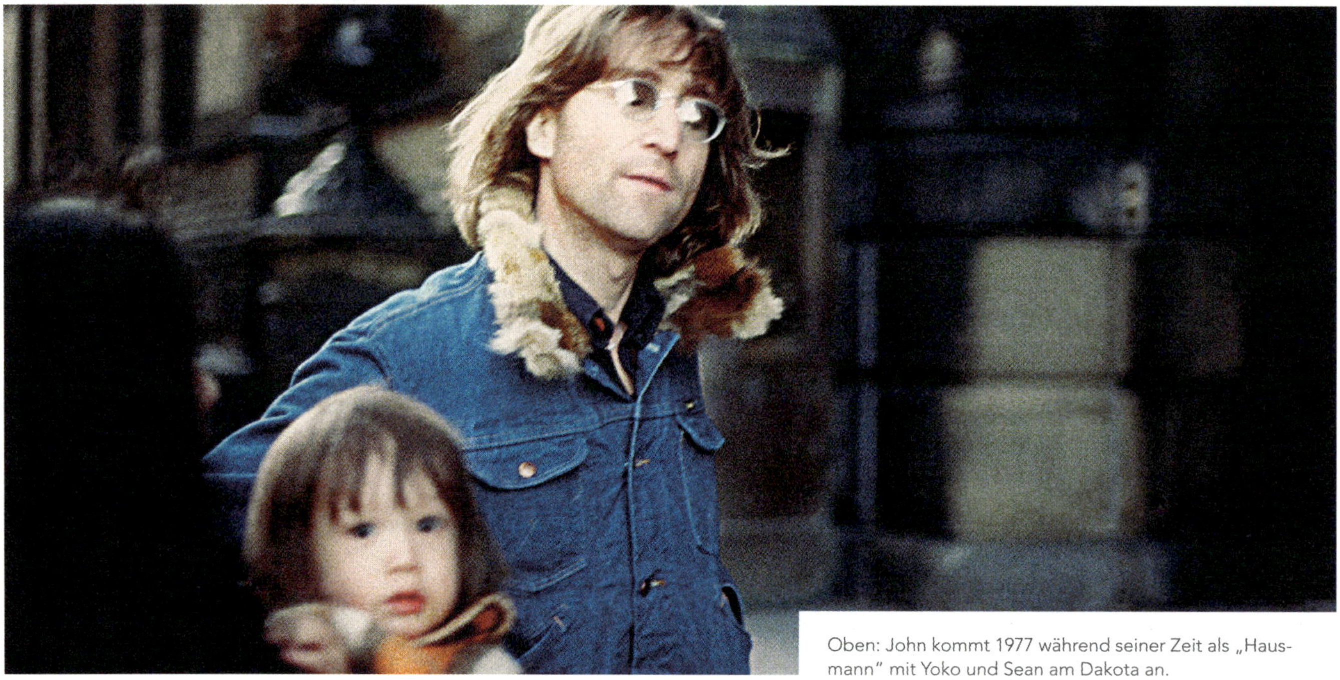

Oben: John kommt 1977 während seiner Zeit als „Hausmann" mit Yoko und Sean am Dakota an.

BEAUTIFUL BOY (DARLING BOY)

Close your eyes
Have no fear
The monster's gone
He's on the run and your daddy's here

Beautiful, beautiful, beautiful
Beautiful boy
Beautiful, beautiful, beautiful
Beautiful boy

Before you go to sleep
Say a little prayer
Every day in every way, it's getting better and better

Beautiful, beautiful, beautiful
Beautiful boy
Beautiful, beautiful, beautiful
Beautiful boy

Out on the ocean sailing away
I can hardly wait
To see you come of age
But I guess we'll both just have to be patient
'Cause it's a long way to go
A hard row to hoe
Yes, it's a long way to go
But in the meantime

Before you cross the street
Take my hand
Life is what happens to you while you're busy making other plans

Beautiful, beautiful, beautiful
Beautiful boy
Beautiful, beautiful, beautiful
Beautiful boy

Before you go to sleep
Say a little prayer
Every day in every way, it's getting better and better

Beautiful, beautiful, beautiful
Beautiful boy

Darling, darling, darling
Darling Sean

WATCHING THE WHEELS

1972 hatte Lennon, drei Jahre vor seinem eigenen Rückzug aus der Öffentlichkeit, Bob Dylan gegenüber jenen verteidigt, die den Sänger kritisierten, weil er seine Rolle als Sprecher der Alternativkultur aufgegeben habe. John sagte: „Dylan existiert mit der oder ohne ‚Die Bewegung'. Wir schulden ihm viel…"

Er fuhr fort: „Es ist nicht wichtig, ob Dylan seit sechs Monaten nichts getan hat oder ob er beschließt, sich ein Jahr auszuruhen, oder ob er eine psychische Krise durchmacht oder ob er einen Unfall gehabt hat oder ob er mit seinen Kindern und seiner Familie leben will. Dylan hat getan, was er getan hat, und er dauert fort. Wir sollten ihm etwas Zeit geben, um zu atmen."

Die Worte gaben Johns Lage in den fünf Jahren vor *Double Fantasy* bemerkenswert prophetisch wieder. Sein fast vollkommenes Abtauchen war für einen Rockstar seines Rangs fast ohne Parallele. Als Elvis Presley ab 1958 zwei Jahre lang bei der US-Armee war, wurde seine Karriere durch Fototermine, einen Hollywood-Film, Neuausgaben seiner Platten und sogar durch neue Stücke warmgehalten. Dylan hatte sich nach einem Motorradunfall nur 18 Monate vollkommen zurückgezogen. Ende der Siebziger machte Bruce Springsteen zwischen *Born To Run* und *Darkness On The Edge Of Town* eine Pause, ging aber selbst dann noch auf Tournee.

John war wirklich abgetaucht. Und trotz seiner früheren Unterstützung blickte er insgeheim doch verächtlich auf die „Konzern-Männer" wie Dylan, Jagger und McCartney, die alle bemüht waren, für steten kreativen Nachschub zu sorgen. Als sein Deal mit EMI im Januar 1976 auslief, war er das erste Mal ohne vertragliche Bindung, seitdem die Beatles 14 Jahre zuvor unterschrieben hatten. Er war das einzige Mitglied der Gruppe, der nicht weitermachte: Paul verlängerte seinen Vertrag, George ging zu A&M und Ringo unterschrieb bei Polydor und Atlantic.

In ‚Watching The Wheels' erkärt John, wie zufrieden er gewesen war, „einfach nur dazusitzen … und die Schatten an der Wand zu beobachten", während die Außenwelt seine scheinbare Lethargie bejammerte. Wir wissen, dass er nicht das legendäre Eremitenleben eines Howard Hughes führte – er reiste viel und führte ein relativ aktives Sozialleben. Er gab auch die Musik nicht vollkommen auf, auch wenn er später dergleichen andeutete – im Gegenteil, er schrieb zahlreiche Songs und nahm viele Demobänder auf. Aber er nutzte die fünfjährige Auszeit, um die exzessive öffentliche Aufmerksamkeit wettzumachen, die sein früheres Leben überschattet hatte, um Bilanz zu ziehen und um sich von einer Existenz zu erholen, wie sie turbulenter kaum jemand geführt hatte.

Das Flehen der Medien und die Verstörung seiner Fans zeigte kaum Wirkung. Zweifelsohne kannte er die Titelgeschichte des *New Musical Express* vom 14. Januar 1978 mit der Schlagzeile „Wo zur Hölle bist du, John Lennon?" Seine Abwesenheit wurde in Großbritannien besonders stark empfunden: „John, viele von uns finden dein Zögern, uns wenigstens einen Höflichkeitsbesuch abzustatten, nicht entschuldbar." Der Journalist Neil Spencer stellte dann noch fest, wie viel die Punk-Bewegung Lennons Einfluss zu verdanken hatte: „Sie fingen diese Revolution ohne dich an, Alter. Aber dann hast du sie angefangen, ohne auf irgendjemanden zu warten. Wir anderen haben lange gebraucht, um aufzuholen – das ist aber kein Grund, sich jetzt abzusetzen."

Selbst die anderem Mitglieder des Rock-Adels waren durch Johns Inaktivität verwirrt. Er sagte: „Ich konnte es nicht fassen. Sie benahmen sich wie Schwiegermütter." Gegenüber *Newsweek* sagte er, die Kommentare hätten ihn an Schulzeugnisse erinnert. Auf einer Reise nach Japan sagte Lennon während einer Pressekonferenz, um seine Inaktivität zu erklären: „Im Grunde haben wir beschlossen (ohne uns viele Gedanken darüber zu machen), möglichst viel Zeit mit unserem Baby zu verbringen, bis wir das Gefühl haben, uns wieder die Zeit gönnen zu können, um etwas außerhalb der Familie ins Leben zu rufen. Vielleicht denken wir, wenn er drei, vier oder fünf Jahre alt ist, wieder darüber nach, etwas anderes zu schaffen als ein Kind."

Am 27. Mai 1979 veröffentlichten die Lennons ganzseitige Zeitungsanzeigen in London, New York und Tokio. Sie trugen die Überschrift „Ein Liebesbrief von John und Yoko" und waren adressiert an die „Menschen, die nach dem Was, Wann und Warum fragen". Im Text beschreibt das Paar den „Frühjahrsputz in unserem Inneren! Es war viel Arbeit", und beschwört einmal mehr den Glauben an die Macht des Wünschens. Ihre Schlussfolgerung lautete: „Wir sind alle Teile des Himmels, mehr als Teile des Erdbodens. Denkt daran, wir lieben euch." Das Stück, das als Demo unter den Namen ‚I'm Crazy' begonnen hatte, war als ‚Watching The Wheels' Johns gesungene Version dieses „Liebesbriefs".

Die Sehnsucht nach einem ruhigen Leben war John nicht fremd. Er sprach oft sehnsüchtig von einem friedlichen Ruhestand mit Yoko, vielleicht in einem Häuschen in Irland. Schon 1969, zum Höhepunkt seiner Friedenskampagne, erzählte John in einem Interview mit Barry Miles von einer Fernsehdokumentation, in der es um jemanden ging, der in entlegensten Cornwall einen Falken abrichtete: „Und ich dachte, allmächtiger Gott, mehr will ich überhaupt nicht… Ich habe immer davon geträumt, ein Künstler in einem kleinen Haus zu sein, und ich habe diese ganze öffentliche Aufmerksamkeit nicht herausgefordert: Mein wirkliches Ding ist es, ein paar Gedichte zu schreiben und etwas in Öl zu malen. Es schien so ein Traum, einfach in einem kleinen Haus zu leben und zwischen den Bäumen zu wandern."

WATCHING THE WHEELS

People say I'm crazy doing what I'm doing
Well they give me all kinds of warnings to save me from ruin
When I say that I'm ok well they look at me kind of strange
Surely you're not happy now you no longer play the game

People say I'm lazy dreaming my life away
Well they give me all kinds of advice
designed to enlighten me
When I tell em that I'm doing fine
watching shadows on the wall
Don't you miss the big time boy you're no longer on the ball?

I'm just sitting here
watching the wheels go round and round
I really love to watch them roll
No longer riding on the merry-go-round
I just had to let it go

People asking questions lost in confusion
Well I tell them there's no problem
Only solutions
Well they shake their heads and they look at me
as if I've lost my mind
I tell them there's no hurry I'm just sitting here doing time

I'm just sitting here
watching the wheels go round and round
I really love to watch them roll
No longer riding on the merry-go-round
I just had to let it go
I just had to let it go
I just had to let it go
I just had to let it go

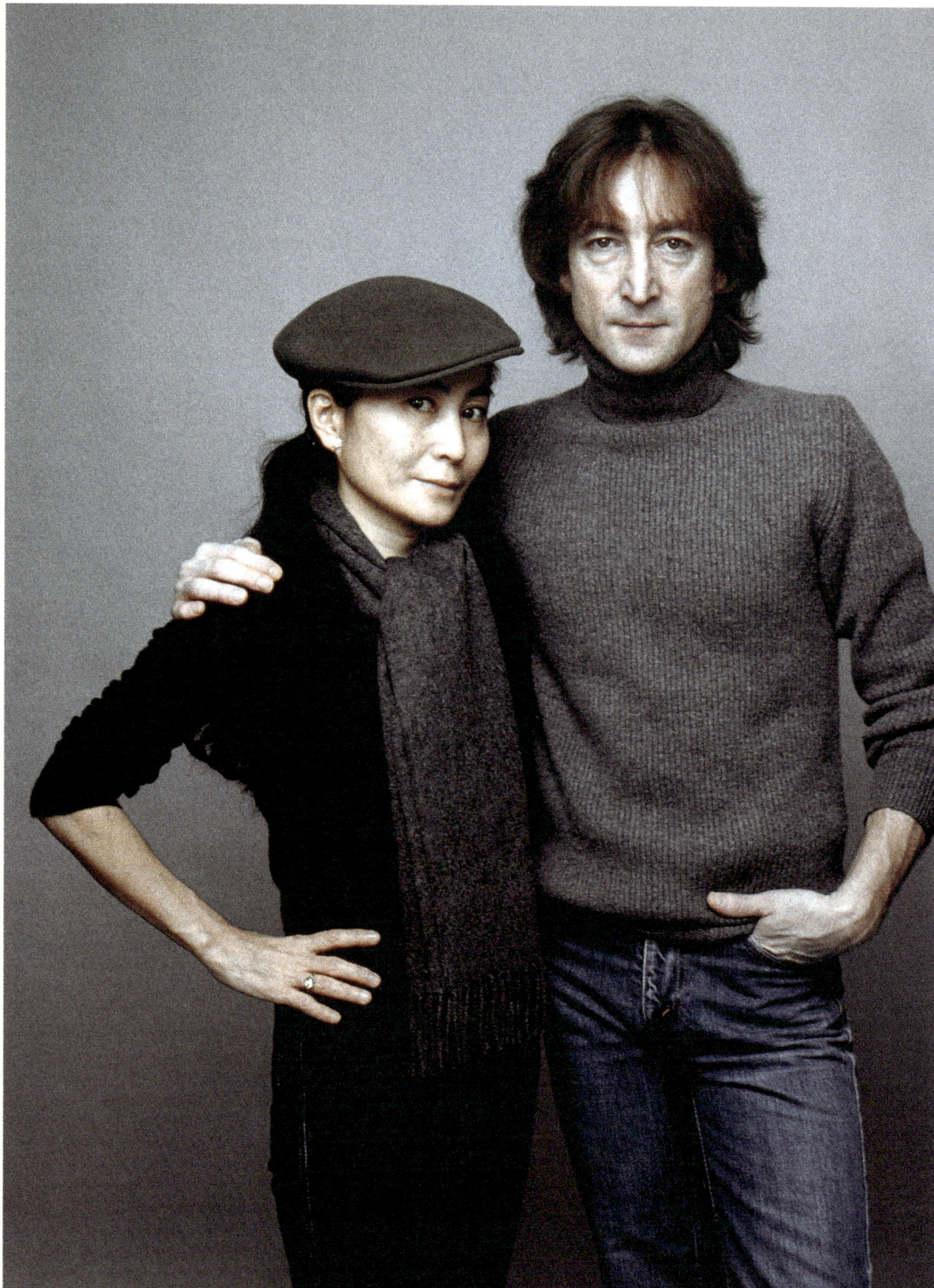

WOMAN

Auf den ersten Blick ist ‚Woman' ein weiteres Stück in einer Serie, in der Lennon Yoko für die schlimmsten Exzesse seiner Vergangenheit um Entschuldigung bittet. Er betonte aber, dass der Song auch ganz allgemein allen Frauen gewidmet sei.

Das Stück beginnt mit einer Anspielung auf eine Sentenz von Mao Tse-tung, dass Männer und Frauen sich ergänzende Hälften des Himmels seien. John formulierte das als „Ohne den anderen gibt es nichts". Bei den Aufnahmen zu *Double Fantasy* erklärte John den Musikern, das Stück sei „frühes Motown/Beatles aus dem Jahr 1964. Es ist für eure Mutter oder eure Schwester, für jede in der weiblichen Rasse. Das sind diejenigen, für die ihr singt."

‚Woman' ist eine der eingängigsten Aufnahmen aus Lennons letztem Jahr. John sah sie immer als das „Beatles-Stück" auf dem Album. Er beschrieb ‚Woman' als eine Achtzigerjahre-Version von ‚Girl', das er 1965 auf *Rubber Soul* veröffentlicht hatte. Er hatte zwar schon in früheren Stücken feministische Ansichten geäußert, sagte aber, er habe erst seit Kurzem begonnen, den Worten auch Taten folgen zu lassen. ‚Woman Is The Nigger Of The World' sei nicht mehr als ein intellektueller Standpunkt gewesen, gestand er. Erst Ende der Siebzigerjahre habe er sich bemüht, die Theorie auch in der Praxis umzusetzen.

Es gab viele Beispiele für Lennons grausame Eifersucht und echte Gewaltätigkeit im Umgang mit Yoko, May Pang, seiner ersten Frau Cynthia sowie zahlreichen anderen Frauen. Er sah sich selbst als einen Mann, der sein ganzes Leben lang von Frauen bedient worden war und oft mit scheußlicher Undankbarkeit reagiert hatte. „Die Geschichte meiner Frauenbeziehungen ist sehr schlecht", sagte er dem *Playboy*. „Sehr typisch für einen bestimmten Typus Mann, glaube ich, der sehr sensibel und unsicher ist, sich aber sehr aggressiv und machohaft benimmt. Der versucht, seine weibliche Seite zu verstecken, weißt du. Ich neige immer noch dazu … Wenn ich unsicher bin, ziehe ich gerne meine Cowboystiefel an. Jetzt trage ich aber Turnschuhe, und das ist bequem."

Im gleichen Interview bestritt er jedoch die Behauptung, Yoko neige dazu, ihn zu beherrschen. „Quatsch … Der Einzige, der mich beherrscht, bin ich, und auch das gelingt nur gerade so eben." Über den Feminismus sagte er: „Die echten Veränderungen kommen. Ich bin derjenige, der einen weiten Weg zurückgelegt hat. Ich war das Schwein. Und es ist eine Erleichterung, kein Schwein zu sein." Und über seine vorangegangene Phase als „Hausmann": „ […] das Ding der Zukunft, ich bin froh, auch in dieser Hinsicht Vorreiter zu sein."

Gegenüber: Die Lennons am 2. November 1980 bei einer von Johns letzten Fotosessions.

(For the other half of the sky)

Woman, I can hardly express
My mixed emotions at my thoughtlessness
After all I'm forever in your debt

And woman, I will try to express
My inner feelings and thankfulness
For showing me the meaning of success
Ooh, well, well, do do do do
Ooh, well, well, do do do do

Woman, I know you understand
The little child inside the man
Please remember my life is in your hands

And, woman, hold me close to your heart
However distant don't keep us apart
After all it is written in the stars
Ooh, well, well, do do do do
Ooh, well, well, do do do do

Woman, please let me explain
I never meant to cause you sorrow or pain
So let me tell you again and again and again

I love you (yeah, yeah) now and forever
I love you (yeah, yeah) now and forever
I love you (yeah, yeah) now and forever
I love you (yeah, yeah)

DEAR YOKO

‚Dear Yoko' setzt mit einem verspielten Buddy-Holly-Glucksen ein. Es ist das letzte Stück von John auf *Double Fantasy*, die letzten Worte auf dem Album hat Yoko mit ‚Every Man Has A Woman Who Loves Him' und ‚Hard Times Are Over'.

Der Song ist von der gleichen sorglosen Heiterkeit geprägt wie ‚Oh Yoko!', mit dem neun Jahre zuvor *Imagine* geschlossen hatte. John schrieb das Stück auf Bermuda, wo er sich nach seiner Frau sehnte. Das mag eine weitere Parallele zu ‚Oh Yoko!' darstellen, dessen Ursprünge in einer Zeit der Verunsicherung lagen. Wie schon ‚I'm Losing You' gezeigt hatte, gab es während seines Tropenurlaubs Zeiten, in denen John Angst hatte, verlassen zu werden. ‚Dear Yoko' hört sich wie ein weiteres Beispiel dafür an, dass John singt, um sich selbst Mut zu machen.

Auch wenn ‚Dear Yoko' nicht ganz die ansteckende Fröhlichkeit seines Vorgängers erreicht, war John doch sehr zufrieden mit dem Stück. „Es wird alles gesagt", erklärte er dem *Playboy*. „Die Aufnahme ist eine nette Aufnahme, und es geht um meine Frau anstatt um eine ‚Liebe Sandra' oder irgend eine andere Person, von der ein anderer Sänger singen würde, die vielleicht existiert, vielleicht aber auch nicht." Mit anderen Worten hat das Stück ganz unabhängig von seinen musikalischen Vorzügen den Vorteil, dem echten Leben entsprungen zu sein. Und genau darauf kam es John Lennon an. Alles andere war nur „Handwerk".

Wir können nicht wissen, ob er sich nicht vielleicht von diesem Stück losgesagt hätte. Im Rückblick sah er seine Musik immer nur als *work in progress*. Er hatte sogar davon geträumt, ‚Strawberry Fields Forever' neu aufzunehmen. Aber er hatte nie Gelegenheit dazu. Am 8. Dezember 1980 stand vor dem Dakota in der Menge seiner unermüdlichen Fans ein Halbverrückter, der von dem Gedanken an Johns „Unehrlichkeit" besessen war. Um 22:49 fuhren die Lennons vor, und Mark Chapman beging die Tat, die ihn zumindest kurzfristig ebenso berühmt machen sollte wie den Mann, den er einst verehrt hatte.

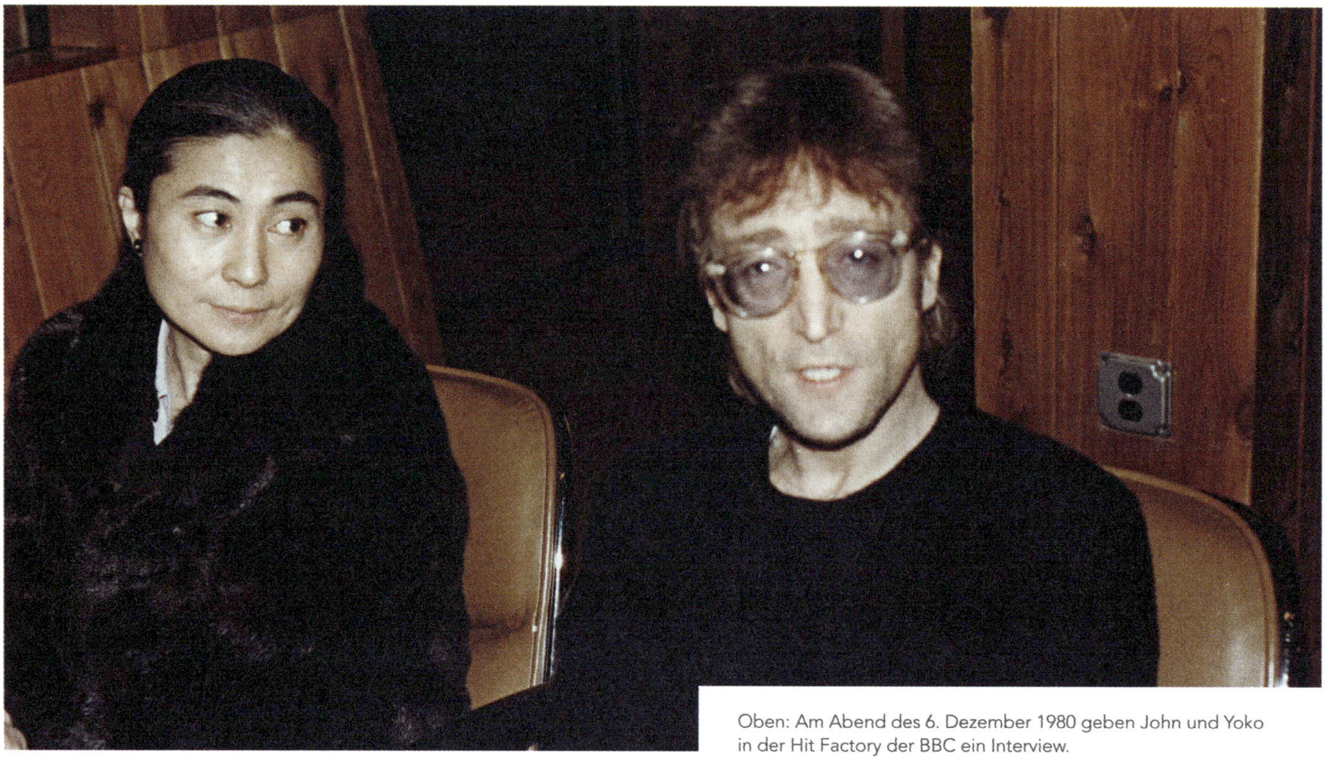

Oben: Am Abend des 6. Dezember 1980 geben John und Yoko in der Hit Factory der BBC ein Interview.

DEAR YOKO

Even after all these years
I miss you when you're not here
I wish you were here my dear Yoko
Even if it's just a day
I miss you when you're away
I wish you were here today dear Yoko
Even if it's just one night
I miss you and it don't feel right
I wish you were here tonight dear Yoko
Even if it's just one hour
I wilt just like a fading flower
Ain't nothing in the world like our love dear Yoko

Oh Yoko!
I'll never, ever, ever, ever, ever gonna let you go
Oh Yoko!
I'll never, ever, ever, ever, ever gonna let you go

Even when I'm miles at sea
And nowhere is the place to be
Your spirit's watching over me dear Yoko
Even when I watch T.V.
There's a hole where you're supposed to be
There's nobody lying next to me dear Yoko

Oh Yoko!
I'll never, ever, ever, ever, ever gonna let you go
Oh Yoko!
I'll never, ever, ever, ever, ever gonna let you go

Even after all this time
I miss you like the sun don't shine
Without you I'm a one track mind dear Yoko
After all is really said and done
The two of us are really one
The goddess really smiled upon our love dear Yoko

Kapitel Acht

MILK

19 84

AND HONEY

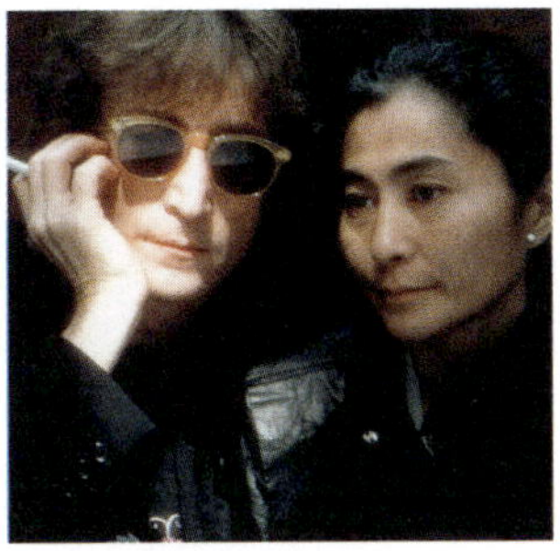

‚I'm Stepping Out'
‚I Don't Wanna Face It'
‚Nobody Told Me'
‚Borrowed Time'
‚(Forgive Me) My Little Flower Princess'
‚Grow Old With Me'

Aufnahme
August/September 1980 (mit Ergänzungen von Yoko bis 1983), in der Hit Factory, New York City.

Produziert von
John Lennon, Yoko Ono.

Musiker
John Lennon (Gesang, Gitarre), Yoko Ono (Gesang), Earl Slick (Gitarre), Hugh McCracken (Gitarre), John Tropea (Gitarre), Elliot Randall (Gitarre), Steve Love (Gitarre), Tony Levin (Bass), Neil Jason (Bass), Wayne Pedziwiatr (Bass), Andy Newmark (Schlagzeug), Yogi Horton (Schlagzeug), Allan Schwartzberg (Schlagzeug), George Small (Klavier), Paul Griffin (Klavier), Arthur Jenkins jr. (Percussion), Jimmy Maelen (Percussion), Pete Cannarozzi (Synthesizer), Ed Walsh (Percussion), Howard Johnson (Saxofon), Gordon Grody, Kurt Yahjian, Carlos Alomar, Billy und Bob Alessi, Pete Thom (Hintergrundgesang).

„Soll das heißen, er schläft?", fragte Yoko die Mediziner im Roosevelt Hospital. Ihren Ehemann hatten kaum eine halbe Stunde zuvor fünf Kugeln in die Brust getroffen, als er das Dakota Building betrat. Jetzt war sie fassungslos und konnte nicht glauben, dass er tot sei. Es war ungefähr 23:45 am 8. Dezember 1980, und John Lennons Mörder Mark Chapman war bereits inhaftiert, nachdem er sich ohne Gegenwehr der Polizei ergeben hatte.

„IN DAS LAND VON MILCH UND HONIG KOMMT MAN, WENN MAN STIRBT. SEHR INTERESSANT, DASS MIR DAS EINGEFALLEN IST."

– Yoko Ono

In den Tagen nach Johns Ermordung teilten Millionen Menschen Yokos Unglauben und Trauer. Lennons Platz in der kollektiven Fantasie ging weit über einfache Berühmtheit hinaus; sein Leben hatte viele Menschen angerührt. Seine plötzliche Abwesenheit hatte ein Verlustgefühl zur Folge, dass fast spirituelle Dimensionen annahm. Er hatte die Seele seiner Zeit verkörpert, und die meisten, die mit ihm in dieser Zeit lebten, entdeckten, dass sie ihn mehr liebten, als ihnen bewusst gewesen war.

Auf anderen Ebenen ging das Leben weiter. Ein Mitarbeiter im Leichenschauhaus machte heimlich ein Foto von John und verkaufte es für $10 000 an die Zeitungen. Yoko stellte fest, dass John auf dem Bild wenigstens friedlich aussah. In den Medien häuften sich Nachrufe, und an den Zeitungskiosken stapelten sich schnell geschriebene persönliche Erinnerungen – meist seltsame Mischungen aus Aufrichtigkeit und Opportunismus. Am 14. Dezember wurden in Liverpool und New York Totenwachen gehalten, an denen tausende Trauernde teilnahmen. Mark Chapman wurde noch vor Ablauf eines Jahres zu einer Strafe verurteilt, die eine Spanne von 20 Jahren bis lebenslänglich betrug.

Nach den Maßstäben der Musikbranche war der Umgang mit Lennons Werk noch einigermaßen geschmackvoll. Der Markt wurde nicht mit schlampig zusammengestellten Sammelalben überflutet, und seine nicht fertiggestellten Stücke sind nur allmählich erschienen: Bei ‚Free As A Bird' – einer „neuen" Beatles-Single, die auf einem schlecht aufgenommenen Demoband von John aus dem Jahr 1977 aufbaute – dauerte es sogar 15 Jahre. „Tribute"-Alben sind eine andere Tradition der Popmusik. Normalerweise haben sie eine Bandbreite von zynisch bis rührselig. Da John die Qualität der gesamten Popmusik angehoben hatte, ist es nur passend, dass seine Musik zu einigen der besten Beispiele dieses Genres beitrug.

Zuerst kommen jedoch die Aufnahmen, die er während der Arbeiten an *Double Fantasy* machte und vermutlich später fertigstellen wollte. Im Januar 1984 veröffentlichte Yoko sechs seiner Songs auf dem Album *Milk And Honey*. Im Wechsel mit eigenen Stücken (von denen sie sagte, John habe sie in irgendeiner Form gehört) bildeten sie laut Untertitel ein „Spiel der Herzen" in der Tradition von *Double Fantasy*. Auch wenn es nicht bearbeitete Aufnahmen sind – schließlich war es *work in progress* –, so sind es doch vollständige John-Lennon-Songs. Wie immer sind sie also ein bezwingend ehrliches Tagebuch seiner Hoffnungen und Ängste.

Yoko sagte: „John fand den Titel *Double Fantasy*, und ich kam auf den Titel *Milk And Honey*. Natürlich denken alle Einwanderer: ‚Oh, Amerika ist Milch und Honig.' Aber in der Bibel ist Milch und Honig das ‚Jenseits'. In das Land von Milch und Honig kommt man, nachdem man gestorben ist. Also ist es sehr interessant, dass ich auf diesen Titel kam. Es war mir nicht klar, aber …"

Gegenüber: John 1979 in Beverly Hills. Sein Tod löste auf der ganzen Welt Trauer aus.

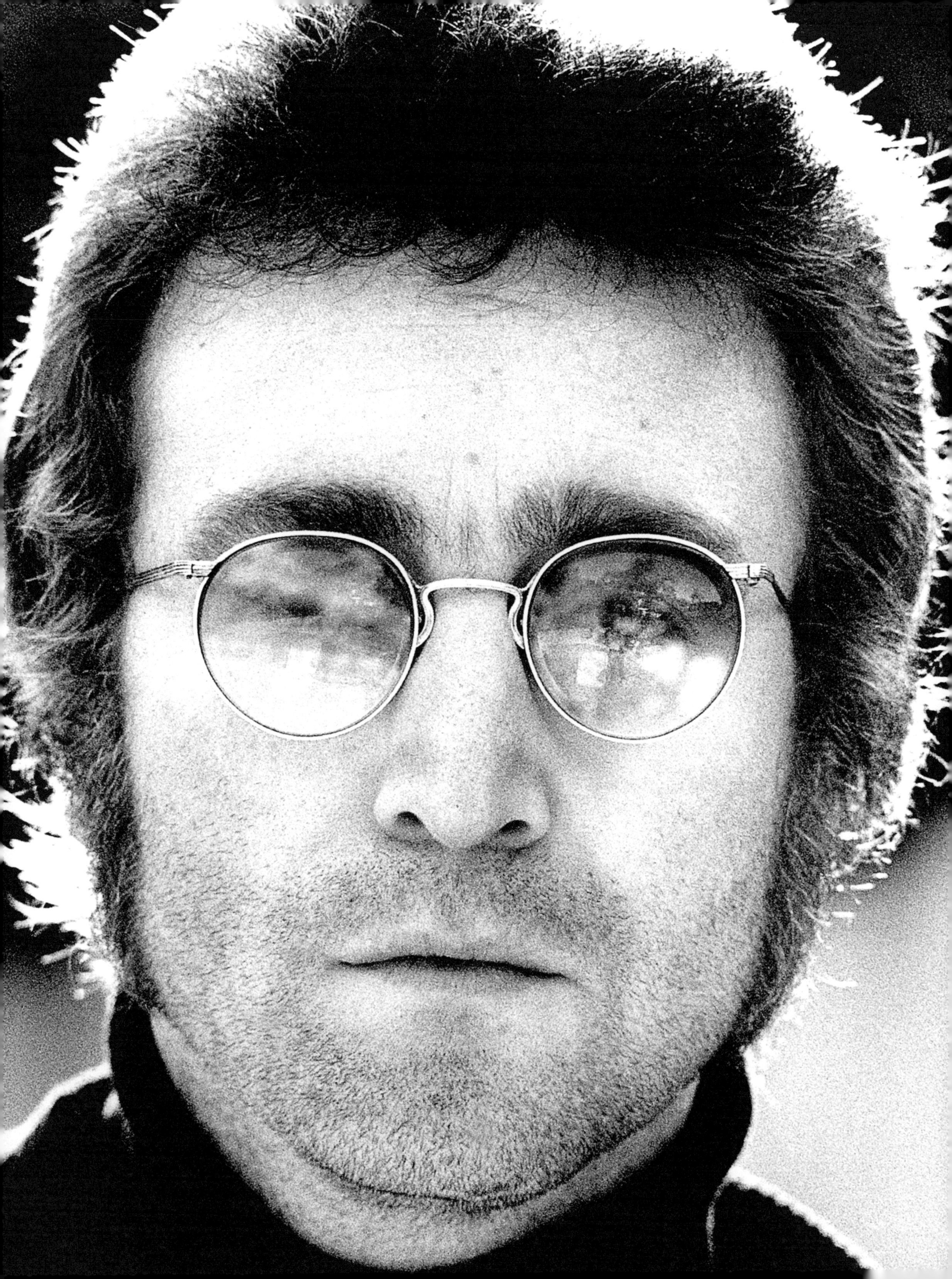

I'M STEPPING OUT

Als Urheber wurden bei der ersten Veröffentlichung auf *Milk And Honey* John und Yoko angeben. Aber ‚I'm Stepping Out' hat einen ruppigen Humor, der eher an Lennon denken lässt.

Das Thema der freudigen Flucht lag ihm immer noch am Herzen, und das Stück war das erste, das während der Sessions für *Double Fantasy* eingespielt wurde. So macht sich in diesem offiziellen Lennon-Comeback die aufgestaute Energie der fünfjährigen Abwesenheit vom Aufnahmestudio geradezu eruptiv bemerkbar. Außerdem macht es deutlich, dass John nie nur „Hausmann" war.

John stottert fast vor Aufregung, als er gleich zu Anfang sein Anliegen deutlich macht. Dies ist die Geschichte eines „Hausmanns", dem zu Hause die Decke auf den Kopf fällt, während er Kind und Katzen betreut und sich Wiederholungen im Fernsehen ansieht. Um nicht verrückt zu werden, muss er raus, muss er um die Häuser ziehen. Doch er ist „vor ein Uhr oder zwei … wieder zurück."

Eine so fröhliche Unabhängigkeitserklärung ist ein glückliches Gegenstück zu den vielen sanftmütigen Songs der Reue und scheint nahezulegen, dass er nie wirklich der Eremit des Dakota Building war. Teile des Stücks reichen bis 1977 zurück, zum Demoband war es auf Bermuda herangereift. Letztlich war es etwas zusammengestoppelt, vielleicht hätte er es später noch verfeinert, aber es kommt recht ausgelassen daher und steckt voller ansprechender kleiner Details. So beschließt er, über die Stränge zu schlagen und eine unanständige Ansage auf dem Anrufbeantworter zu hinterlassen. Dann wird er sich, wenn die Katzen und das Kind versorgt sind, eine wohlverdiente Zigarette gönnen. Als Raucher verließ sich Lennon darauf, dass seine makrobiotische Lebensweise ihn vor Krebs schützen würde. Gelassen fügte er hinzu: „Wenn wir sterben, haben wir natürlich unrecht."

„AFTER ALL IS SAID AND DONE, YOU CAN'T GO PLEASING EVERYONE."

– John Lennon

One, two
One, two, three, four
[This here is the story about a house husband
who you know, just had to get out of the house,
he's been looking at the, you know, the kids for
days and days, he's been watching the kitchen
and screwing around watching Sesame Street till
he's going crazy!]

Woke up this morning blues around my head
No need to ask the reason why
Went to the kitchen and lit a cigarette
Blew my worries to the sky

I'm stepping out
I'm stepping out
I'm stepping out
I'm stepping out

If it don't feel right you don't have to do it
Just leave a message on the phone
and tell them to screw it
After all is said and done,
you can't go pleasing everyone so screw it

I'm stepping out
I'm stepping out
I'm stepping out, baby
I'm stepping out

Baby's sleeping, the cats have all been blessed
Ain't nothing doing on TV (summer repeats)
Put on my spacesuit I got to look my best
I'm going out to do the city

I'm stepping out
I'm stepping out
I'm stepping out, babe
I'm stepping out
Boogie

(One more)

I'm stepping out
Hold it down
I'm stepping out
I'm stepping out
Gotta, gotta, gotta, gotta get out
I'm stepping out, babe
Just a while
Ain't been out for days

Gotta do it tonight
Gimme a break, gimme a break
Gotta get out, gotta get out
Just for a while, just for the night
I'll be in before one or two

I DON'T WANNA FACE IT

Ein weiteres Bermuda-Band, das Wurzeln im Jahr 1977 hat, ist ‚I Don't Wanna Face It'. Es wurde während der Aufnahmesessions in der Hit Factory nie wirklich fertiggestellt, gewährt aber ebenfalls tiefe Einblicke in Lennons Dakota-Zeit.

Es gab viele Leute, die John Lennon kritisierten. Meist war er ihnen aber schon zuvorgekommen und hatte es auch gründlicher erledigt. Die Litanei der Nörgelei richtet sich in diesem Stück eindeutig gegen sich selbst. Er ist der Mann, der in den Spiegel schaut und dort niemanden sieht. Wie der klassische selbstgerechte Radikale verkündet er seine Menschheitsliebe – es sind nur die Leute, die er nicht leiden kann. Man sieht John, der immer noch „ein Auge auf die Hall of Fame" hat, sich aber klar wird, dass sein Ehrgeiz nicht mehr dorthin zielt. Wenigstens nicht zur Zeit.

„John hatte Zeiten, in denen er sich von all dem lossagte", so Paul McCartney Ende der Siebzigerjahre. Wie bei allem Neuen, das er entdeckt hatte, war John auch hier leidenschaftlich: „Ich erinnere mich an einen Anruf, in dem er sagte, ‚Hör zu, Junge, das Schwierigste ist, uns von unseren Ruhm zu lösen. Wir hängen so daran, aber es ist großartig, du solltest ihn aufgeben.' Und ich meinte: ‚Hmm, sag mal, was genau meinst du?' Ich hab ihm zugehört, aber nach einem Jahr war er wieder da. Und was war sein berühmter Spruch? ‚Diese Hausfrau sucht einen Job.'"

[Turn it up, OK let's go
Un ... deux
Eins, zwei, hickle pickle]

Say you're looking for a place to go
Where nobody knows your name
You're looking for oblivion
With one eye on the Hall of Fame
I don't want to face it oh no
I don't want to face it no, no, no, no
Well, I can dish it out
But I just can't take it

Say you're looking for some peace and love
Leader of a big old band
You want to save humanity
But it's people that you just can't stand

I don't want to face it oh no
I don't want to face it no, no, no, no
Well, I can sing for my supper
But I just can't make it

Well, now you're looking for a world of truth
Trying to find a better way
The time has come to see yourself
You always look the other way

I don't want to face it no, no
I don't want to face it no, no, no, no
Well, I can see the promised land
And I know I can make it

I don't want to face it I know
I don't want to face it oh no
I don't want to face it oh no
I don't want to face it
I don't want to face it

I just can't face it no more
Every time I look in the mirror
I don't see anybody there

NOBODY TOLD ME

Die erste Skizze für diesen Song trug noch den Titel ‚Everybody's Talkin', Nobody's Talkin', vielleicht in Anspielung auf einen Hit von Harry Nilsson. Die Verse sind eine Aneinanderreihung von Paradoxien – „Es ist immer was los/ Und nichts passiert" –, bis John im Refrain schließlich entnervt die Hände hochwirft. ‚Nobody Told Me' ist bester, kraftvoller Rock'n'Roll und zeigt, dass sein zynischer Witz nicht erloschen war.

Der Katalog der alltäglichen Frustrationen in dem Stück ist ein weiteres Indiz dafür, dass Johns letzte Jahre nicht so gleichbleibend glückselig waren, wie er es andeutete. (‚You Save My Soul', ein anderes Demoband aus der gleichen Zeit, legt sogar nahe, dass es ihn fast zum Suizid getrieben hätte.) Im Lauf seiner Karriere hatte Lennon durch bittere Erfahrungen lernen müssen, dass man mit den Medien nicht vollkommen offen umgehen sollte. Das Zitat „größer als Jesus" hatte endlosen Ärger verursacht, das Reden über Drogen hatte Probleme mit der Obrigkeit zur Folge, und Dinge, die er über seine Familie sagte, waren für diese oft schmerzhaft. Bis 1980 hatte John aber gelernt, bei Interviews die Themen vorzugeben und ein Bild zu malen, auf das er sich zuvor mit Yoko geeinigt hatte. Aber seine Songs schienen nicht unter diese Selbstzensur zu fallen. Ihre Offenherzigkeit wirkt, als könne er sich nicht abstellen. Yokos Song ‚O Sanity' folgt dem gleichen Muster und bietet Einblick in ihre eigenen Selbstzweifel in der irrealen Zeit nach 1980.

Es gibt Hinweise, dass John ‚Nobody Told Me' Ringo Starr geben wollte. Falls das stimmt, wäre es eine seiner besseren Gaben für seinen alten Schlagzeuger gewesen, der ansonsten nur eher mittelmäßige Kompositionen bekommen hatte. Noch 1976 hatte John das blasse ‚Cookin' (In The Kitchen Of Love)' zu Ringos Album *Rotogravure* beigetragen. 1974 war es das Titelstück zu *Goodnight Vienna.* Und ein Jahr davor hatte er Ringo ‚I'm the Greatest' angeboten – ein Song, den er ursprünglich für sich selbst geschrieben hatte, bevor er beschloss, das berühmte Zitat von Mohammed Ali hörte sich vielleicht aus Ringos Mund weniger arrogant an als aus seinem eigenen.

Im vielleicht merkwürdigsten Vers von ‚Nobody Told Me' wird „das kleine gelbe Idol" erwähnt. Das ist ein fast wörtliches Zitat aus einem Gedicht von J. Milton Hayes aus dem Jahr 1911 (‚The Green Eye Of The Yellow God'). Die Generation von Johns Eltern kannte es genauso gut wie das Werk von Rudyard Kipling, es wurde in Johns Jugend zu Hause und in jeder Kneipe rezitiert.

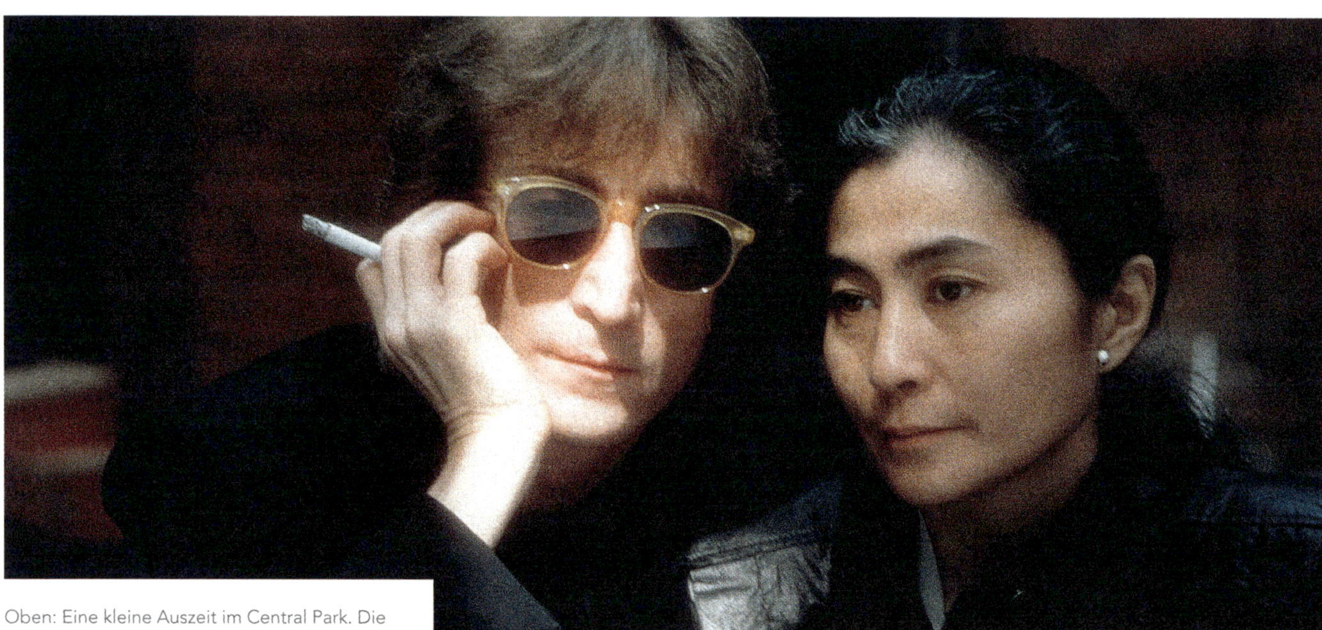

Oben: Eine kleine Auszeit im Central Park. Die Lennons in ihrem letzten gemeinsamen Jahr.

NOBODY TOLD ME

...Three, Four!

Everybody's talking
And no-one says a word
Everybody's making love
And no-one really cares
There's Nazis in the bathroom
Just below the stairs
Always something happening
And nothing going on
There's always something cooking
And nothing in the pot
They're starving back in China
So finish what you've got

Nobody told me there'd be days like these
Nobody told me there'd be days like these
Nobody told me there'd be days like these
Strange days indeed
Strange days indeed

Everybody's running
And no-one makes a move
Everyone's a winner
And nothing left to lose
There's a little yellow idol
To the north of Kathmandu
Everybody's flying
And no-one leaves the ground
Everybody's crying
And no-one makes a sound
There's a place for us in movies
You just gotta lay around

Nobody told me there'd be days like these
Nobody told me there'd be days like these
Nobody told me there'd be days like these
Strange days indeed
Most peculiar mama

Everybody's smoking
And no-ones getting high
Everybody's flying
And never touch the sky
There's a UFO over New York
And I ain't too surprised

Nobody told me there'd be days like these
Nobody told me there'd be days like these
Nobody told me there'd be days like these
Strange days indeed
Most peculiar mama, woah

BORROWED TIME

Die Insel Bermuda liegt zwar nicht in der Karibik, aber die alte britische Kolonie hatte eine hinreichend karibische Atmosphäre, um John in Reggae-Stimmung zu versetzen. Er hörte während seines Sommerurlaubs 1980 Musik des jamaikanischen Superstars Bob Marley, dessen Status als Ikone und Rolle als politisches Sprachrohr ihn im Grunde zu Johns schwarzem Gegenstück machten.

Die beiden Männer trafen nie aufeinander – Marley sollte nur sechs Monate nach Lennon sterben –, aber ihre Wege hätten sich in den Achtzigerjahren bestimmt gekreuzt, wenn sie nicht beide ein vorzeitiges Ende gefunden hätten. John hatte Marleys Album *Burnin'*, mit dem die Wailers 1972 weltweit Aufmerksamkeit erregt hatten, immer sehr geschätzt, vor allem als sein Freund Eric Clapton eine Coverversion von ‚I Shot The Sheriff' einspielte. Ein anderes Stück von *Burnin'*, ‚Hallelujah Time', regte John zu ‚Borrowed Time' an.

Wenn man bedenkt, dass der Song nie über das Probenstadium mit der Band hinausgelangte, kann man über Johns Versuch hinwegsehen, einen karibischen Akzent zu imitieren. ‚Borrowed Time' ist ein bewegendes Stück, es ist schade, dass wir es nie in einer abgeschlossenen Form hören werden. Dennoch ist es weniger echter Reggae als gewöhnliche karibische Wohlfühlmusik. Lennon war in seinen letzten Lebensjahren mit dem Versuch beschäftigt, seinen Horizont zu erweitern. Die Kaufhausmusik Muzak gefiel ihm, weil sie ohne ablenkende Worte auskam; er wandte sich japanischer Volksmusik und der Musik Indiens zu. Er verteidigte den Disco-Stil gegen Kritiker, die ihn für zu schlicht gestrickt und zu repetitiv hielten – das waren genau die Eigenschaften, die ihn einst bei Little Richard angesprochen hatten.

John war seit den Sechzigerjahren ein Reggae-Fan gewesen. Die Vorläufer – Ska, Bluebeat und Rocksteady – waren von den karibischen Einwanderern mitgebracht und von musikalischen Vorreitern wie den Beatles in den britischen Musikclubs populär gemacht worden. Die Gruppe hatte sich einige Male selbst darin versucht, unter anderem mit ‚Ob-La-Di, Ob-La-Da' und der Fassung von ‚You Know My Name (Look Up The Number)', die auf *Anthology II* zu hören ist. Aber John war unzufrieden mit den Reggae-Versuchen auf seinen Soloalben: Weder seine Musiker noch die Amerikaner waren den Stil gewohnt. Er war auch nicht der einzige weiße Rocker, der feststellen musste, dass eine Liebe zum Reggae nicht bedeutete, dass man ihn auch spielen konnte.

Es ist der Optimismus und die Zufriedenheit von ‚Borrowed Time', die es zu einem so ansprechenden Song machen. Man muss keine Vorahnung darin sehen, wenn John über die Kürze des Lebens nachdenkt. Er hat die Verwirrungen der Jugend hinter sich gelassen und glaubt, es sei „gut, älter zu sein". Die Altersweisheit hat ihm gezeigt, wie wenig er wirklich weiß, aber er hat sich wenigstens von Illusionen und Ablenkungen befreit: „Die Zukunft ist heller, und das Jetzt ist jetzt". Johns Leben wurde grausam verkürzt, aber es ist befriedigend, dass dieser Song einen Platz in seinem Werk hat. Es ergänzt das unverhohlene Unglücksgefühl früherer Arbeiten durch einen abschließenden Ton der Erfüllung und der Ganzheit.

Lennon hatte nur Verachtung für die Annahme übrig, ein früher Tod sei glamourös. Er verachtete den Song ‚My My Hey Hey' von Neil Youngs Album *Rust Never Sleeps*, in dem Johnny Rotten von den Sex Pistols verherrlicht wird, weil es besser sei, „abzubrennen als zu verglimmen". Über den Tod von Rottens Bandkollegen Sid Vicious sagte Lennon „Wofür soll Sid Vicious gestorben sein? Damit wir rocken können? Was für ein Müll."

Unten: Bob Marley, dessen ‚Hallelujah Time' John Lennon zu seinem ‚Borrowed Time' anregte.

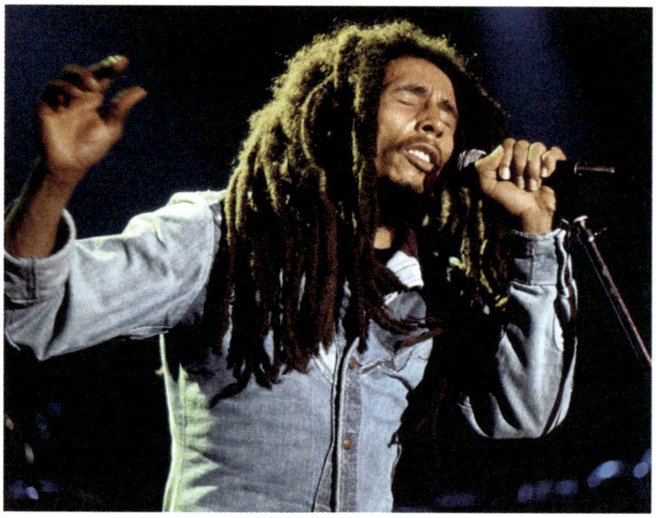

„ICH FREUE MICH IMMER DARAUF, ALT ZU SEIN UND MICH AN ALLES ZU ERINNERN."

– John Lennon

(FORGIVE ME) MY LITTLE FLOWER PRINCESS

Man kann verstehen, dass Yoko etwas für Johns jämmerlichste Lieder der Unterwerfung übrig hatte. Es spricht aber auch einiges dafür, dass ‚(Forgive Me) My Little Flower Princess' besser verschollen geblieben wäre. John nahm diese Geschichte am Anfang der Sessions für *Double Fantasy* auf und kehrte nicht zu ihr zurück. Auch wenn er es getan hätte, ist kaum zu erkennen, wie er das Stück hätte retten können.

One, two, one, two, three, four

Forgive me, my little flower princess
For crushing your delicateness
Forgive me, if you could forgive me

Forgive me, my little flower princess
For selfishness
Forgive me, forgive me

Well, I know there is no way to repay you
Whatever it takes I will try to
The rest of my life I will thank you
(Thank you, thank you) My little...

If you'll forgive me my little flower princess
Never too late unless you can't forgive...

Time is on our side
Let's not waste another minute
'Cause I love you, my little friend
I really love you

Give me just one more chance
And I'll show you
Take up the dance where we left off
The rest of our life is the, my little

(I'm home)

GROW OLD WITH ME

Johns ‚Grow Old With Me' folgt auf das thematisch verwandte ‚Let Me Count The Ways' von Yoko, das sie ihm vorgespielt hatte, als er auf Bermuda war.

Ihr Titel ist ein Zitat aus Elizabeth Barrett Brownings *Sonnets from the Portuguese* – „Wie ich dich liebe?/Lass mich die Arten zählen ..." John antwortet mit einem Lied, das von einem anderen Gedicht angeregt wurde, ‚Rabbi Ben Ezra', von Elizabeths Ehemann Robert Browning: „Werde mit mir alt! Das Beste kommt erst noch." Die Lennons scheinen sich mit den Brownings identifiziert zu haben, einem Ehepaar, das Gedichte schrieb, die zu den am meisten bewunderten der englischen Literatur gehören.

Mit dem Refrain „God bless our love" und Johns einfacher Klavierbegleitung wirkt ‚Grow Old With Me' wie ein viktorianisches Kirchenlied. Die tragische Ironie des zentralen Bilds („Mann und Frau zusammen, Welt ohne Ende") nimmt die Inspiration durch das Gedicht von Browning wieder auf, das drei Jahre nach dem Tod seiner Frau erschien. John erzählte Barry Miles in einem Interview über seine Zukunftsträume: „Ich kann es wirklich nicht abwarten, alt zu sein. Man tut sein Bestes, und dann kommt eine Zeit, wo man langsamer wird, und es scheint schön zu sein. Ich freue mich immer darauf, ein altes Paar von ungefähr 60 zu sein und sich einfach an alles zu erinnern. Ich nehme an, wir werden trotzdem noch meckern, weil wir im Rollstuhl sitzen."

Grow old along with me
The best is yet to be
When our time has come
We will be as one
God bless our love
God bless our love

Grow old along with me
Two branches of one tree
Face the setting Sun
When the day is done
God bless our love
God bless our love

Spending our lives together
Man and wife together
World without end
World without end

Grow old along with me
Whatever fate decrees
We will see it through
For our love is true
God bless our love
God bless our love

Kapitel Neun

LONG

LOST JOHN

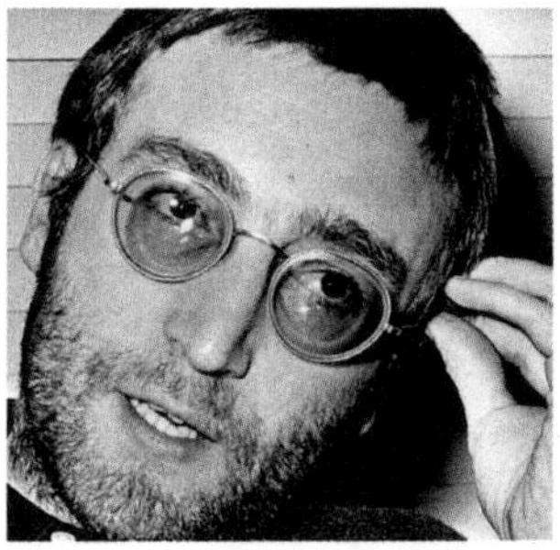

Alben

Live In New York City

Menlove Ave.

Lennon Legend

John Lennon: Anthology

Wonsaponatime

Acoustic

„Signature" Box Set

Power To The People: The Hits

John Lennons Erbe
„Tribute"-Sammlungen
Die 1994/1995-Beatles-Sessions
Seltene Aufnahmen
Zusammenstellungen aus dem Nachlass

In den fünf Jahren vor diesen letzten Aufnahmen hatte John Lennon bei der großen Rock'n'Roll-Party durch Abwesenheit geglänzt. Er war zwar nicht müßig gewesen, hatte aber den neuen Trends auch nicht sehr viel Aufmerksamkeit gewidmet. Obwohl er die neue Punk-Szene in London gut fand, sah er sie doch eher unaufgeregt: Seiner Meinung nach hatte er so was schon vor Jahrzehnten in Liverpool und Hamburg gespielt.

Die New Yorker Bands, die Ende der Siebziger dem Rock neue Impulse verliehen – Television, Talking Heads, Blondie, die Ramones, Patti Smith – interessierten John nicht sehr. Von seinem Fenster im Dakota konnte er vielleicht die Bronx sehen, wo zu dieser Zeit das lebendigste Genre des kommenden Jahrzehnts entstand – der Hip Hop. Wenn er länger gelebt hätte, hätte er den Rap vielleicht genauso geliebt wie den Reggae. Kurz vor seinem Tod versuchte er noch einmal, seinen Musikgeschmack auf den neuesten Stand zu bringen und besuchte die Clubs in Manhattan. Dieses zeitgenössische Element ist auf ‚Walking On Thin Ice' zu hören, der Yoko-Single, an der er am Abend seiner Ermordung gearbeitet hatte.

Es sollte keine neue Lennon-Musik geben, aber sein Tod veranlasste andere, in die Studios zu gehen. Roxy Music nahm gleich nach dem Mord eine Version von ‚Jealous Guy' auf – ein bewegender Nachruf, der die allgemeine bittersüße Nostalgie einfing. Paul Simon schrieb ‚The Late Great Johnny Ace', eine geschickt konstruierte Elegie, in der Johns Tod mit dem von John F. Kennedy und dem des ursprünglichen Johnny Ace verwoben wird, einem R&B-Star der Fünfziger, der sich versehentlich selbst erschoss. George Harrison spielte mit Paul und Ringo seine eigene Hommage an John ein: ‚All Those Years Ago'. Yokos nächstes Album hieß *Season Of Glass* und war natürlich eine Ode an John. Sie engagierte sogar wieder Phil Spector für einen Teil der Produktion. Das Cover war allerdings grenzwertig – ein Foto von Johns blutiger Brille auf einem Fensterbrett der Wohnung im Dakota Building.

McCartneys eigenes Gedenken kam 1982 in Form eines Stücks auf dem Album *Tug Of War*. Er beschreibt ‚Here Today' als „einen Song, in dem es heißt: ‚Okay, wenn du heute hier wärst, würdest du vermutlich sagen, was ich mache, ist Scheiße. Aber das würdest du nicht ernst meinen, weil du mich eigentlich magst.' Es ist so ein ‚Komm hinter deiner Brille vor, sieh mich an'-Ding. Es war ein Liebeslied über meine Beziehung zu ihm. Ich versuchte, die Dämonen zu verscheuchen, die in meinem Kopf rumspukten. Es ist hart, wenn dich jemand wie John öffentlich fertigmacht …

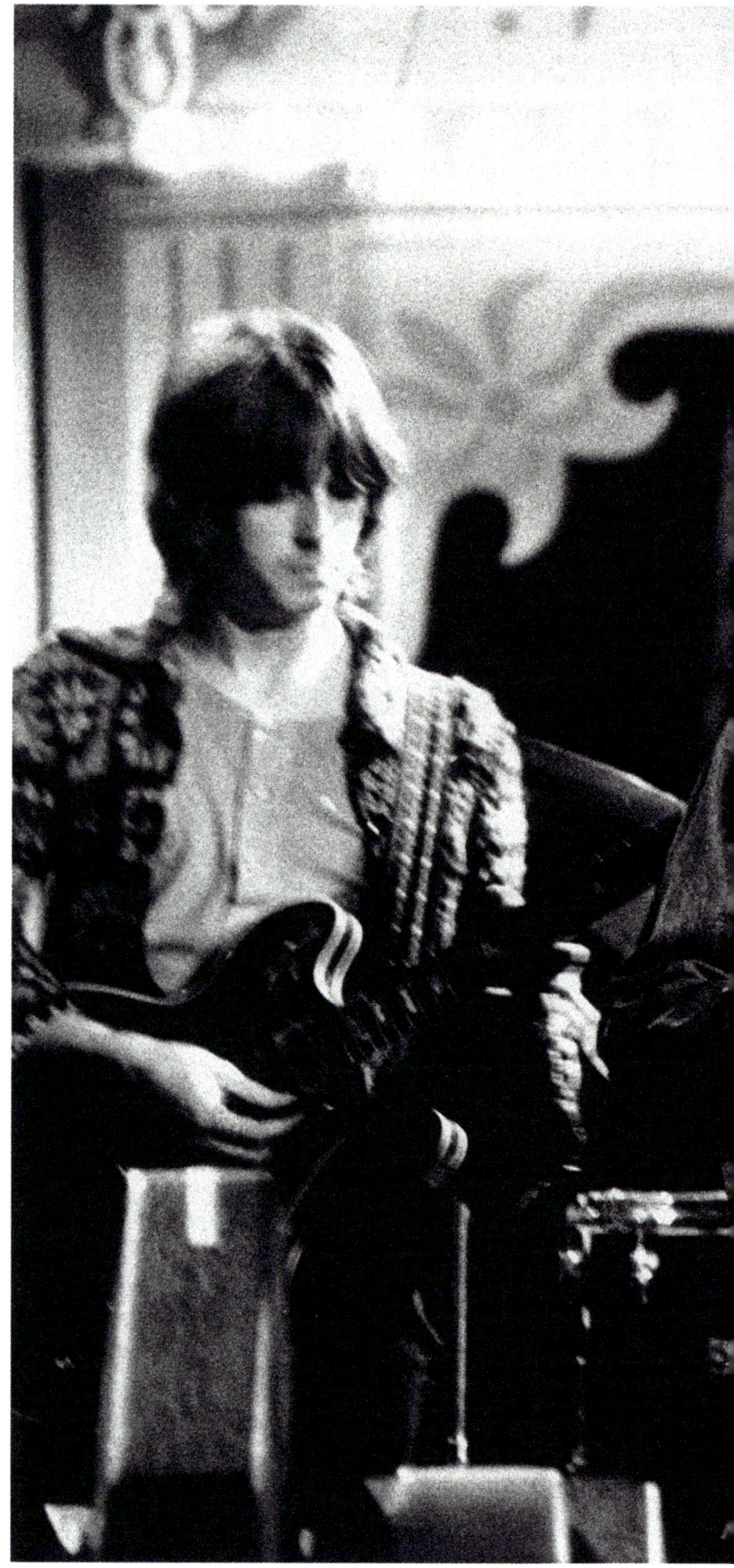

Rechts: John am 11. Dezember 1968 beim Fernseh-Special *Rock and Roll Circus* der Rolling Stones, begleitet von Eric Clapton, Mitch Mitchell und Keith Richards, die sich für diese Gelegenheit The Dirty Mac nannten.

„'HERE TODAY' WAR EIN LIEBESLIED ÜBER MEINE BEZIEHUNG ZU IHM."

– Paul McCartney

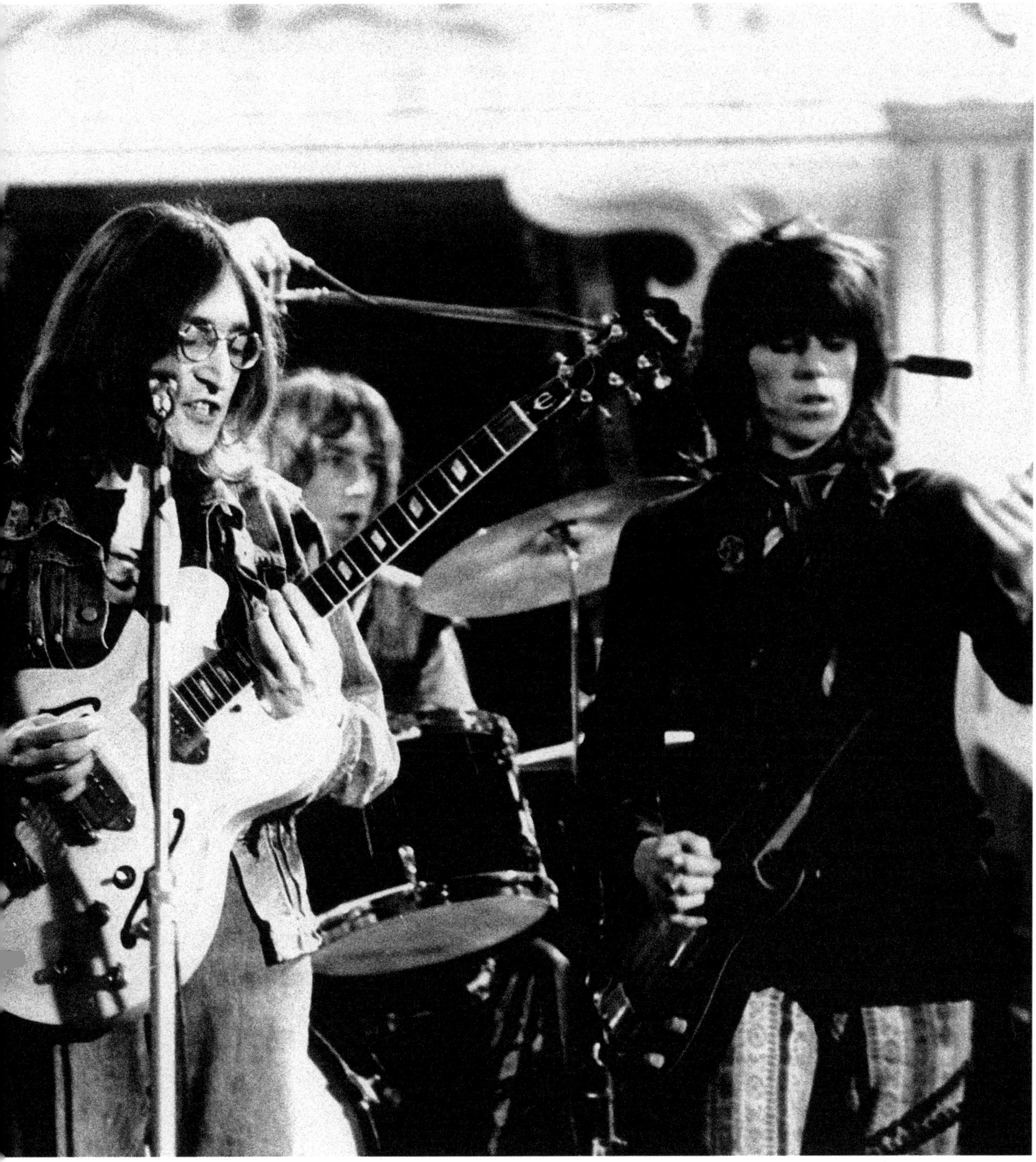

Er war ein wichtiger Einfluss in meinem Leben, so wie ich es wohl auch in seinem war. Aber das Gute an mir und John war, dass es nur um mich und John ging. Ende der Geschichte. Alle anderen mögen sagen: ‚Aber er hat das gemacht und dies und jenes …‘, doch wenn wir in einem kleinen Zimmer waren, dann waren es John und ich, die das Stück schrieben, nicht irgendwelche dieser Leute, die glauben, alles darüber zu wissen. Ich war derjenige, der mit ihm in dem Zimmer war.“

1983 gab Yoko *Heart Play – Unfinished Dialogue* frei, Aufnahmen der *Playboy*-Interviews aus dem Jahr 1980. Drei Jahre später erschien *Live In New York City*, eine Erinnerung an Johns 1972er Wohltätigkeitskonzerte im Madison Square Garden. Es ist eine gute, harte Rock-Scheibe, aber die Nachwelt hätte vielleicht mehr Beatles-Songs anstelle der Stücke von Lennons aktuellem Album *Some Time In New York City* vorgezogen. Vielleicht die erste wichtige Lennon-Schallplatte, die nach *Milk And Honey* erschien, war *Menlove Ave.* Der Name erinnert an die Straße in Liverpool, in der John als Heranwachsender bei seiner Tante Mimi gelebt hatte. Die Stücke sind Alternativaufnahmen aus den Siebzigern und zuvor unveröffentlichte Songs. Aus den Spector-Sessions für das Album *Rock 'n' Roll* stammen: John und Phils Gemeinschaftswerk ‚Here We Go Again‘, das üppig ist wie immer bei Spector, im Text aber an Verzweiflung grenzt und das pessimistische Tal seines „Verlorenen Wochenendes‘ widerspiegelt; ‚Angel Baby‘, 1960 ein Hit für Rosie & the Originals (John verkündet stolz: „Eines meiner liebsten Stücke aller Zeiten“); ‚My Baby Left Me‘ vom frühen Elvis;

Unten: Yoko, Julian, John und Eric Clapton beim *Rock and Roll Circus* zusammen mit Brian Jones von den Rolling Stones und Roger Daltrey von The Who.

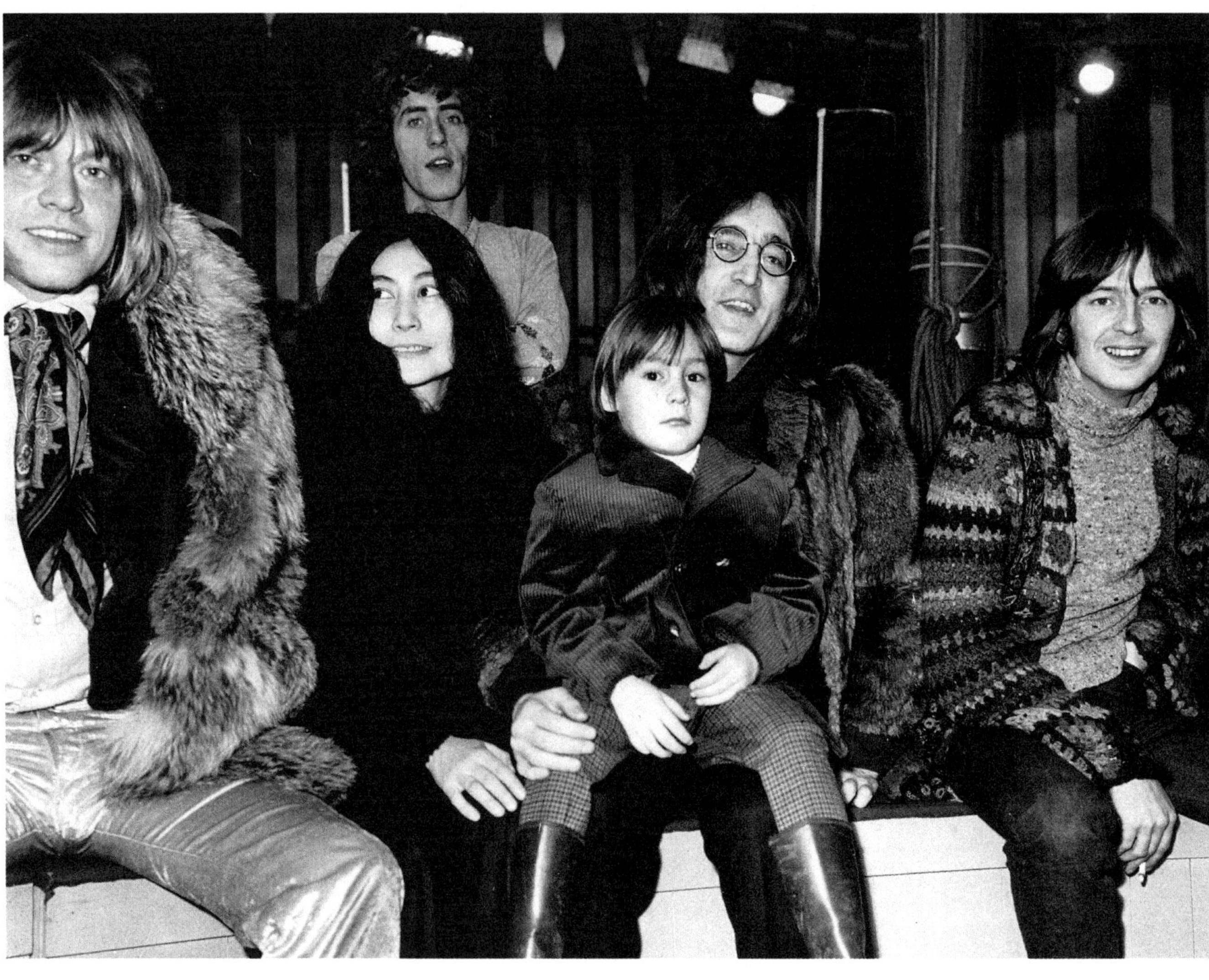

und der alte Spector-Hit ‚To Know Her Is To Love Her'. Aus der Zeit von *Walls And Bridges* kam Johns eigener Song ‚Rock And Roll People', der verständlicherweise nicht auf das Album gelangte, aber von Johnny Winter eingespielt wurde, und alternative Fassungen von ‚Steel And Glass', ‚Scared', ‚Old Dirt Road', ‚Nobody Loves You (When You're Down and Out)' und ‚Bless You'. Aller Verzierungen entledigt sind die letztgenannten Stücke so gespenstisch karg wie das Album *John Lennon/Plastic Ono Band*.

Niemand sah voraus, dass die Beatles eines Tages Johns Soloerbe weiterverwerten würden. Als Paul und Yoko sich 1994 bei der Aufnahme von John in die Rock & Roll Hall of Fame trafen, sprachen sie über die nicht fertiggestellten Songs, die John im Dakota geschrieben hatte. Für die anstehenden *Anthology*-Filme über die Gruppe sollte es einen symbolischen Beitrag aller vier Mitglieder geben. Man beschloss, dass Paul, George und Ringo Bänder von ‚Real Love' und ‚Free As A Bird' mitnehmen sollten, die 1977 als Teil eines geplanten Musicals *The Ballad Of John And Yoko* begonnen worden waren. In Pauls Studio in Sussex half der Produzent Jeff Lynne, aus Johns Mono-Bändern virtuelle Band-Aufnahmen zu machen.

Für die überlebenden Beatles war es ein schwieriges Unterfangen – technisch wie emotional. McCartney erinnert sich: „Ich sagte zu Ringo: ‚Wir stellen uns vor, dass wir die Aufnahmen fast fertig haben und John nur nach Spanien in den Urlaub fährt.' Er hat angerufen und gesagt: ‚Hört mal, da ist noch ein Song, den ich gerne auf dem Album hätte. Es ist ein guter Song, aber er ist nicht fertig. Nehmt ihn ins Studio und vergnügt euch damit, ich traue euch.' Mit dieser Vorstellung im Sinn sagte Ringo: ‚Oh, das könnte sogar eine Freude sein! Und das war es dann auch … Das Gute an ‚Free As A Bird' war für uns, dass es unfertig war. Bei den mittleren acht Takten fehlte teilweise Text. Es war also, als hätte John mir einen Song gebracht und gesagt: ‚Willst du ihn beenden?'"

Ringo stimmt zu. „Wir sind darüber weggekommen, indem wir uns vorstellten, er sei zum Mittagessen gegangen, er sei auf eine Tasse Tee rausgegangen … Es ist eine Traurigkeit da, weil wir drei uns wieder nahegekommen sind, und es trotzdem dieses leere Loch gibt, weißt du, das John ist." Und George Harrison fügte hinzu: „Vielleicht bin ich merkwürdig – aber für mich ist er nicht tot. Als ich ihn jahrelang nicht sah, bevor er starb, dachte ich: Na ja, er lebt in New York und ich hab ihn einfach eine Weile nicht gesehen. So ist es immer noch irgendwie. Ich glaube nicht, dass der Tod etwas Endgültiges ist. Die Seele lebt weiter. Wir werden uns wiedersehen. Das Leben besteht nur aus Schatten; wir sind Schatten auf einer sonnenbeschienenen Mauer … John fehlt mir, weil wir zusammen was zu lachen hatten, und ich glaube auch, dass er ein gutes Gegengewicht für mich war. Er fehlt mir in der Band, weil er keinen Quatsch hinnahm. Ich will Wahrheit. Darin war John gut."

„WIR SIND DARÜBER WEGGEKOMMEN, INDEM WIR UNS VORSTELLTEN, ER SEI AUF EINE TASSE TEE RAUSGEGANGEN."

– Ringo Starr

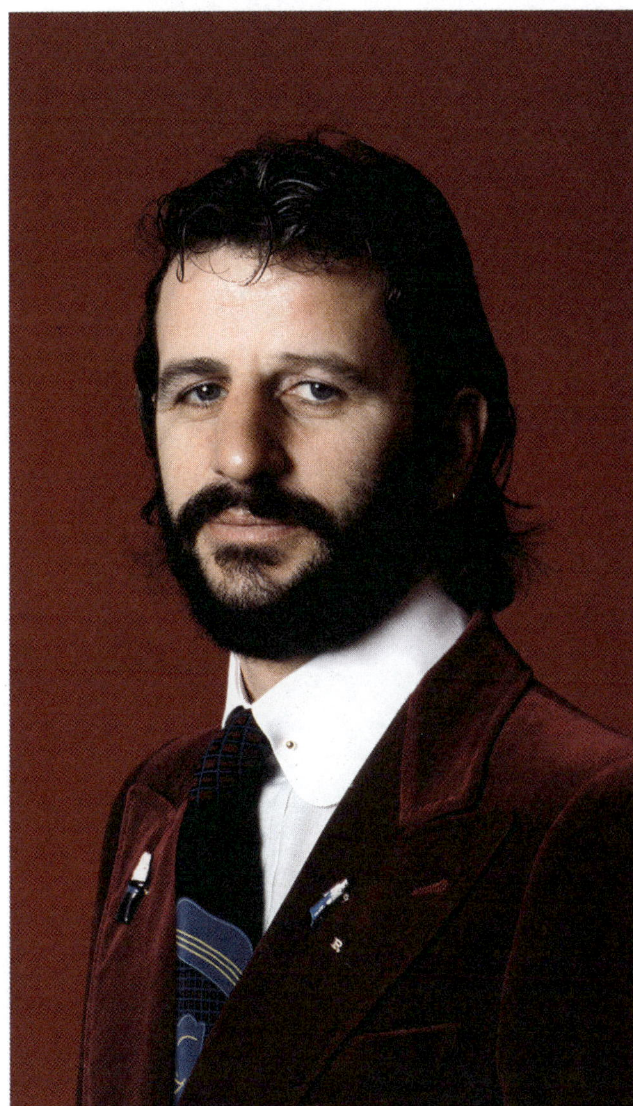

Oben: Ringo Starr im Jahr 1974, als das Erbe der Beatles noch schwer auf ihm lastete.

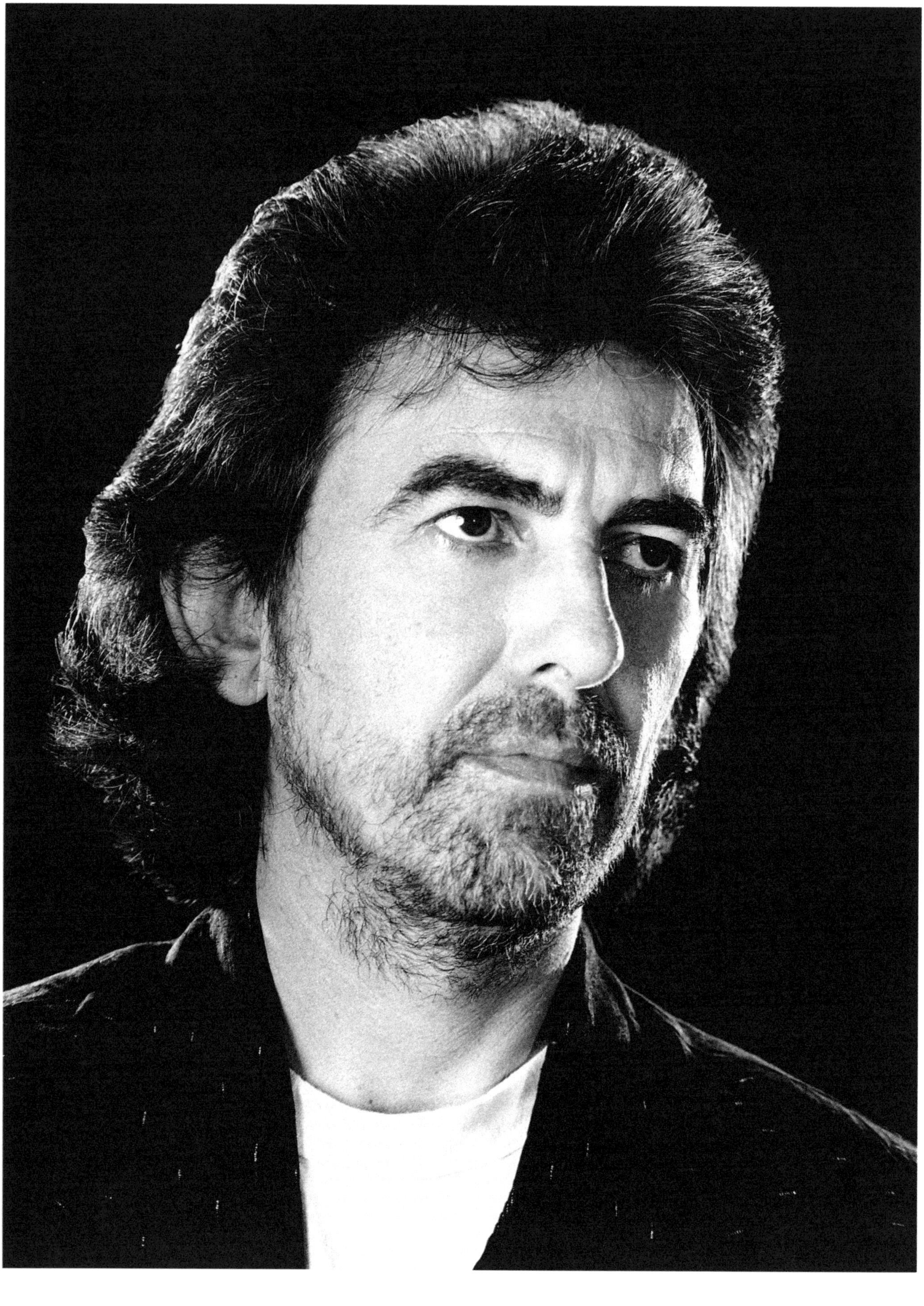

„FÜR MICH IST ER NICHT TOT. DIE SEELE LEBT WEITER. WIR WERDEN UNS WIEDERSEHEN."

– George Harrison

‚Free As A Bird' und ‚Real Love' kamen mit enormer Medienresonanz auf den Markt und gelangten weltweit in die Charts, wie auch die *Anthology*-CDs und die Video-Serie. Fast 30 Jahre nach ihrer Auflösung waren die Beatles wieder die Entertainer mit den weltweit höchsten Umsätzen.

Das *Anthology*-Projekt spornte Yoko an, sich die vielen unveröffentlichten Lennon-Bänder anzuhören, die es im Dakota und anderswo noch gab. Viel von diesem Material war auf Bootleg-Alben erschienen, manches war im Rahmen der US-Radio-Serie *The Lost Lennon Tapes* auch legal über den Äther gegangen. Außerdem gab es einige seltene Lennon-Aufnahmen, die auf verschiedenen Zusammenstellungen erschienen waren. So fand sich 1982 auf der *John Lennon Collection* Platz für die Alternativaufnahme eines weiteren Stücks von *Walls And Bridges*, ‚Move Over Ms. L', das zuvor die B-Seite von ‚Stand By Me' gewesen war. 1988 erschienen auf der Dokumentar-CD *Imagine: John Lennon* Demoversionen von ‚Imagine' und dem damals noch nicht bekannten ‚Real Love'. Auf einer Box mit vier CDs (*Lennon*) aus dem Jahr 1990 waren seine Duette mit Elton John aus dem Madison Square Garden zu hören.

Yokos Bemühungen wurden 1998 mit dem Box-Set *John Lennon Anthology* gekrönt, das auf vier CDs ungefähr 100 Songs und O-Ton aus der Zeit nach den Beatles enthielt. Sie wurden unter vier Überschriften vorgestellt: ‚Ascot', ‚New York City', ‚The Lost Weekend' und ‚Dakota'. Zusammen sind sie ein großartiger Begleiter für die musikalische Reise, der wir in diesem Buch gefolgt sind. Als weniger besessener Fan kann man sich eine Zusammenstellung aus dem Box-Set kaufen, die unter dem Titel *Wonsaponatime* erschienen ist. *Anthology* bietet Alternativversionen an (‚Imagine' mit Harmonium, ‚Hold On' als Rockabilly-Stück und so weiter), die zeigen, wie John sich den endgültigen Aufnahmen annähert. Man kann der Verwandlung von ‚Mind Games' aus dem ursprünglichen Klavier-Blues ‚I Promise' hin zu ‚Make Love Not War' folgen. Aus ‚Stranger's Room' wird ‚I'm Losing You' und aus ‚My Life', entsteht ‚(Just Like) Starting Over'. Es gibt die Originalversion von ‚Real Love' aus dem Dakota, ein Song, den Yoko lieber von den Beatles aufgenommen sehen wollte als Paul. Und das schöne ‚Grow Old With Me' wird in einer eleganten neuen Version des Beatles-Produzenten George Martin vorgestellt.

Von den Live-Stücken sticht ‚Attica State' durch die schiere emotionale Energie hervor, die während des Auftritts vor den trauernden Gästen im Harlem Apollo spürbar war. Es gibt auch einige durchwachsene Coverversionen, so etwa das traditionelle ‚Long Lost John' das Lennon vermutlich als Hit des englischen Skiffle-Königs Lonnie Donegan gekannt haben wird.

Der bekannteste von Johns ‚verlorenen' Songs ist vermutlich ‚Serve Yourself', eine bissige Antwort auf Bob Dylans ‚Gotta Serve Somebody' vom 1979er-Album *Slow Train Coming.* In einem übertriebenen Liverpooler Akzent macht sich Lennon über die neu entdeckte religiöse Inbrunst des Sängers lustig. Obwohl er es in seinen Interviews sorgfältig vermied, den Übertritt des geborenen Juden Dylan zum Christentum zu kritisieren, hält er sich in diesem Stück nicht zurück und teilt einen Rundumschlag gegen alle Glaubenssysteme aus, vom Buddhismus bis hin zum Marxismus, so wie er es schon zehn Jahre zuvor in ‚God' getan hatte.

‚Mr Hyde's Gone (Don't Be Afraid)' und ‚Dear John' sind nicht fertiggestellte Stücke aus dem Dakota. Das zweite hat die traurige Besonderheit, dass es der letzte Song ist, an dem sich John versucht hat. ‚Life Begins At 40' ist dagegen eine witzelnde Country & Western-Nummer, die an Hank Williams tiefer empfundenes ‚Cold, Cold Heart' erinnert. Das Band entstand, als John sich selbst dieser Jahreszahl näherte, und setzt sich voller Witz mit seinem eigenen Selbstmitleid auseinander. Es ist eine Freude, es anzuhören, aber hätte er das Stück herausgebracht, wenn er am Leben geblieben wäre? Vielleicht hatte er vor, es dem Country-Liebhaber Ringo zu geben.

Die *Anthology*-Box enthält die Blaupausen für drei andere Nummern, die er für Ringo aufnahm: ‚I'm The Greatest' mit seinem vorgetäuschtem Bombast; eine Version von ‚Only You', das The Platters 1956 berühmt machten und 1974 ein Hit für Ringo wurde; sowie das Titelstück seines Albums *Goodnight Vienna* – der letzte große Hit, den der Schlagzeuger landen konnte.

‚The Rishi Kesh Song' ist eine echte Kuriosität. Die Ursprünge liegen in einer Reise der Beatles in die indische Stadt Rishikesh, um den Maharishi zu besuchen. Typisch für John war, dass er zuerst der leidenschaftlichste Anhänger einer Bewegung war, um schon Augenblicke später daran zu zweifeln. ‚Rishi Kesh' fängt diesen Übergang von Überzeugung zu Skepsis ein und vergleicht das spirituelle Heilmittel des Gurus – das Mantra – mit einem Allheilmittel aus der Drogerie. Die Worte „Etwas fehlt" verbinden den Text mit dem Stück ‚Serve Yourself', das ebenfalls dazu rät, sich nicht auf Glaubenssysteme zu verlassen. Dann umfängt Dunkelheit John Lennon, er verlangsamt den Rhythmus, um Suizidgedanken zu äußern, die an ‚Yer Blues' erinnern, eine alte Komposition aus Rishikesh. Es ist insgesamt ein merkwürdiges Stück, das zwischen sanfter Ironie und echtem Seelenschmerz schwankt. Einer der Beatles behielt seinen Glauben an den Maharishi. Aber

Gegenüber: George Harrison im Jahr 1987. Sechs Jahre vorher hatte er mit Paul und Ringo seine Hommage an John aufgenommen: ‚All Those Years Ago'.

auf einem anderen Band aus der Dakota-Zeit bemerkt John boshaft: „Manchmal wäre ich gerne einfach nur George Harrison, der alle Antworten hat."

Aber auch die *Anthology*-Box war noch nicht das letzte Wort in Hinsicht auf unveröffentlichtes Lennon-Material, von dem es immer noch beträchtliche Mengen gibt. Auf manchen CD-Neuauflagen seiner Solo-Alben gab es Bonus-Stücke, so etwa 2001 bei *Double Fantasy*, das ‚Help Me To Help Myself' enthielt, einen unveröffentlichten Song aus dem Jahr 1980, in dem John ein ausgewogenes Verhältnis zwischen freiwilliger Weiterentwicklung und göttlicher Hilfe sucht. Weniger überzeugend war eine Erweiterung des Werkkanons, die 2004 in Gestalt des *Acoustic*-Albums erschien, das Yoko aus verschiedenen Demosessions zusammengestellt und mit Akkorddiagrammen versehen hatte, um angehenden Gitarristen als Inspiration zu dienen. Es enthielt keine neuen Kompositionen, sondern nur einige geringfügig abweichende Fassungen. Eine Fassung von ‚Cold Turkey' aus dem Jahr 1969 deutet jedoch an, dass John vom Gesangsstil Marc Bolans beeindruckt war, der damals der aufgehende Stern am Londoner Musikhimmel war.

2010 gab es eine „abgemagerte" Version von *Double Fantasy*: Yoko und Jack Douglas, der Co-Produzent des Albums, mischten die Stücke neu ab, um mehr Betonung auf Johns Gesang zu legen. „Es ist fast wie ein anderes Album", sagt Yoko. „Ich meine, seine Stimme wirkt jetzt so machtvoll. Es gibt keinen anderen Rockmusiker, der ihm nahekommt."

Im gleichen Jahr wurden alle Originalalben von John aus den 1970ern neu abgemischt und in der „Signature"-Serie veröffentlicht. Die Begleittexte stammen vom Autor dieses Buches und beruhen auf neuen Interviews mit Yoko. Im Box-Set der Serie findet sich eine Zugabe-CD mit Privataufnahmen und verworfenen Studiomitschnitten, die unbekannte Sehweisen auf bekannte

Gegenüber: Julian und Sean im März 2019 bei der New Yorker Premiere des Films *Captain Marvel*.

Unten: Sean, Yoko und Paul treffen 1994 in New York zusammen, um an der Zeremonie teilzunehmen, mit der John als Solokünstler in die Rock and Roll Hall of Fame aufgenommen wird.

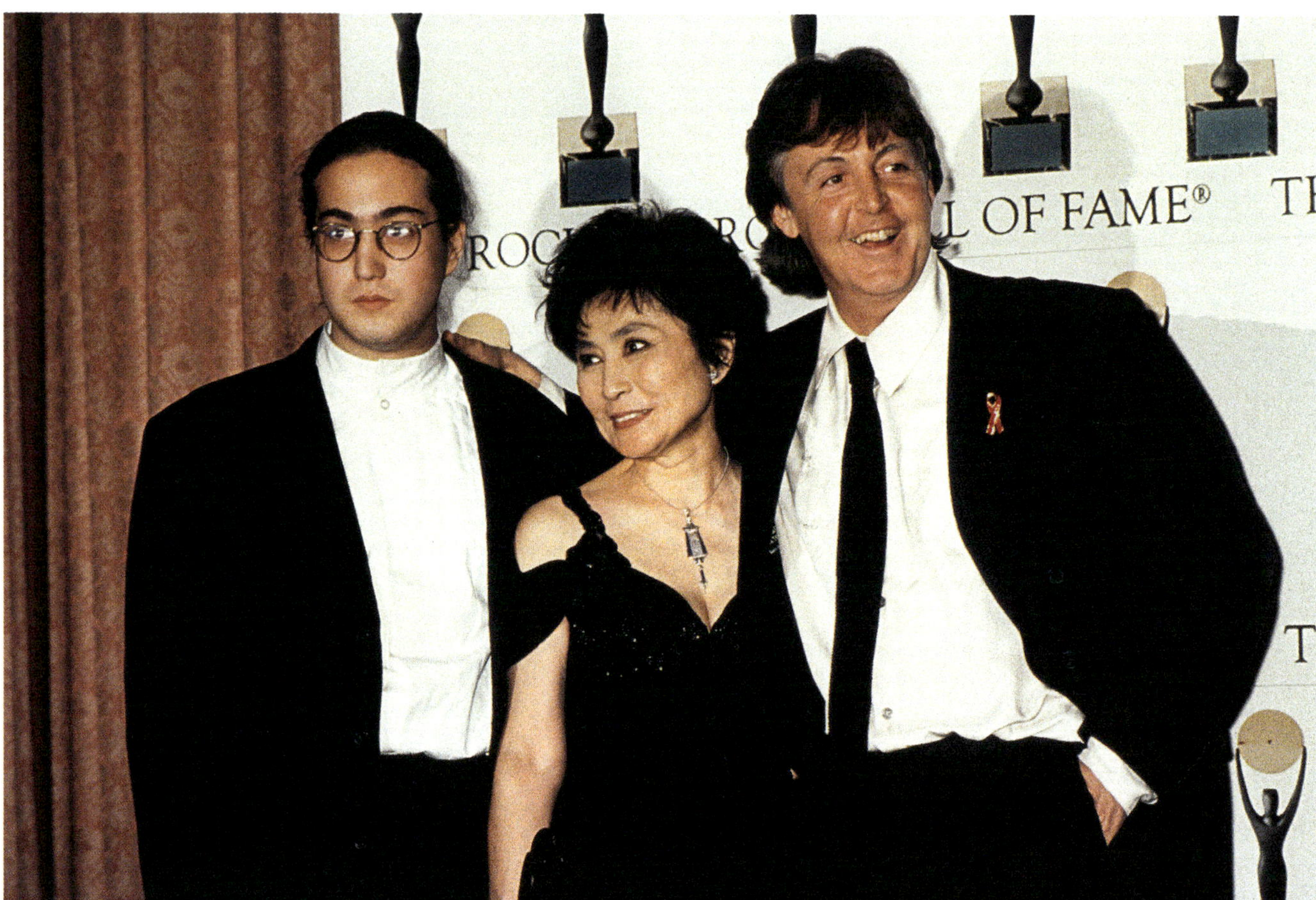

„ER WAR DER VATER, DEN ICH LIEBTE UND DER MICH ENTTÄUSCHT HAT."

– Julian Lennon

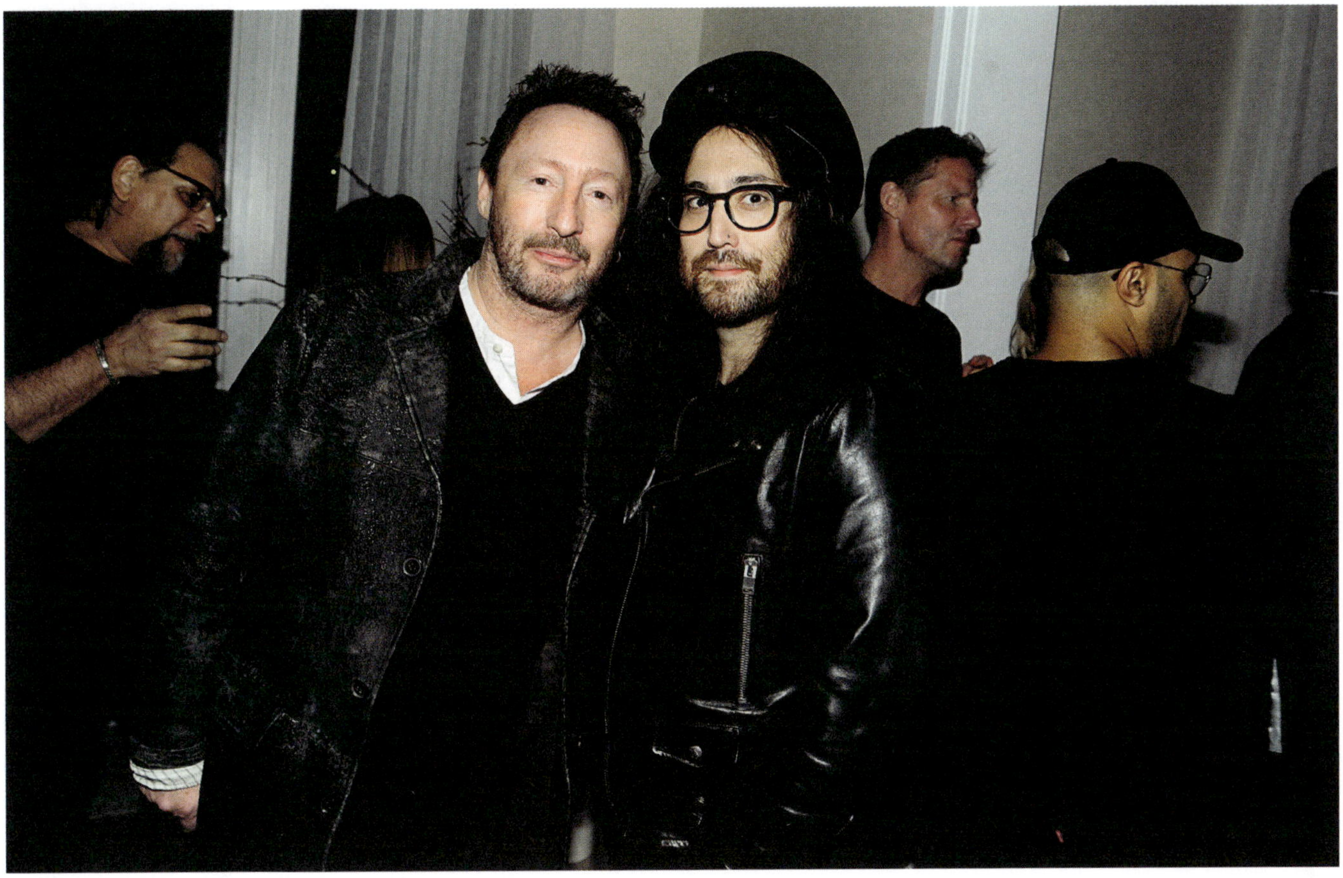

Songs bieten (darunter Carl Perkins ‚Honey Don't', einem Rockabilly-Liebling der frühen Beatles). Es gab auch zwei Songs von John Lennon, die hier das erste Mal zu hören sind: ‚One Of The Boys' und ‚India, India'. Die zweite Komposition war für das nie vollendete Musical *Ballad Of John And Yoko* gedacht. Es ist eine sanft gespielte Erinnerung an die Zeit in Rishikesh und geht nicht sehr freundlich mit seiner Ehefrau Cynthia um, die ihn begleitet hatte: Er berichtet, er habe Heimweh nach England und sehne sich nach „dem Mädchen, das ich zurückgelassen habe", also nach Yoko. ‚One Of The Boys' ist Johns Reaktion auf die Verwirrung der Leute angesichts seines Verschwindens aus dem Popgeschäft. Ich bin immer noch da, scheint er zu sagen, auch wenn ich mich rar mache, und es geht mir gut.

Diese sorgsam dosierten Veröffentlichungen wurden ergänzt durch Beiträge von anderen Mitgliedern der Familiendynastie. Sein Sohn Julian Lennon begann 1984 eine Musikkarriere, die anfänglich von großen Erfolgen in den Hitparaden begleitet war. (Sogar seine Ehefrau Cynthia, die 2015 verstarb, brachte eine Single heraus, das unbekümmert nostalgische ‚Those Were The Days'.) 2005 sagte Julian über seinen Vater: „Ich hab immer sehr gemischte Gefühle über Dad gehabt. Er war der Vater, den ich liebte und der mich auf so viele Weisen enttäuscht hat. Wer weiß, wie sich unsere Beziehung vielleicht entwickelt hätte, wenn er nicht ermordet worden wäre?"

Trotz anfänglicher Befürchtungen, nur als Sohn eines Stars gesehen zu werden, wurde auch Yokos Sohn Sean Musiker. 1998 brachte er auf Grand Royal, dem Label der Beastie Boys, einen wohlmeinend aufgenommenen Erstling heraus und hat seitdem als Solokünstler, Bandmitglied und Produzent gearbeitet.

„Die Leute wollten immer, dass ich eine Platte aufnehme", sagt Sean, „weil ich eine Fortsetzung meines Vaters bin, physisch, biologisch, genetisch. Es würde ein Verlangen stillen, das sie nach meinem Dad verspüren. Aber ich kann dieses Bedürfnis nicht befriedigen, weil das nicht mein Daseinszweck ist. Ich kann mich noch an ein Interview erinnern, das ich als Sechsjähriger gab, als mein Dad gerade gestorben war, und ich sagte: ‚Ich will nicht Musiker werden! Ich will Zahnstocherschnitzer werden!'"

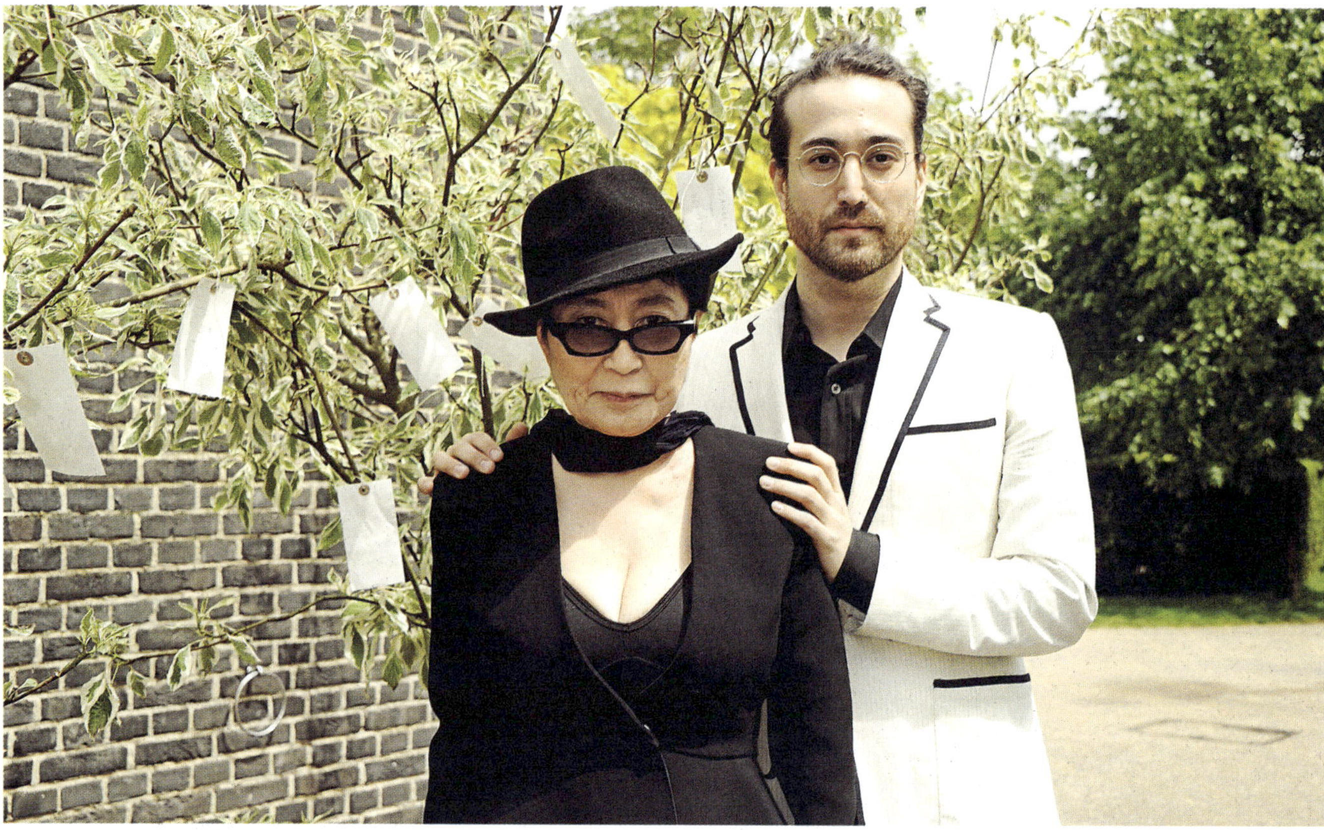

Sean ist von Johns Soloarbeiten begeistert: „Das bewundere ich an meinem Vater am meisten. Nach *Sgt. Pepper* brachte er *Two Virgins* heraus. Man stelle sich den Mut vor, den das erforderte, es ist unglaublich! Hör dir *McCartney* an, das war Pauls erste Platte nach den Beatles. Es ist eine großartige Platte, aber ganz entschieden nicht ein solches ‚Leckt mich mal!' Ich meine, mein Dad hat *Two Virgins* gemacht, und dann hat er *Plastic Ono Band* gemacht, das für mich eines der drei besten Alben aller Zeiten ist. Es ist ein irrsinnig brillantes Album, so roh und elementar, so genau das nicht, was die Beatles machten. Es ist wie Punk, bevor es Punk gab."

Aber Yoko verteidigt er noch vehementer. „Meine Mutter war der einzige Grund, warum er diese Arbeiten machte. Als er meine Mom traf, war er im Grunde so ein Macho-Superstar, und sie hat sein Leben verändert. Boom! Für ihn war es: ‚Oh mein Gott, diese Frau ist intelligenter als irgendjemand, den ich je kennengelernt habe.' Die Beatles kamen aus der Macho-Welt von Liverpool, und dann taucht meine Mom auf, diese unglaublich intelligente Frau, und sie ist umwerfend schön, und er ist vollkommen besessen von ihr, und deswegen haben sie *Two Virgins* und *Plastic Ono Band* gemacht.

Wir sollten nicht vergessen, dass seine größte Platte ‚Plastic ONO Band' heißt und dass das seinen Grund hat, nicht nur weil er meine Mom liebte, sondern auch, weil er künstlerisch von ihr betört war. Es waren ihre Ideen, die ihn zu ‚Mother' und ‚God'

Oben: Yoko und Sean im Juni 2012 anlässlich der Eröffnung ihrer Ausstellung *To The Light* in den Londoner Serpentine Galleries.

Gegenüber: Yoko im Juli in Las Vegas beim 10. Jubiläum der Cirque du Soleil-Show *The Beatles: Love*.

„SEINE GRÖßTE PLATTE HEIßT PLASTIC ONO BAND, UND DAS HAT SEINEN GRUND."

– Sean Lennon

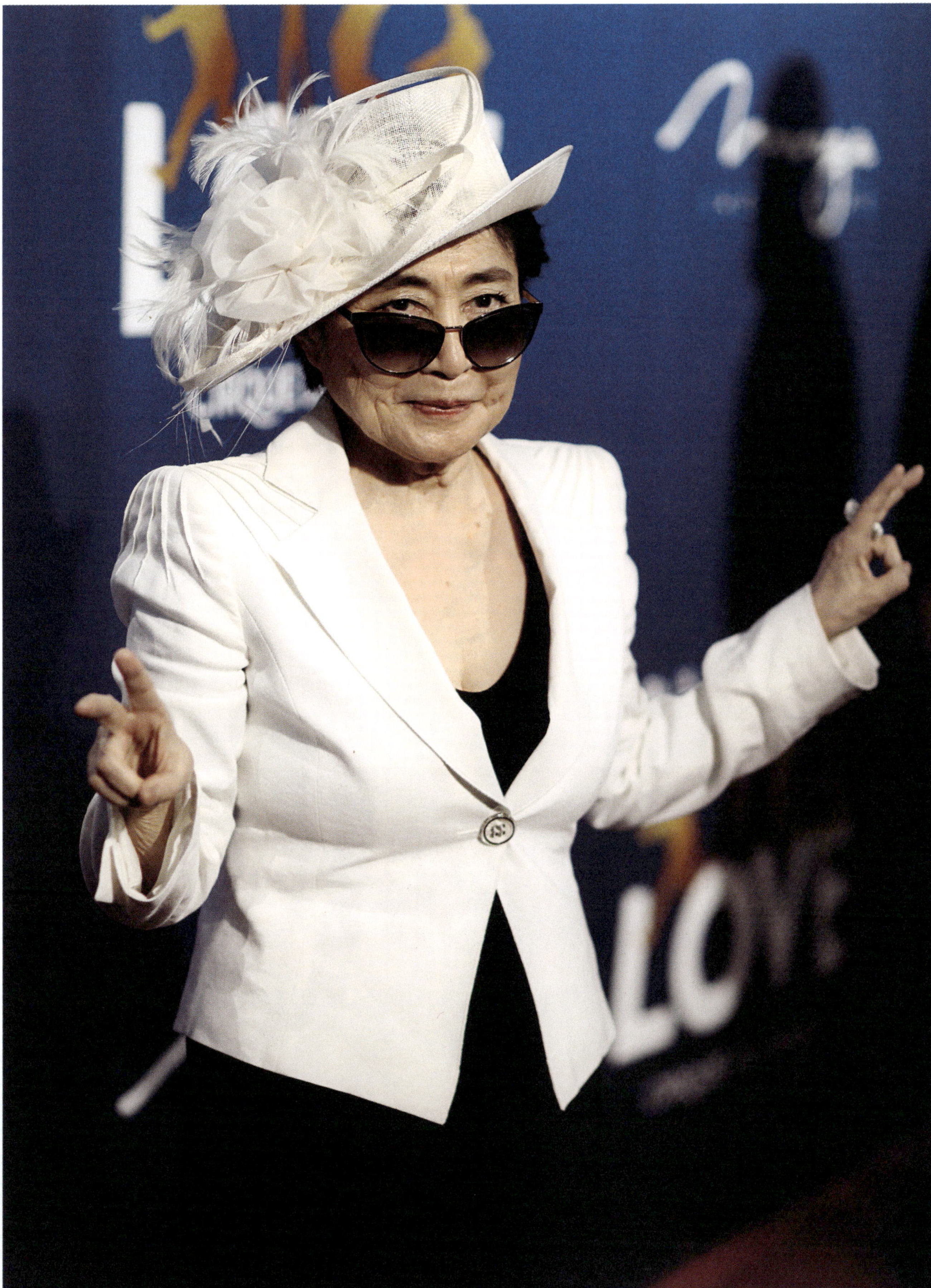

und ‚Imagine' inspirierten. ‚Imagine' ist von Yoko Ono inspiriert, und jeder, der das leugnen würde, ist beschränkt.

Wir sollten doch ehrlich bleiben. Es war meine Mom, die ihm diese Ideen gab, und er würde es nicht leugnen. Wenn er heute hier sitzen würde, käme von ihm: ‚Ja, Sean, du hast recht.' Er wurde von Pauls Partner zum Partner von Yoko. Es ist mir wichtig, den Leuten klarzumachen, wie cool sie war und auf was für eine coole Weise sie meinen Dad beeinflusst hat."

Yoko Ono hat in den vier Jahrzehnten seit 1980 weiter Musik aufgenommen und ist öffentlich aufgetreten, oft mit Sean zusammen. Mit *Season Of Glass*, ihrem ersten Album nach Johns Tod, zeigte sie, dass sie weder ein Rock-Mädel noch eine Lärmmacherin war. Man kann sie auch nicht auf amerikanische oder japanische Bezugspunkte festlegen. Oft sind Anklänge an die klassische europäische Avantgarde zu hören – Jacques Brel, Kurt Weill und andere –, die David Bowie und der späte Scott Walker erkannt hätten. Die Texte machen immer noch keine Kompromisse, aber die Musik ist eingängiger und weniger aggressiv. Dance-Remixes von Künstlern wie den Pet Shop Boys zeigen das kommerzielle Potenzial, das sich mit ‚Walking On Thin Ice' angekündigt hatte, dem immer noch wichtigsten Solo-Stück von Yoko Ono.

Welches sind die wirklich wichtigen Soloaufnahmen von John Lennon? Die Diskografie am Ende des Buches zeigt, was es alles gibt. Inzwischen reichen die Formate von Vinylschallplatten bis hin zu Online-Angeboten, je nach Geschmack. Es gibt verschiedene Zusammenstellungen (als letzte: *Power To The People: The Hits*), die einen guten Einblick in sein letztes Lebensjahrzehnt bieten, vor allem in Hinsicht auf die Charts-Singles. Von den ursprünglichen Alben ist *Walls And Bridges* vielleicht dasjenige, das am stärksten unterbewertet wird. Ernsthafte Fans seiner Musik neigen wie Sean Lennon dazu, die nackte Verletzlichkeit von *John Lennon/Plastic Ono Band* hoch zu schätzen. Aber der allgemeine Liebling ist immer noch *Imagine*, dessen Beliebtheit sich in der fast religiösen Verehrung spiegelt, die dem Titelstück entgegengebracht wird. Bei den unzähligen Publikumsabstimmungen, die anlässlich der Jahrtausendwende veranstaltet wurden, erhielt John den Titel „Künstler des Jahrhunderts" und ‚Imagine' wurde zum meistgeliebten Songtext gekürt. In Großbritannien wurde das Stück wieder veröffentlicht und schaffte es ein zweites Mal unter die Top 5.

Bis an sein Lebensende ärgerte es John, im Schatten der Beatles zu stehen. Wann immer die Rede auf sie kam, dann um seine Soloarbeit implizit abzuwerten. Vermutlich hätte er aber auf die Dauer seinen Frieden mit der Vergangenheit geschlossen. „Er hätte

Unten: Doppelter George, Harrison und Martin, in den Abbey Road Studios im September 1993 beim Erscheinen der CD-Ausgabe der Alben „Red" und „Blue" mit Zusammenstellungen von Beatles-Songs.

Gegenüber: John and Yoko 1979 in Frankreich. Sie wohnten im exklusiven Hotel du Cap-Eden-Roc in Antibes..

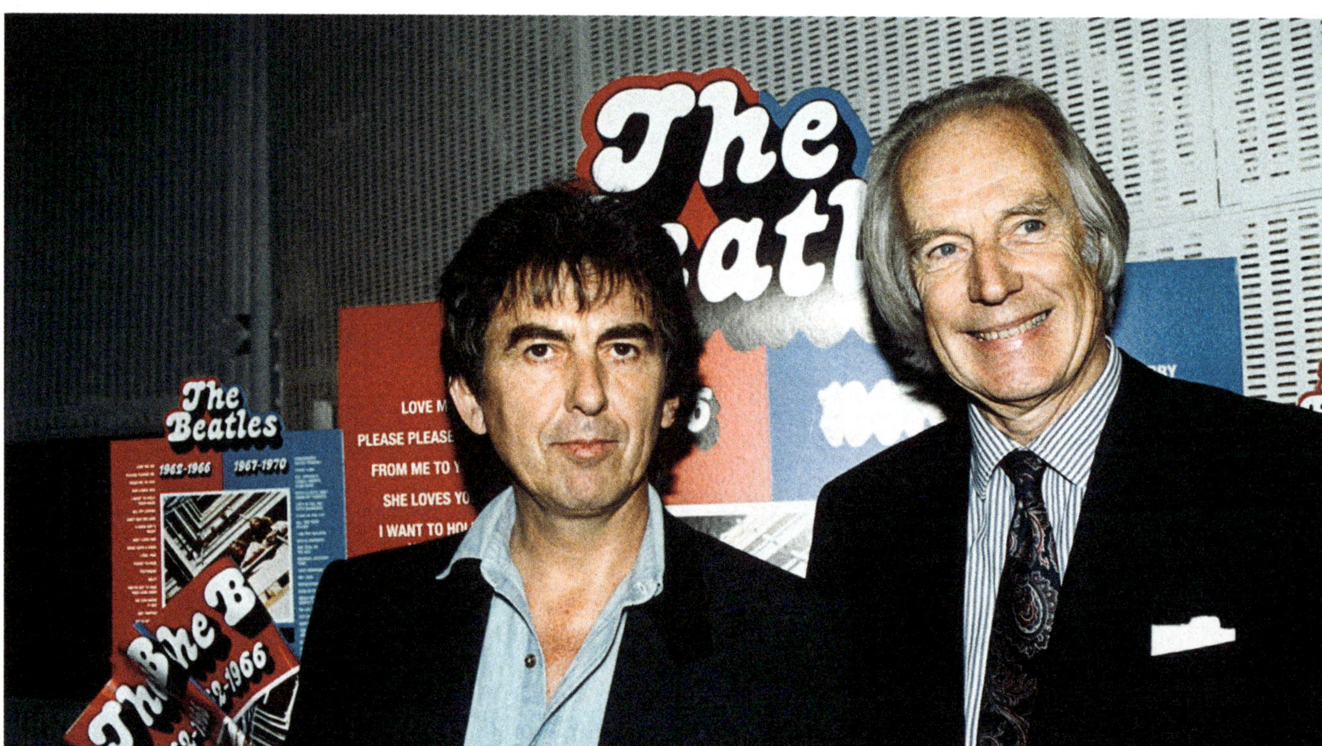

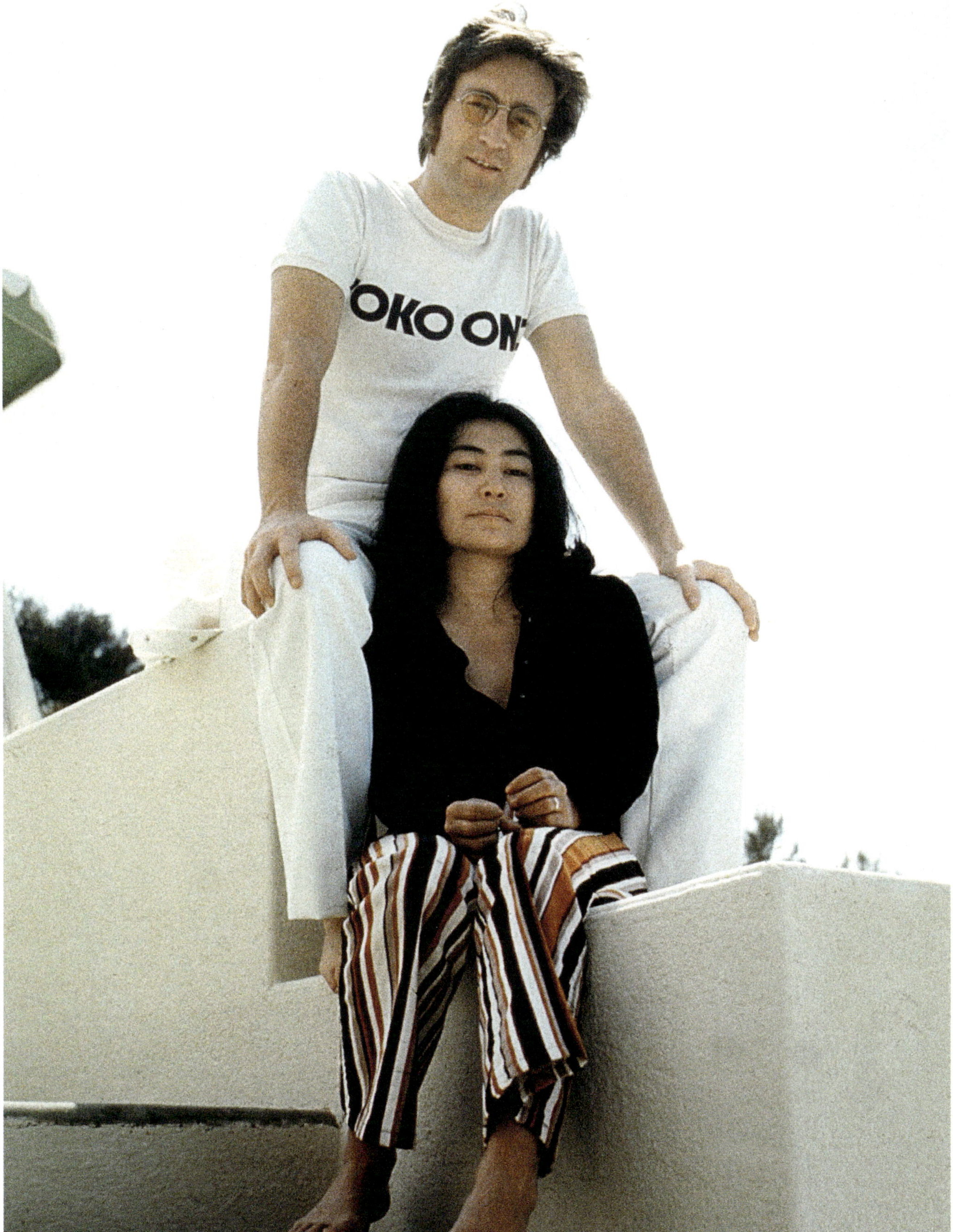

es geliebt, jetzt wieder mit uns zu sein", behauptet Ringo. „Vieles von John wirkt zornig, weil er das in den Siebzigern auch war. Irgendwie nörgelte er an den Beatles rum. Inzwischen würde er das anders sehen … Man redet über die Ex-Beatles, und das ist etwas, dem wir nie entgehen können. Als ich 30 war, dachte ich, ‚Und was ist mit *mir*? Einfach nur *ich*, weißt du?' Inzwischen weiß ich, dass es egal ist, was ich tue, es wird immer auf die Beatles bezogen. Also lebt man einfach damit. Und das ist inzwischen nicht schlecht, weil die Musik es wert ist. Man kann die Personen vergessen und einfach nur die Schallplatten hören, und das ist es, worum sich alles gedreht hat."

Nach dem Tod von George Harrison im Jahr 2001 traten Paul und Yoko noch stärker als Wächter über das Erbe der Beatles hervor. Ringo blieb freundlich und neutral, so wie er das von Anfang an gewesen war, aber die Lennons und die McCartneys entwickelten sich zu rivalisierenden Dynastien wie die Montagues und die Capulets in *Romeo und Julia*, aber ohne eine versöhnende Liebesgeschichte. Paul geht immer wieder auf Tournee und stellt die Songs der Beatles in den Mittelpunkt seines Live-Repertoires, während Yoko das Bild Lennons als Solokünstler, als liebenden Ehemann, fürsorglichen Vater und Vorreiter der Friedensbewegung pflegt. Zwischendurch kommt es auch immer wieder zu bissigen Auseinandersetzungen. In einer Rede sagte Yoko 2005: „Manchmal fragte John mitten in der Nacht: ‚Bist du wach?', und ich antwortete: ‚Ja, ja.' Und er sagte: ‚Weißt du, es sind immer Pauls Songs, die gecovert werden und nie meine, und ich weiß nicht warum.' Ich sagte: ‚Du bist ein guter Songwriter – bei dir reimt sich nicht Herz auf Schmerz. Du bist auch ein guter Sänger, und die meisten Musiker werden vermutlich etwas nervös bei dem Gedanken, deine Songs zu covern."

Yokos Sorge um das Gedenken an John wird beispielhaft an Mendips deutlich, dem Haus an der Menlove Avenue in Liverpool, in dem er seine Jugend verbrachte und das sie kaufte, um es der britischen Denkmalschutzbehörde zu stiften. 2003 erzählte sie mir: „Wenn man da in Johns Schlafzimmer geht, wirkt es so winzig. Aber dann denkt man, war für große Träume er gehabt haben muss." Zu den vielen Besuchern von Mendips gehörte auch ein Überraschungsgast in Gestalt von Bob Dylan. Er erzählte Colin Hall, dem Führer durch das Haus, Mendips erinnere ihn stark an das Haus seiner eigenen Kindheit in Duluth, Minnesota. Fasziniert war er von einem Buch, das in Johns ehemaligem Kinderzimmer ausgestellt war: „Uhh … Wer ist *Just William?*", fragte Dylan. Es war der Held einer englischen Buchserie von Richmal Compton: ein rebellischer Vorstadt-Schuljunge mit permanent schmutzigen Knien, eine Figur, die sicher einen prägenden Einfluss auf den jungen John Lennon ausgeübt hat.

Lennons Erbe wird heute von den Millionen gelebt und gefühlt, die seine Musik lieben. Jeden Tag entdecken neue Zuhörer seine Songs und reagieren auf die Schönheit, die sie in ihnen hören, auf die ehrliche und verletzliche Menschlichkeit. Er hat in seinen Songs so gut wie nichts verborgen gehalten, und er wünschte sich von anderen die gleiche Aufrichtigkeit: ‚Gimme Some Truth'. Er war nie auf Dauer Anhänger eines Glaubenssystems und nie ein Mann der Ideologien. Der einzige durchgehende Faden in seinem Werk ist die Suche nach einer transzendenten Antwort. Sein Status war nicht das Ergebnis von Wahlen, was ihm die Freiheit gab, seinen rastlosen Instinkten zu folgen. Es stand ihm frei, sich von den Ideen zu trennen, die er gestern für richtig hielt, wie es einem Politiker unmöglich ist. (1978 hielt er ‚Power To The People' für „peinlich".) Und neue Möglichkeiten konnte er mit unbekümmerter Freude begrüßen.

John erkannte neue gesellschaftliche Tendenzen intuitiv und verlieh ihnen Ausdruck. Manchmal verwandelte er sie zu Slogans für Kampagnen und versah sie mit unvergesslichen Pop-Schlag-

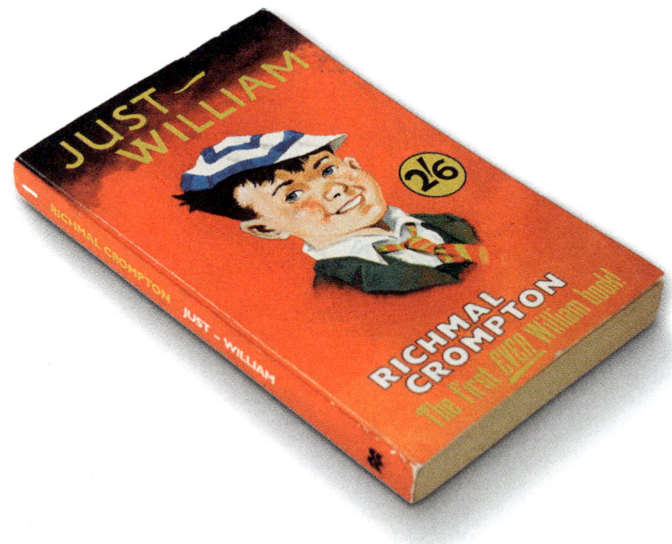

Oben: Richmal Cromptons *Just William* war vielleicht das erste Rollenmodell für John Lennon.

Gegenüber: Yoko und Ringo mit dem New Yorker Bürgermeister Bill de Blasio und dem Schauspieler Jeff Bridges bei einer Veranstaltung im September 2018, bei der auch der John Lennon Educational Tour Bus eine Rolle spielte.

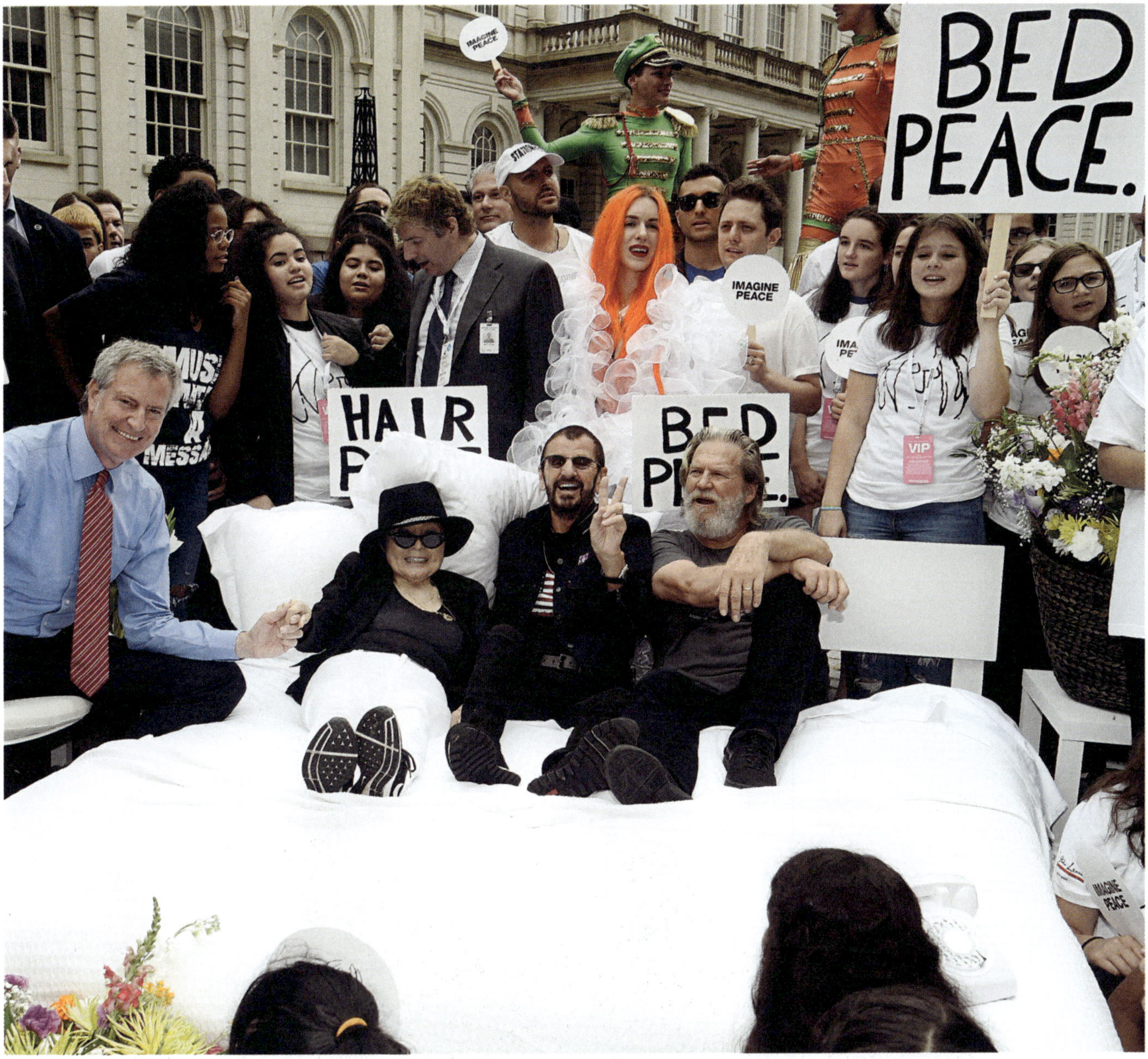

„ER HÄTTE ES GELIEBT, JETZT WIEDER MIT UNS ZU SEIN. VIELES VON JOHN WIRKT ZORNIG. JETZT WÜRDE ER DAS ANDERS SEHEN."

– Ringo Starr

„HOW IN THE WORLD YOU GONNA SEE, LAUGHING AT FOOLS LIKE ME?“

– John Lennon

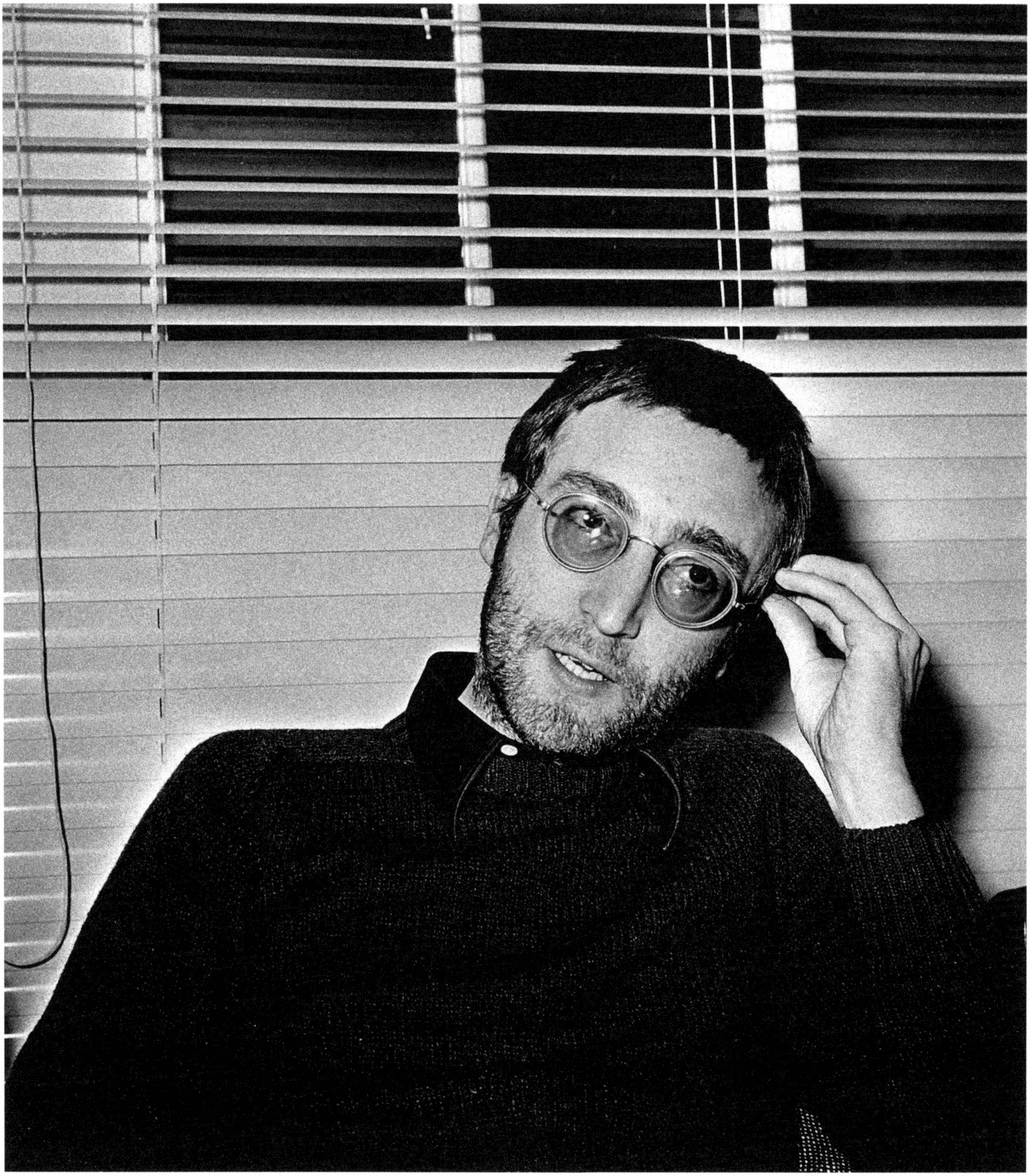

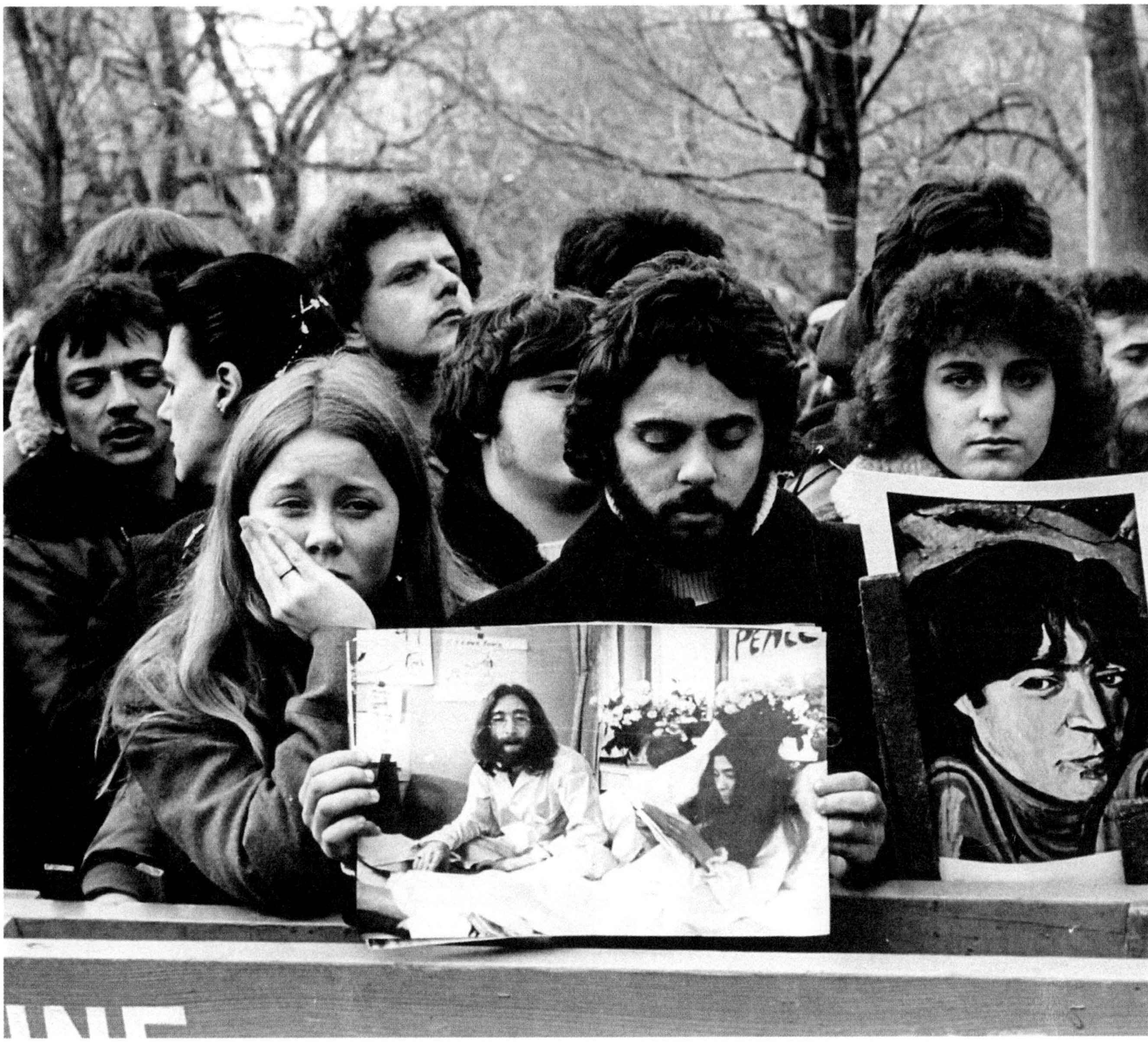

wörtern. Es gab viele Gegner des Vietnamkriegs, aber es blieb John vorbehalten, ‚Give Peace A Chance' zu schreiben. Er hatte das unbewusste Talent, die Strömungen seiner Zeit zu verkörpern, im Guten wie im Schlechten: das Verwischen der Geschlechtsrollen, die Forderung nach Gleichheit der Rassen und Kulturen, das Primat der Jugend über das Alter, das Verschwinden der Pietät, die Toleranz gegenüber Drogen, den Konflikt zwischen materiellem Besitz und spirituellen Bedürfnissen, die Absage an den Patriotismus, die Suche nach sofortiger Bedürfnisbefriedigung. Was immer im Leben des Westens passierte, offensichtlich oder im Verborgenen, Lennon befand sich im Mittelpunkt der Auseinandersetzung. In seinem Leben wie in seiner Kunst machte er die Spannungen erkennbar.

Man kann nicht wissen, wie sein Leben weiter verlaufen wäre, wenn er die Kugeln des Mörders überlebt hätte. Häuslichkeit oder Dekadenz? Radikaler oder Reaktionär? Mystik oder Spielerei? Das Einzige, dessen wir uns gewiss sein können, ist, dass seine Kunst nichts verborgen hätte. Yoko bedauerte im Jahr 2005, dass John das Internet nicht mehr miterlebt hatte. Eine derartige Möglichkeit, sich mitzuteilen und im Gegenzug davon zu lernen, hätte ihn in ihren Bann gezogen. Und der Versuchung, in die sozialen Medien einzusteigen, hätte er sicher nicht widerstanden. Während die Jahrzehnte verstreichen, verblassen John Lennons Errungenschaften nicht in unserem Gedächtnis. Im Gegenteil, sie wirken noch bedeutender und gehaltvoller. Er hat nichts an Größe eingebüßt.

Oben: Noch im Schock. Vor dem Dakota am 9. Dezember.

Gegenüber: John Lennon, 1940–1980.

Folgende Seite: „Sitting in an English garden." Die Lennons 1971 in ihrem letzten Londoner Wohnsitz Tittenhurst Park. Vor Ablauf des Jahres zogen sie nach New York um. John kehrte nie nach Großbritannien zurück.

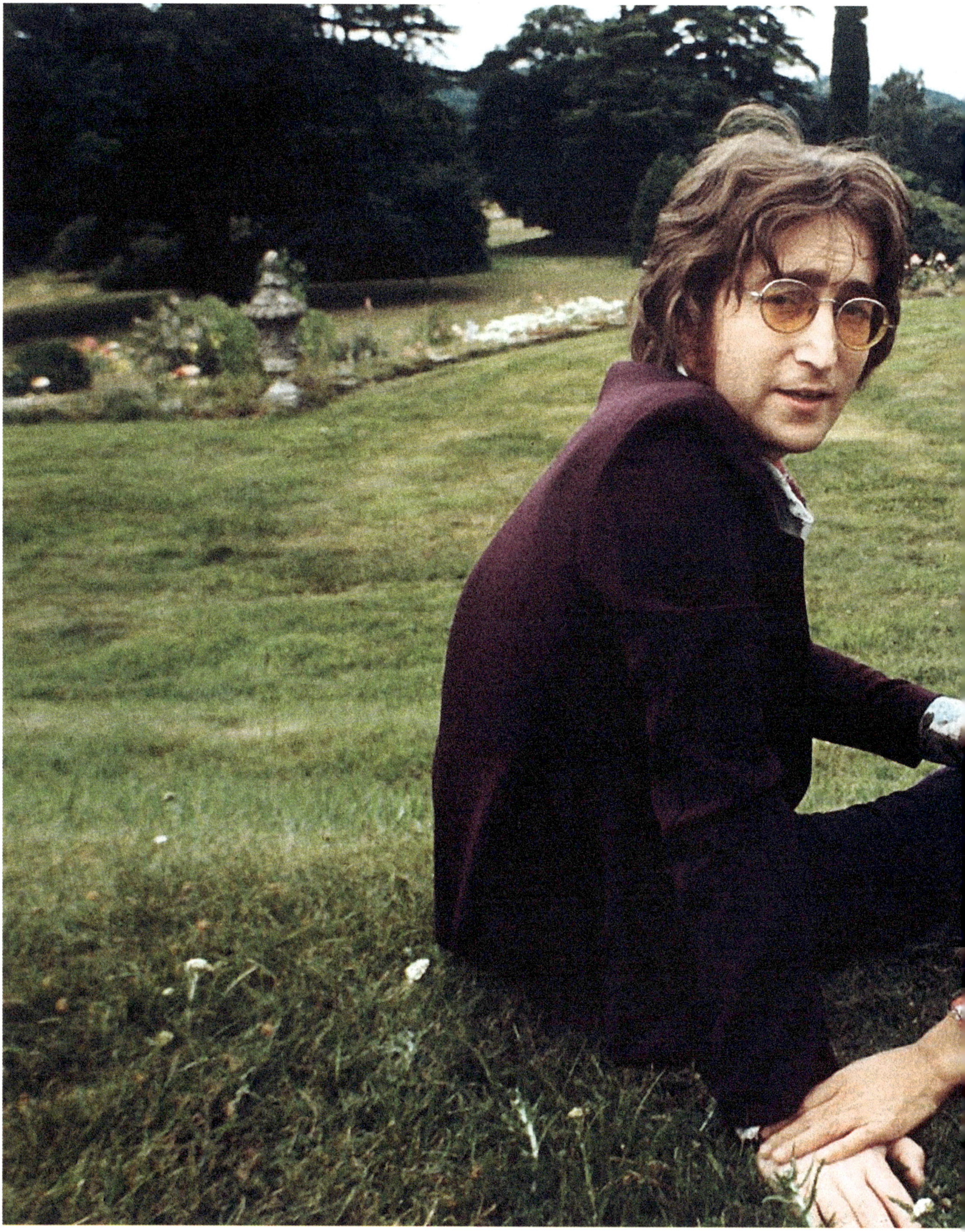

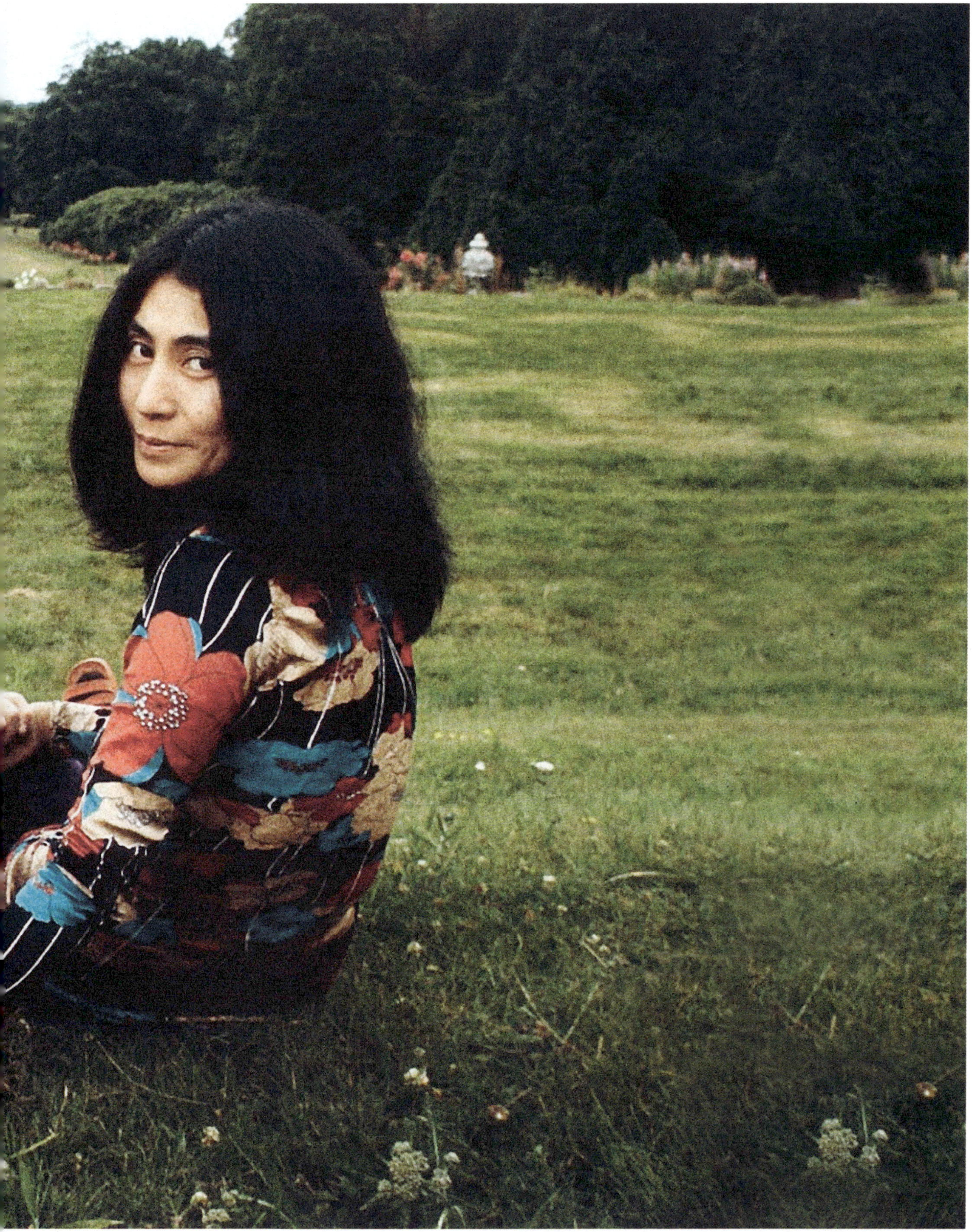

ZEITTAFEL

1940
9. Oktober: John Winston Lennon kommt in Liverpool im Oxford Street Maternity Hospital auf die Welt.

1946
Johns Mutter Julia überlässt ihn der Obhut ihrer Schwester Mimi. Sein Vater Freddie bietet an, mit ihm nach Neuseeland auszuwandern, aber er entscheidet sich zu bleiben.

1957
März: John gründet seine erste Band, die Black Jacks, die später den Namen Quarry Men erhalten
6. Juli: Paul McCartney sieht die Quarry Men bei einem Sommerfest und spielt mit ihnen. John lädt ihn ein, in die Band einzusteigen.
September: John nimmt ein Studium am Liverpool College of Art auf.

1958
15. Juli: Julia Lennon stirbt bei einem Verkehrsunfall.
In diesem Jahr machen die Quarry Men, zu denen inzwischen auch George Harrison gehört, ihre erste – selbst finanzierte – Schallplattenaufnahme, ‚That'll Be The Day'.

1960
August: Unter dem neuen Namen Beatles tritt Johns Gruppe das erste Mal in Hamburg auf.

1962
23. August: John heiratet seine Kommilitonin Cynthia Powell, die mit seinem Sohn Julian schwanger ist.
4. September: Die Beatles nehmen ihre erste Single für EMI auf: ‚Love Me Do'.

1963
29. August: Die Beatles-Single ‚She Loves You' steht sieben Wochen an der Spitze der britischen Charts.
4. November: Die Beatles treten auf deren Einladung vor der Queen auf.

1964
9. Februar: Nach einer enthusiastischen Begrüßung in New York treten die Beatles in Ed Sullivans Fernsehshow auf – 73 Millionen Zuschauer sitzen vor den Geräten.

1965
15. August: Der erste Auftritt der Beatles im Shea Stadium.

1966
4. März: Johns Bemerkung, die Beatles seien „beliebter als Jesus" sorgt in den USA für Kontroversen.
29. August: Die Beatles spielen in San Francisco ihr letztes Konzert.
9. November: John lernt in der Londoner Indica Gallery die japanische Künstlerin Yoko Ono kennen.

1967
1. Juni: *Sgt. Pepper's Lonely Hearts Club Band* kommt auf den Markt.

1968
20. Mai: Yoko und John nehmen in Cynthias Abwesenheit *Two Virgins* auf und werden zu Liebhabern.
18. Oktober: Bei einer Polizeidurchsuchung der Londoner Wohnung von Ringo, in der John wohnt, wird Cannabis gefunden. John bekennt sich schuldig.
21. November: Yoko erleidet die erste von mehreren Fehlgeburten.

1969
20. März: John und Yoko heiraten in Gibraltar. Nach einem Zwischenstopp in Paris fliegen sie nach Amsterdam und machen ihre Flitterwochen zu einem siebentägigen „Bed-in" für den Weltfrieden.
22. April: John ändert seinen mittleren Namen von Winston zu Ono um.
26. Mai: Das „Bed-in" in Montreal beginnt, in dessen Verlauf ‚Give Peace A Chance' entsteht.
13. September: Aufnahme von *Live Peace in Toronto*.
24. Oktober: ‚Cold Turkey' erscheint im Vereinigten Königreich.
25. November: John gibt seinen MBE-Orden als Zeichen des Anti-Kriegs-Protests an die Queen zurück.

1970
27. Januar: John schreibt ‚Instant Karma!' und nimmt es auf.
10. April: Paul McCartney kündigt die Auflösung der Beatles an.
23. April: Urschrei-Therapie in Los Angeles bei Dr. Arthur Janov.
9. Dezember: *John Lennon/Plastic Ono Band* erscheint.

1971

22. März: Die Single ‚Power To The People' kommt in den USA auf den Markt.
3. September: Reise nach New York, um nach Yokos Tocher Kyoko zu forschen. John kehrt nie in das Vereinigte Königreich zurück.
9. September: *Imagine* erscheint.
1. Dezember: ‚Happy Xmas (War Is Over)' erscheint in den USA.
10. Dezember: John tritt bei dem Konzert für John Sinclair in Arbor, Michigan, auf.

1972

16. März: John erhält einen Ausweisungsbeschluss der USA. Er legt Widerspruch ein.
12. Juni: *Some Time In New York City* erscheint in den USA.
30. August: Wohltätigkeitskonzerte am Nachmittag und Abend im Madison Square Garden zugunsten der Kinderhilfsorganisation One To One.

1973

1. April: Bei einer Pressekonferenz in New York proklamieren John und Yoko den Staat Nutopia.
18. September: Ringo kauft Tittenhurst Park von John.
Oktober: John trennt sich von Yoko. Mit May Pang geht er nach LA und versucht, mit Phil Spector ein Album mit Rock'n'Roll-Coverversionen aufzunehmen.
2. November: *Mind Games* erscheint.

1974

12. März: John wird betrunken und pöbelnd aus dem Konzert der Smothers Brothers im Troubadour Club in LA verwiesen.
17. Juli: John soll binnen 60 Tagen die USA verlassen. Er legt erneut Widerspruch ein.
31. August: Im New Yorker Bundesgericht wirft John der Regierung Nixon vor, sein Telefon abzuhören und ihn aus politischen Gründen ausweisen zu wollen. Die Vorwürfe werden sich später bestätigen.
26. September: *Walls And Bridges* erscheint in den USA.
6. November: ‚Whatever Gets You Thru The Night' wird Johns erster Nr.-1-Solohit in den USA.
28. November: John hält ein gegebenes Versprechen und tritt als Gast bei einem Elton-John-Konzert im Madison Square Garden auf. Dies wird sich als sein letzter öffentlicher Konzertauftritt erweisen. Yoko und John treffen sich nach der Show wieder.

1975

Januar: John kehrt zu Yoko ins Dakota Building in New York zurück. Yoko wird schwanger.
17. Februar: Das Album *Rock 'n' Roll* erscheint.
1. März: John und Yoko treten bei den Grammy-Verleihungen zusammen öffentlich auf.
18. April: John betritt bei der TV-Sondersendung *Salute to Sir Lew – The Master Showman* das letzte Mal eine Bühne.
9. Oktober: An Johns 35. Geburtstag bringt Yoko Sean, den einzigen Sohn des Paars, auf die Welt.

1976

1. April: Johns Vater Freddie Lennon stirbt.
27. Juli: John erhält seine „Green Card", die Aufenthaltserlaubnis für die USA.

1977

20. Januar: John nimmt an der Amtseinführung von Präsident Jimmy Carter teil.
4. Oktober: John und Yoko verkünden auf einer Pressekonferenz in Japan, dass sie erst Sean großziehen wollen, bevor sie wieder arbeiten.

1978

John reist, nimmt zu Hause Demobänder auf, lernt Japanisch, ist „Hausmann" und schreibt an einem autobiografischen Essay *The Ballad Of John And Yoko*, der als Progammtext für ein geplantes Musical des gleichen Namens dienen soll. Der Essay wird später in einem posthumen Buch *Skywriting by Word of Mouth* veröffentlicht.

1979

27. Mai: Die ganzseitige Anzeige ‚A love letter from John and Yoko' erscheint in Zeitungen auf der ganzen Welt.

1980

Juli: John macht eine Schiffsreise nach Bermuda, wo die Songs für *Double Fantasy* entstehen.
4. August: John geht das erste Mal seit fünf Jahren wieder ins Aufnahmestudio.
17. November: In Großbritannien erscheint *Double Fantasy*.
8. Dezember: John treffen vor dem Dakota Building fünf Schüsse. Er stirbt kurz darauf im New Yorker Roosevelt Hospital.

DISKOGRAFIE

Dies ist eine Auswahlliste. Sie soll Lennons Arbeiten zu Lebzeiten vorstellen und die allmähliche Verfügbarkeit von zusätzlichem Material in der Folgezeit. Die meisten posthumen Kompilationen und Wiederveröffentlichungen sind deshalb nicht aufgenommen. Alle hier genannten Alben erschienen unter John Lennons Namen, falls nicht anders vermerkt. Das Gleiche gilt für alle Songs; Abweichungen sind in rechteckigen Klammern vermerkt. Einige Song-Zuschreibungen wurden im Lauf der Zeit geändert, vor allem für ‚Give Peace A Chance' und ‚Imagine'.

Lennons Soloschallplatten kamen ursprünglich als Vinyl heraus (oft auch als Kassette), meist auf dem Apple-Lable. Wiederveröffentlichungen und CDs sind in der Regel im Vereinigten Königreich bei EMI/Parlaphone und in den USA bei Capitol erschienen. Heute findet sich der Großteil seines Werks natürlich online. Für welchen Weg Sie sich auch entscheiden, ich hoffe, Sie finden vieles, was Sie lieben.

SINGLES

Give Peace A Chance [Lennon/Ono]
B-Seite: Remember Love [Yoko]
(PLASTIC ONO BAND)
GB: 4. Juli 1969
USA: 7. Juli 1969
APPLE

Cold Turkey
B-Seite: Don't Worry Kyoko [Yoko]
(PLASTIC ONO BAND)
GB: 24. Oktober 1969
USA: 20. Oktober 1969
APPLE

Instant Karma! (We All Shine On)
B-Seite: Who Has Seen The Wind? [Yoko]
GB: 6. Februar 1970
USA: 20. Februar 1970
APPLE

Power To The People
B-Seite: Open Your Box [Yoko]
(Diese Aufnahme wurde in den USA durch einen anderen Song von Yoko ersetzt, ‚Touch Me')
GB: 12. März 1971
USA: 22. März 1971
APPLE

Imagine [Lennon/Ono]
B-Seite: Working Class Hero
GB: 24. Oktober 1975
USA: 11. Oktober 1971
APPLE

Happy Xmas (War Is Over) [Lennon/Ono]
B-Seite: Listen, The Snow Is Falling [Yoko]
GB: 24. November 1972
USA: 1. Dezember 1971
APPLE

Woman Is The Nigger Of The World [Lennon/Ono]
B-Seite: Sisters O Sisters [Yoko]
USA: 24. April 1972
APPLE

Mind Games
B-Seite: Meat City
GB: 16. November 1973
USA: 29. Oktober 1973
APPLE

Whatever Gets You Thru The Night
B-Seite: Beef Jerky
GB: 4. Oktober 1974
USA: 23. September 1974
APPLE

#9 Dream
B-Seite: What You Got
GB: 31. Januar 1975
USA: 16. Dezember 1974
APPLE

Stand By Me [King/Leiber/Stoller]
B-Seite: Move Over Ms. L
GB: 18. April 1975
USA: 10. März 1975
APPLE

(Just Like) Starting Over
B-Seite: Kiss Kiss Kiss [Yoko]
GB: 24. Oktober 1980
USA: 27. Oktober 1980
GEFFEN

Woman
B-Seite: Beautiful Boys [Yoko]
GB:16. Januar 1981
USA: 12. Januar 1981
GEFFEN

Watching The Wheels
B-Seite: Yes, I'm Your Angel [Yoko]
GB: 27. März 1981
USA: 13. März 1981
GEFFEN

Nobody Told Me
B-Seite: O'Sanity [Yoko]
GB: 9. Januar 1984
USA: 6. Januar 1984
POLYDOR

Borrowed Time
B-Seite: Your Hands [Yoko]
GB: 9. März 1984
USA: 11. Mai 1984
POLYDOR

I'm Stepping Out
B-Seite: Sleepless Night [Yoko]
GB: 15. Juli 1984
USA: 19. März 1984
POLYDOR

Every Man Has a Woman Who Love Him
B-Seite: It's Alright [Yoko]
GB: 16. November 1984
USA: 5. Oktober 1984
POLYDOR

ALBEN

UNFINISHED MUSIC NO. 1 TWO VIRGINS (JOHN LENNON & YOKO ONO)
Two Virgins 1 – 10 [mit Yoko]
GB: 29. November 1968
USA: 11. November 1968
APPLE

UNFINISHED MUSIC NO. 2: LIFE WITH THE LIONS (JOHN LENNON & YOKO ONO)
Cambridge 1969
No Bed For Beatle John
Baby's Heartbeat
Two Minutes Silence
Radio Play
[all tracks Lennon/Ono]
GB: 9. Mai 1969
USA: 26. Mai 1969
APPLE

WEDDING ALBUM (JOHN LENNON & YOKO ONO)
John And Yoko [mit Yoko]
Amsterdam [mit Yoko]
GB: 7. November 1969
USA: 20. Oktober 1969
APPLE

LIVE PEACE IN TORONTO 1969 (THE PLASTIC ONO BAND)
Blue Suede Shoes [Perkins]
Money [Bradford/Gordy]
Dizzy Miss Lizzy [Williams]
Yer Blues [Lennon/McCartney]
Cold Turkey

Give Peace A Chance [mit Yoko]
Don't Worry Kyoko (Mummy's Only Looking For Her Hand In The Snow) [Yoko]
John, John (Let's Hope For Peace) [Yoko]
GB & USA: 12. Dezember 1969
APPLE

JOHN LENNON/PLASTIC ONO BAND

Mother
Hold On
I Found Out
Working Class Hero
Isolation
Remember
Love
Well Well Well
Look At Me
God
My Mummy's Dead
GB & USA: 11. Dezember 1970
APPLE

IMAGINE

Imagine [mit Yoko]
Crippled Inside
Jealous Guy
It's So Hard
I Don't Want To Be A Soldier
Gimme Some Truth
Oh My Love [mit Yoko]
How Do You Sleep?
How?
Oh Yoko!
GB: 8. Oktober 1971
USA: 9. September 1971
APPLE

SOME TIME IN NEW YORK CITY (JOHN & YOKO/PLASTIC ONO BAND)

Woman Is The Nigger Of The World [mit Yoko]
Sisters, O Sisters [Yoko]
Attica State [mit Yoko]
Born In A Prison [Yoko]
New York City
Sunday Bloody Sunday [mit Yoko]
The Luck Of The Irish [mit Yoko]
John Sinclair
Angela [mit Yoko]
We're All Water [Yoko]
Cold Turkey
Don't Worry Kyoko [Yoko]
Well (Baby Please Don't Go) [Ward]
Jamrag [mit Yoko]
Scumbag [mit Yoko and Frank Zappa]
Au [mit Yoko]
GB: 15. September 1972
USA: 12. Juni 1972
APPLE

MIND AMES

Mind Games
Tight A$
Aisumasen (I'm Sorry)
One Day (At A Time)
Bring On The Lucie (Freda Peeple)
Nutopian International Anthem
Intuition
Out The Blue
Only People
I Know (I Know)
You Are Here
Meat City
GB: 16. November 1973
USA: 2. November 1973
APPLE

WALLS AND BRIDGES

Going Down On Love
Whatever Gets You Thru The Night
Old Dirt Road [mit Harry Nilsson]
What You Got
Bless You
Scared
#9 Dream
Surprise Surprise (Sweet Bird Of Paradox)
Steel And Glass
Beef Jerky
Nobody Loves You (When You're Down And Out)
Ya Ya [Robinson/Dorsey/Lewis]
GB: 4. Oktober 1974
USA: 26. September 1974
APPLE

ROCK 'N' ROLL

Be-Bop-A-Lula [Davis/Vincent]
Stand By Me [King/Leiber/Stoller]
Rip It Up [Blackwell/Marascalco]
Ready Teddy [Blackwell/Marascalco]
You Can't Catch Me [Berry]
Ain't That A Shame [Domino/Bartholomew]
Do You Wanna Dance [Freeman]
Sweet Little Sixteen [Berry]
Slippin' And Slidin' [Penniman/Bocage/Collins/Smith]
Peggy Sue [Holly/Allison/Petty]
Bring It On Home To Me [Cooke]
Send Me Some Lovin' [Price/Marascalco]
Bony Moronie [Williams]
Ya Ya [Robinson/Dorsey/Lewis]
Just Because [Price]
GB: 21. Februar 1975
USA: 17. Februar 1975
APPLE

DOUBLE FANTASY(JOHN LENNON & YOKO ONO)

(Just Like) Starting Over
Kiss Kiss Kiss [Yoko]
Cleanup Time
Give Me Something [Yoko]
I'm Losing You
I'm Moving On [Yoko]
Beautiful Boy (Darling Boy)
Watching The Wheels
Yes, I'm Your Angel [Yoko]
Woman
Beautiful Boys [Yoko]
Dear Yoko
Every Man Has A Woman Who Loves Him [Yoko]
Hard Times Are Over [Yoko]
GB & USA: 17. November 1980
GEFFEN

MILK AND HONEY (JOHN LENNON & YOKO ONO)

I'm Stepping Out
Sleepless Night [Yoko]
I Don't Wanna Face It
Don't Be Scared [Yoko]
Nobody Told Me
O'Sanity [Yoko]
Borrowed Time
Your Hands [Yoko]
(Forgive Me) My Little Flower Princess
Let Me Count The Ways [Yoko]
Grow Old With Me
You're The One [Yoko]
GB: 23. Januar 1984
USA: 19. Januar 1984
POLYDOR

LIVE IN NEW YORK CITY

New York City
It's So Hard
Woman Is The Nigger Of The World [mit Yoko]
Well Well Well
Instant Karma! (We All Shine On)
Mother
Come Together [Lennon/McCartney]
Imagine [mit Yoko]
Cold Turkey
Hound Dog [Leiber/Stoller]
Give Peace A Chance [mit Yoko]
USA: 24. Januar 1986
GB: 24. Februar 1986
PARLOPHONE (UK)/CAPITOL (US)

MENLOVE AVE.

Here We Go Again [with Phil Spector]
Rock And Roll People
Angel Baby [Hamlin]
Since My Baby Left Me [Crudup]
To Know Her Is To Love Her [Spector]
Steel And Glass
Scared
Old Dirt Road [with Harry Nilsson]
Nobody Loves You (When You're Down And Out)
Bless You
GB: 3. November 1986
USA: 27. Oktober 1986
PARLOPHONE (UK)/CAPITOL (US)

COMPILATIONS UND BOX SETS

SHAVED FISH

Give Peace A Chance [mit Yoko]
Cold Turkey
Instant Karma! (We All Shine On)
Power To The People
Mother
Woman Is The Nigger Of The World [mit Yoko]
Imagine [mit Yoko]
Whatever Gets You Thru The Night
Mind Games
#9 Dream
Happy Xmas (War Is Over) [mit Yoko]
Reprise: Give Peace A Chance [mit Yoko]
UK and USA: 24. Oktober 1975
APPLE

JOHN LENNON: ANTHOLOGY

(4-CD Box Set)

CD1: ASCOT

Working Class Hero
God
I Found Out
Hold On
Isolation
Love
Mother
Remember
Imagine (take 1) [mit Yoko]
„Fortunately"
Baby Please Don't Go [Ward]
Oh My Love [mit Yoko]
Jealous Guy
Maggie Mae [Traditionell, Arrangement Lennon/McCartney/ Harrison/Starkey]
How Do You Sleep?
God Save Oz [mit Yoko]

Do The Oz [mit Yoko]
I Don't Want To Be A Soldier
Give Peace A Chance [mit Yoko]
Look At Me
Long Lost John [Traditionell]

CD2: NEW YORK CITY
New York City
Attica State (live) [mit Yoko]
Imagine (live) [mit Yoko]
Bring On The Lucie (Freda Peeple)
Geraldo Rivera – One To One Concert
Woman Is The Nigger Of The World (live) [mit Yoko]
It's So Hard (live)
Come Together (live) [Lennon/McCartney]
Happy Xmas (War Is Over) [mit Yoko]
The Luck Of The Irish (live) [mit Yoko]
John Sinclair (live)
The David Frost Show
Mind Games (I Promise)
Mind Games (Make Love, Not War)
One Day (At A Time)
I Know (I Know)
I'm The Greatest
Goodnight Vienna
Jerry Lewis Telethon
„A Kiss Is Just A Kiss" (As Time Goes By) [Hupfeld]
Real Love
You Are Here

CD3: THE LOST WEEKEND
What You Got
Nobody Loves You When You're Down and Out
Whatever Gets You Thru The Night (zu Hause)
Whatever Gets You Thru The Night (Studio)
Yesterday (Parodie) [Lennon/McCartney]
Be-Bop-A-Lula [Davis/Vincent]
Rip It Up/Ready Teddy [Blackwell/Marascalco]
Scared
Steel And Glass
Surprise Surprise (Sweet Bird Of Paradox)
Bless You
Going Down On Love
Move Over Ms. L
Ain't She Sweet [Yellen/Ager]
Slippin' And Slidin' [Penniman/Bocage/Collins/Smith]
Peggy Sue [Allison/Holly/Petty]
Bring It On Home To Me/Send Me Some Lovin'
[Cooke/Price/Marascalco]
Phil And John 1
Phil And John 2
Phil And John 3
„When In Doubt, Fuck It"
Be My Baby [Barry/Greenwich/Spector]
Stranger's Room
Old Dirt Road [mit Harry Nilsson]

CD4: DAKOTA
I'm Losing You
Sean's „Little Help" [Lennon/McCartney]
Serve Yourself
My Life
Nobody Told Me
Life Begins At 40
I Don't Wanna Face It
Woman
Dear Yoko
Watching The Wheels
I'm Stepping Out
Borrowed Time
The Rishi Kesh Song
Sean's „Loud"
Beautiful Boy
Mr Hyde's Gone (Don't Be Afraid)
Only You [Rand/Ram]
Grow Old With Me
Dear John
The Great Wok
Mucho Mungo
Satire 1
Satire 2
Satire 3
Sean's „In The Sky"
It's Real
GB: 2. November 1998
USA: 3. November 1998
CAPITOL

WONSAPONATIME
(Selections From Lennon Anthology)
I'm Losing You
Working Class Hero
God
How Do You Sleep?
Imagine (take 1) [mit Yoko]
Baby Please Don't Go [Ward]
Oh My Love [mit Yoko]
God Save Oz [mit Yoko]
I Found Out
Woman Is The Nigger Of The World (live) [mit Yoko]
„A Kiss Is Just A Kiss" (As Time Goes By) [Hupfeld]
Be-Bop-A-Lula [Davis/Vincent]
Rip It Up/Ready Teddy [Blackwell/Marascalco]
What You Got
Nobody Loves You When You're Down and Out
I Don't Wanna Face It
Real Love
Only You [Rand/Ram]
Grow Old With Me
Sean's „In The Sky"
Serve Yourself
GB: 2. November 1998
USA: 3. November 1998
CAPITOL

ACOUSTIC

Working Class Hero
Love
Well Well Well
Look At Me
God
My Mummy's Dead
Cold Turkey
The Luck Of The Irish [mit Yoko]
John Sinclair
Woman Is The Nigger Of The World [mit Yoko]
What You Got
Watching The Wheels
Dear Yoko
Real Love
Imagine [mit Yoko]
It's Real
GB & USA: 1. November 2004
PARLOPHONE (UK)/CAPITOL (US)

JOHN LENNON „SIGNATURE" BOX SET

(a) Neu abgemischte CDs der acht Originalalben (auch einzeln erhältlich: John Lennon/Plastic Ono Band; Imagine; Some Time In New York City (Doppel-CD); Mind Games; Walls And Bridges; Rock 'n' Roll; Double Fantasy; Milk And Honey.
(b) Die „Singles"-CD: Power To The People; Happy Xmas (War Is Over) [mit Yoko]; Instant Karma! (We All Shine On); Cold Turkey (Singleversion); Move Over Ms. L; Give Peace A Chance [mit Yoko].
(c) Die „Studio Outtakes/Home Recordings"-CD: Mother; Love; God; I Found Out; Nobody Told Me; Honey Don't [Carl Perkins]; One Of The Boys; India, India; Serve Yourself; Isolation; Remember; Beautiful Boy (Darling Boy); I Don't Wanna Be A Soldier Mama I Don't Wanna Die.
GB & USA: 4. Oktober 2010
EMI

POWER TO THE PEOPLE: THE HITS

Power To The People
Gimme Some Truth
Woman
Instant Karma! (We All Shine On)
Whatever Gets You Thru The Night
Cold Turkey
Jealous Guy
#9 Dream
(Just Like) Starting Over
Mind Games
Watching The Wheels
Stand By Me [King/Leiber/Stoller]
Imagine [mit Yoko]
Happy Xmas (War Is Over) [mit Yoko]
Give Peace A Chance [mit Yoko]
GB & USA: 4. Oktober 2010
EMI

REGISTER

RECHTEINHABER DER SONGS

„GIVE PEACE A CHANCE" Words and Music by John Lennon © 1969, Reproduced by permission of Sony/ATV Music Publishing, London W1F 9LD

„COLD TURKEY"
Written by JOHN WINSTON LENNON
© 1969 Lenono Music (GMR)

„INSTANT KARMA!"
Written by JOHN WINSTON LENNON
© 1970 Lenono Music (GMR)

„POWER TO THE PEOPLE"
Written by JOHN WINSTON LENNON
© 1971 Lenono Music (GMR)

„HAPPY CHRISTMAS (WAR IS OVER)"
Written by JOHN WINSTON LENNON and YOKO ONO
© 1971 Lenono Music (GMR)/ Ono Music (GMR)

„MOTHER" vom Album *John Lennon/Plastic Ono Band*
Written by JOHN WINSTON LENNON
© 1970 Lenono Music (GMR)

„HOLD ON" vom Album *John Lennon/Plastic Ono Band*
Written by JOHN WINSTON LENNON
© 1970 Lenono Music (GMR)

„I FOUND OUT" vom Album *John Lennon/Plastic Ono Band*
Written by JOHN WINSTON LENNON
© 1970 Lenono Music (GMR)

„WORKING CLASS HERO" vom Album *John Lennon/Plastic Ono Band*
Written by JOHN WINSTON LENNON
© 1970 Lenono Music (GMR)

„ISOLATION" vom Album *John Lennon/Plastic Ono Band*
Written by JOHN WINSTON LENNON
© 1970 Lenono Music (GMR)

„REMEMBER" vom Album *John Lennon/Plastic Ono Band*
Written by JOHN WINSTON LENNON
© 1970 Lenono Music (GMR)

„LOVE" vom Album *John Lennon/Plastic Ono Band*
Written by JOHN WINSTON LENNON
© 1970 Lenono Music (GMR)

„WELL WELL WELL" vom Album *John Lennon/Plastic Ono Band*
Written by JOHN WINSTON LENNON
© 1970 Lenono Music (GMR)

„LOOK AT ME" vom Album *John Lennon/Plastic Ono Band*
Written by JOHN WINSTON LENNON
© 1970 Lenono Music (GMR)

„GOD" vom Album *John Lennon/Plastic Ono Band*
Written by JOHN WINSTON LENNON
© 1970 Lenono Music (GMR)

„MY MUMMY'S DEAD" vom Album *John Lennon/Plastic Ono Band*
Written by JOHN WINSTON LENNON
© 1970 Lenono Music (GMR)

„DO THE OZ" vom Album *John Lennon/Plastic Ono Band*
Written by JOHN WINSTON LENNON and YOKO ONO
© 1970 Lenono Music (GMR)/Ono Music (GMR)

„IMAGINE" vom Album *Imagine*
Written by JOHN WINSTON LENNON
© 1971 Lenono Music (GMR)

„CRIPPLED INSIDE" vom Album *Imagine*
Written by JOHN WINSTON LENNON
© 1971 Lenono Music (GMR)

„JEALOUS GUY" vom Album *Imagine*
Written by JOHN WINSTON LENNON
© 1971 Lenono Music (GMR)

„IT'S SO HARD" vom Album *Imagine*
Written by JOHN WINSTON LENNON
© 1971 Lenono Music (GMR)

„I DON'T WANT TO BE A SOLDIER" vom Album *Imagine*
Written by JOHN WINSTON LENNON
© 1971 Lenono Music (GMR)

„GIMME SOME TRUTH" vom Album *Imagine*
Written by JOHN WINSTON LENNON
© 1971 Lenono Music (GMR)

„OH MY LOVE" vom Album *Imagine*
Written by JOHN WINSTON LENNON and YOKO ONO
© 1971 Lenono Music (GMR)/Ono Music (GMR)

„HOW DO YOU SLEEP?" vom Album *Imagine*
Written by JOHN WINSTON LENNON
© 1971 Lenono Music (GMR)

„HOW?" vom Album *Imagine*
Written by JOHN WINSTON LENNON
© 1971 Lenono Music (GMR)

„OH YOKO!" vom Album *Imagine*
Written by JOHN WINSTON LENNON
© 1971 Lenono Music (GMR)

„WOMAN IS THE NIGGER OF THE WORLD" vom Album *Some Time in New York City*
Written by JOHN WINSTON LENNON and YOKO ONO
© 1972 Lenono Music (GMR)/Ono Music (GMR)

„ATTICA STATE" vom Album *Some Time in New York City*
Written by JOHN WINSTON LENNON and YOKO ONO
© 1972 Lenono Music (GMR)/Ono Music (GMR)

„NEW YORK CITY" vom Album *Some Time in New York City*
Written by JOHN WINSTON LENNON
© 1972 Lenono Music (GMR)

„SUNDAY BLOODY SUNDAY" vom Album *Some Time in New York City*
Written by JOHN WINSTON LENNON and YOKO ONO
© 1972 Lenono Music (GMR)/Ono Music (GMR)

„THE LUCK OF THE IRISH" vom Album *Some Time in New York City*
Written by JOHN WINSTON LENNON and YOKO ONO
© 1972 Lenono Music (GMR)/Ono Music (GMR)

„JOHN SINCLAIR" vom Album *Some Time in New York City*
Written by JOHN WINSTON LENNON
© 1972 Lenono Music (GMR)

„ANGELA" vom Album *Some Time in New York City*
Written by JOHN WINSTON LENNON and YOKO ONO
© 1972 Lenono Music (GMR)/Ono Music (GMR)

„MIND GAMES" vom Album *Mind Games*
Written by JOHN WINSTON LENNON
© 1973 Lenono Music (GMR)

„TIGHT A$" vom Album *Mind Games*
Written by JOHN WINSTON LENNON
© 1973 Lenono Music (GMR)

„AISUMASEN (I'M SORRY)" vom Album *Mind Games*
Written by JOHN WINSTON LENNON
© 1973 Lenono Music (GMR)

„ONE DAY (AT A TIME)" vom Album *Mind Games*
Written by JOHN WINSTON LENNON
© 1973 Lenono Music (GMR)

„BRING ON THE LUCIE (FREDA PEOPLE)"
vom Album *Mind Games*
Written by JOHN WINSTON LENNON
© 1973 Lenono Music (GMR)

„INTUITION" vom Album *Mind Games*
Written by JOHN WINSTON LENNON
© 1973 Lenono Music (GMR)

„OUT THE BLUE" vom Album *Mind Games*
Written by JOHN WINSTON LENNON
© 1973 Lenono Music (GMR)

„ONLY PEOPLE" vom Album *Mind Games*
Written by JOHN WINSTON LENNON
© 1973 Lenono Music (GMR)

„I KNOW (I KNOW)" vom Album *Mind Games*
Written by JOHN WINSTON LENNON
© 1973 Lenono Music (GMR)

„YOU ARE HERE" vom Album *Mind Games*
Written by JOHN WINSTON LENNON
© 1973 Lenono Music (GMR)

„MEAT CITY" vom Album *Mind Games*
Written by JOHN WINSTON LENNON
© 1973 Lenono Music (GMR)

„GOING DOWN ON LOVE" vom Album *Walls and Bridges*
Written by JOHN WINSTON LENNON
© 1974 Lenono Music (GMR)

„WHATEVER GETS YOU THRU THE NIGHT"
vom Album *Walls and Bridges*
Written by JOHN WINSTON LENNON
© 1974 Lenono Music (GMR)

„OLD DIRT ROAD"
Words by HARRY NILSSON and JOHN WINSTON LENNON,
Music by JOHN WINSTON LENNON
© 1974 Golden Syrup Music (BMI)
All rights on behalf of Golden Syrup Music administered by
Warner-Tamerlane Publishing Corp.

„OLD DIRT ROAD"
Words and Music by JOHN WINSTON LENNON and HARRY NILSSON
© 1974 Reproduced by permission of EMI Blackwood Music Inc,
London L1F 9LD

„WHAT YOU GET" vom Album *Walls and Bridges*
Written by JOHN WINSTON LENNON
© 1974 Lenono Music (GMR)

„BLESS YOU" vom Album *Walls and Bridges*
Written by JOHN WINSTON LENNON
© 1974 Lenono Music (GMR)

„SCARED" vom Album *Walls and Bridges*
Written by JOHN WINSTON LENNON
© 1974 Lenono Music (GMR)

„#9 DREAM" vom Album *Walls and Bridges*
Written by JOHN WINSTON LENNON
© 1974 Lenono Music (GMR)

„SURPRISE SURPRISE (SWEET BIRD OF PARADISE)"
vom Album *Walls and Bridges*
Written by JOHN WINSTON LENNON
© 1974 Lenono Music (GMR)

„STEEL AND GLASS" vom Album *Walls and Bridges*
Written by JOHN WINSTON LENNON
© 1974 Lenono Music (GMR)

„BEEF JERKY" vom Album *Walls and Bridges*
Written by JOHN WINSTON LENNON
© 1974 Lenono Music (GMR)

„NOBODY LOVES YOU (WHEN YOU'RE DOWN AND OUT)"
vom Album *Walls and Bridges*
Written by JOHN WINSTON LENNON
© 1974 Lenono Music (GMR)

„(JUST LIKE) STARTING OVER" vom Album *Double Fantasy*
Written by JOHN WINSTON LENNON
© 1980 Lenono Music (GMR)

„CLEANUP TIME" vom Album *Double Fantasy*
Written by JOHN WINSTON LENNON
© 1980 Lenono Music (GMR)

„I'M LOSING YOU" vom Album *Double Fantasy*
Written by JOHN WINSTON LENNON
© 1980 Lenono Music (GMR)

„BEAUTIFUL BOY (DARLING BOY)" vom Album *Double Fantasy*
Written by JOHN WINSTON LENNON
© 1980 Lenono Music (GMR)

„WATCHING THE WHEELS" vom Album *Double Fantasy*
Written by JOHN WINSTON LENNON
© 1980 Lenono Music (GMR)

„WOMAN" vom Album *Double Fantasy*
Written by JOHN WINSTON LENNON
© 1980 Lenono Music (GMR)

„DEAR YOKO" vom Album *Double Fantasy*
Written by JOHN WINSTON LENNON
© 1980 Lenono Music (GMR)

„I'M STEPPING OUT" vom Album *Milk and Honey*
Written by JOHN WINSTON LENNON
© 1984 Lenono Music (GMR)

„FACE IT (I DON'T WANNA FACE IT)" vom Album *Milk and Honey*
Written by JOHN WINSTON LENNON
© 1984 Lenono Music (GMR)

„NOBODY TOLD ME" vom Album *Milk and Honey*
Written by JOHN WINSTON LENNON
© 1984 Lenono Music (GMR)

„BORROWED TIME" vom Album *Milk and Honey*
Written by JOHN WINSTON LENNON
© 1984 Lenono Music (GMR)

„LITTLE FLOWER PRINCESS" vom Album *Milk and Honey*
Written by JOHN WINSTON LENNON
© 1984 Lenono Music (GMR)

„GROW OLD WITH ME" vom Album *Milk and Honey*
Written by JOHN WINSTON LENNON
© 1984 Lenono Music (GMR)

BILDNACHWEISE

Der Verlag möchte sich bei den folgenden Rechteinhabern für die freundliche Genehmigung bedanken, ihre Fotos in diesem Buch abzudrucken.

Alamy: 129, 174

Getty Images: /Jorgen Angel/Redferns 87; /Apic 107; /Bob Aylott/Keystone/Hulton Archive 20; /Dick Barnatt/Redferns 13; /Dave M. Benett 170; /Bettmann 42, 45, 57, 90, 101; /Michael Brennan 153; /Paul Bruinooge/Patrick McMullan 169; /Frederick R. Bunt/Evening Standard 110; /Tom Copi/Michael Ochs Archives 58; /Anthony Cox/Keystone 38; /Richard Creamer/Michael Ochs Archives 125; /Cummings Archives/Redferns 27; /Daily Herald Archive/SSPL 14; /John Downing 28; /Frank Edwards/Fotos International 112, 113; /Evelyn Floret/The LIFE Images Collection 76; /Fotos International 116–117; /Ron Galella/Ron Galella Collection 124, 133; /Gijsbert Hanekroot 54, 64, 98; /Mark and Colleen Hayward 148; /Jeff Hochberg 36, 165; /Ron Howard/Redferns 10–11, 25, 33, 34; /Hulton Archive 41, 164; /Hulton-Deutsch Collection/Corbis 62, 82, 134; /Keystone/Hulton Archive 68; /JB Lacroix 171; /Bernd Lubowski/ullstein bild 83; /Andrew Maclear/Redferns 162–163; /Marka/Universal Images Group 177; /Kevin Mazur/Getty Images for The John Lennon Educational Tour Bus 175; /David McGough/DMI/The LIFE Picture Collection 95; /Jack Mitchell 146; /Steve Morley/Redferns 119; /Oliver Morris 85; /Michael Ochs Archives 16, 48, 120, 158; /New York Times Co. 126; /Larry C. Morris/Popperfoto 26; /Michael Putland 59, 61; /Brian Rasic 172; /John Rodgers/Redferns 122; /Rolls Press/Popperfoto 15; /SSPL 44; /Thomas Monaster/NY Daily News Archive 72; /Robin Platzer/IMAGES 168; /Popperfoto 77; /Aaron Rapoport/Corbis 166; /Silver Screen Collection 103; /Leni Sinclair/Michael Ochs Archive 89; /Dennis Stone/Mirrorpix 73; /Three Lions 78; /Votava/Imagno 19; /Tom Wargacki 111; /Watford/Mirrorpix 80; /Art Zelin 141; /Vinnie Zuffante/Michael Ochs Archives 96, 138, 142

Lipinski via Wikimedia Commons: 129 (main)

Shutterstock: AP 9, 137, 176; /John Barrett/Photolink 136; /Antonio Di Filippo 173; /Fairchild Archive/Penske Media 105; /Globe Photos/Mediapunch 55; /Mikhail Kolesnikov 6–7 /George Konig 46, 178–179; /Pacific Press 156; /SIPA 53

Es wurde alle Anstrengungen unternommen, um die Bilder in diesem Buch den richtigen Urhebern zuzuweisen und sich mit diesen oder den Rechteinhabern in Verbindung zu setzen. Wir entschuldigen uns für unbeabsichtigte Fehler und Auslassungen und werden diese in späteren Auflagen korrigieren.

EBENFALLS ERSCHIENEN: